传承与发扬

清华大学优秀教学传统和经验文集

主编　彭　刚　李斌锋

清华大学出版社
北京

内容简介

恰逢清华大学110周年校庆之际，清华大学新百年的发展将进入新的历史阶段。作为清华大学组织编辑的110周年校庆校级出版物之一，本书选录了清华大学第25次教育工作讨论会的主题发言，以及数十位在教学方面有着深厚造诣的教学名师的征文，从理念与育人、教学与传承、课程与创新、实践与心得等四方面介绍清华大学教育教学工作，为高校教师和教育管理者传承与发扬学校优秀教育教学传统和方法提供借鉴。

版权所有，侵权必究。举报：010-62782989，beiqinquan@tup.tsinghua.edu.cn。

图书在版编目（CIP）数据

传承与发扬：清华大学优秀教学传统和经验文集 / 彭刚，李斌锋主编. — 北京：清华大学出版社，2021.4（2022.5重印）

ISBN 978-7-302-57941-0

Ⅰ.①传…　Ⅱ.①彭…　②李…　Ⅲ.①高等教育—教学经验—中国　Ⅳ.①G649.2

中国版本图书馆CIP数据核字（2021）第061482号

责任编辑：佟丽霞　陈凯仁
封面设计：常雪影
责任校对：赵丽敏
责任印制：朱雨萌

出版发行：清华大学出版社
网　　址：http://www.tup.com.cn, http://www.wqbook.com
地　　址：北京清华大学学研大厦A座　**邮　　编**：100084
社 总 机：010-83470000　**邮　　购**：010-62786544
投稿与读者服务：010-62776969, c-service@tup.tsinghua.edu.cn
质量反馈：010-62772015, zhiliang@tup.tsinghua.edu.cn
印 装 者：天津鑫丰华印务有限公司
经　　销：全国新华书店
开　　本：170mm × 240mm　**印　　张**：13.75　**字　　数**：236千字
版　　次：2021年4月第1版　**印　　次**：2022年5月第4次印刷
定　　价：68.00元

产品编号：087652-01

学习贯彻全国教育大会精神为办好人民满意的高等教育作出引领和示范[①]

（代序）

清华大学党委书记　陈旭

教师们、同学们、同志们：

今天我们隆重召开学校第25次教育工作讨论会闭幕式暨学习贯彻全国教育大会精神会议。刚才邱勇校长作了很好的总结讲话，李俊峰、张建民、王学武和李蕉四位教师作了交流发言，相信带给大家很多思考和启发。

9月10日教师节当天，全国教育大会在北京召开，习近平总书记发表重要讲话，代表党中央向全国广大教师和教育工作者致以节日的热烈祝贺和诚挚问候，强调要在党的坚强领导下，坚持中国特色社会主义教育发展道路，培养“德智体美劳”全面发展的社会主义建设者和接班人，加快推进教育现代化、建设教育强国、办好人民满意的教育。讲话站在新时代党和国家事业发展全局的高度，放眼“两个百年”宏伟蓝图，紧扣社会主要矛盾变化，深刻总结了党的十八大以来我国教育事业改革发展取得的显著成就，分析了教育工作面临的新形势新任务，围绕“培养什么人、怎样培养人、为谁培养人”这一根本问题，科学回答了关系我国教育现代化的重大问题，系统构建了科学的新时代中国特色社会主义教育理论体系，明确了党的教育方针，对当前和今后一个时期教育工作作出了战略部署。李克强总理和孙春兰副总

---

① 本文为陈旭书记2018年9月27日在清华大学第25次教育工作讨论会闭幕式暨学习贯彻全国教育大会精神会议上的讲话，经陈旭书记修订后作为本书的代序。

理分别在会上发表讲话，强调要把深入学习贯彻习近平总书记重要讲话和大会精神作为当前的重要任务，提高思想认识，制定具体方案，确保党中央决策部署落地见效。

这次大会是在中国特色社会主义进入新时代、全面建成小康社会决胜阶段的大背景下，党中央隆重召开的新时代第一次全国教育大会，标志着中国教育进入了现代化建设新阶段，开启了加快教育现代化的新征程，体现了党中央对教育工作的高度重视，凸显了教育在党和国家事业中的基础性、先导性、全局性地位，也必定会对动员全党、全国、全社会重视教育产生重大而深远的影响，是我国教育史上一个新的里程碑。

全国教育大会在全国教育界引起强烈反响，对我们教育战线、对清华大学的事业发展、对全校师生员工都是一个极大的鼓舞和促进，也对我们的工作提出了新的、更高的要求。我们要深刻领会大会精神，结合清华办学实际，制定新举措、落实新要求，将我们在第25次教育工作讨论会中总结的好经验、好做法，推广到办学治校的各方面工作之中，不断提高人才培养质量和水平，发挥"标杆"高校作用，为办好人民满意的高等教育作出清华应有的引领和示范。

学习贯彻全国教育大会精神，我主要强调四点。

第一，要深刻理解和把握习近平总书记在讲话中提出的一系列新理念、新思想、新观点、新战略。习近平总书记对党的十八大以来关于中国教育改革发展的一系列新理念、新思想、新观点、新战略用了"九个坚持"来总结。"坚持党对教育事业的全面领导""坚持社会主义办学方向""坚持扎根中国大地办教育"，凸显了新时代中国特色社会主义教育事业鲜亮的马克思主义政治底色。"坚持把立德树人作为根本任务""坚持以人民为中心发展教育""坚持把教师队伍建设作为基础工作"，与马克思主义人民立场和关于人的全面发展思想一脉相承，体现了教育发展和人类社会发展的普遍规律。"坚持把服务中华民族伟大复兴作为教育的重要使命""坚持优先发展教育事业""坚持深化教育改革创新"，是运用历史唯物主义和辩证唯物主义的世界观和方法论对当代中国教育命题和热点难点问题的智慧破解。"九个坚持"是完整统一的整体，是对我国教育事业规律性认识的深化，是新时代党领导教育事业取得发展进步的宝贵经验，是习近平新时代中国特色社会主义思想的重要组成部分，也是我们办学治校的根本遵循和行动指南。

第二，要深刻理解和把握高等教育发展对于加快推进教育现代化、建设教育强国的重要意义，增强责任感使命感。总书记强调，教育是民族振兴、社会进步的重要基石，是功在当代、利在千秋的德政工程，对提高人民综合素质、促进人的全面发展、增强中华民族创新创造活力、实现伟大复兴具有决定性意义。教育是国之大计、党之大计。在各级各类教育中，我国的高等教育发展迅速，人民群众期盼很高，承担了越来越重的使命。2017 年年底，高等教育毛入学率已经达到 45.7%，标志着我国高等教育即将由大众化阶段进入普及化阶段，社会新增劳动力将主要由高校培养和输送。高校必须面向未来、深化改革，紧紧抓住人才培养这个根本任务，把立德树人的成效作为检验学校一切工作的根本标准。清华大学作为中国高等教育的一面旗帜，在推进教育现代化、建设教育强国各项战略部署中要走在前列，培养出一批批肩负使命的时代新人。

第三，要深刻理解和把握新时代党对教育特别是高等教育提出的新要求。办好人民满意的教育是党的十九大对教育工作的总要求。这次全国教育大会围绕这一总要求，提出了一系列新要求。比如，要以更高远的历史站位、更宽广的国际视野、更深邃的战略眼光，坚持把优先发展教育事业作为推动党和国家各项事业发展的重要先手棋，不断使教育同党和国家事业发展要求相适应、同人民群众期盼相契合、同我国综合国力和国际地位相匹配。另外，要求我们必须系统回答和解决“培养什么人、怎样培养人、为谁培养人”这一教育的根本问题。习近平总书记明确强调，我国是中国共产党领导的社会主义国家，这就决定了我们的教育必须把培养社会主义建设者和接班人作为根本任务，培养一代又一代拥护中国共产党领导和我国社会主义制度、立志为中国特色社会主义奋斗终生的有用人才。“怎样培养人”是贯穿教育全过程的关键问题。要以立德为根本，在坚定理想信念、厚植爱国主义情怀、加强品德修养、培养奋斗精神上下功夫；以树人为核心，在增长见识、增强综合素质上下功夫。要强化体育、美育和劳动教育对培养学生综合能力和创新思维的重要作用。要进一步加强教师队伍建设，不断提升教师的政治素质、业务能力和育人水平。要解决好“为谁培养人”的问题，这是教育的方向问题、立场问题。全体教职工要始终站稳立场，不忘初心，坚持教育为人民服务、为中国共产党治国理政服务、为巩固和发展中国特色社会主义制度服务、为改革开放和社会主义现代化建设服务。

第四，要紧密围绕学校中心工作，加快推进改革发展步伐，以实际行动落实大会精神。要进一步加强党对学校工作的全面领导，10 月学校将召开全校党建工作会议，以此为契机，持续加强和改进学校党的建设。要着力开创立德树人新格局，学校申请了首批“三全育人”综合改革试点高校，充分发挥各类育人环境的作用。要大力加强新时代高素质教师队伍建设，贯彻落实中共中央、国务院《关于全面深化新时代教师队伍建设改革的意见》，全面提升教师思想政治素质，强化教职工在学生思想政治教育中的责任，健全师德师风建设长效机制，建立教师全周期培训和发展支持体系，发挥各类人才的作用。要持续深化综合改革，加快“双一流”建设，认真开展综合改革中期评估，进一步全面深化综合改革、推进“双一流”建设和“十三五”规划的实施，深度参与创新驱动发展等国家重大战略实施，在全球战略和国家“一带一路”建设中发挥清华大学的独特作用，稳步推进学校制定的2020年、2030年、2050年战略目标。

学习贯彻习近平总书记重要讲话精神和全国教育大会要求，是学校当前和今后一个时期的重要任务。全校各单位、广大党员干部和师生员工要深入学习、广泛宣传、生动实践，将学习成果落实在实际行动中，推动新时代学校各项工作不断迈上新台阶。要围绕习近平总书记关于教育的重要论述，对标学校发展战略目标，聚焦分析重点难点问题，切实做好研究阐释，把对大会精神的学习贯彻升华到规律层面，转化为指导推动学校改革发展的科学理念和有效模式。

在此，我代表学校党委对全校师生员工提出三点希望：

一是希望同学们坚定理想信念，争做德智体美劳全面发展的成才表率。全体同学要牢记习近平总书记对青年的希望和嘱托，树立更加高远的人生目标，做到“四个追求”：有勇担时代责任的政治追求，有追求卓越创新的学术追求，有入主流干大事的职业追求，有为人民谋幸福的人生追求。同学们还要特别注重培育和弘扬劳动精神，树立“劳动最光荣、劳动最崇高、劳动最伟大、劳动最美丽”的思想，不断提高动手能力和实践本领，在劳动中增进同人民群众的感情、增强对社会的认知，从现在开始做到辛勤劳动、诚实劳动、创造性劳动。

二是希望广大教职员工提高自我追求，在育人岗位上建功立业。党和国家越来越重视和强调教师对学生全方位的引领示范作用，强调全员全过程全方位育人。广大教职员工要充分认识到建设社会主义现代化强国对教师队伍建设提出的新的更高要求，充分认识到教师作为学生健康成长指导者和引路人的神圣职责。按照习近平总书记的“四有好教师”“四个引路人”“四个相统一”的要求，在教书育人的工作中、在三全育人的岗位上爱国奋斗、建功立业。

三是希望党员干部以身作则，在推动学校各项工作特别是思想政治工作方面发挥先锋模范作用。加强党对学校工作的全面领导是办好中国特色社会主义大学的根本保证。党员干部是落实党的领导、加强党的建设的主要责任人，也是开展办学治校各项工作的主要依靠力量。广大党员干部要以身作则，带头学习贯彻全国教育大会精神，带头学懂、弄通、做实，自觉在政治立场、政治方向、政治原则、政治道路上同以习近平同志为核心的党中央保持高度一致，加强学习、加深理解，在实际工作中勇于推动、敢于担当，发挥先锋模范作用。全校党员干部要进一步提高对思想政治工作的认识和能力，把思想政治工作做在日常、做到个人、做入人心。要加强对新时代我国高等教育特别是清华新百年发展建设的学习思考和研究，加强工作总结研讨，既要出成果、出典型，也要出思想、出经验，不断提高工作水平。

教师们、同学们、同志们！全国教育大会为新时代教育事业勾画了蓝图、指明了方向。我们要切实提高政治站位，牢固树立“四个意识”，坚定“四个自信”，认真学习贯彻全国教育大会精神，以时不我待、只争朝夕的奋斗精神和行胜于言、久久为功的扎实行动，加快推进学校各项事业改革发展，不断提高人才培养质量，不辜负党和人民对清华的希望，走在前列、做好“标杆”、作出引领、成为示范，为加快推进教育现代化、建设教育强国作出应有的贡献。

谢谢大家！

目 录

第一篇 理念与育人

深化教育教学改革建设中国特色、世界一流的高水平人才培养体系

——在清华大学第25次教育工作讨论会闭幕式暨学习贯彻全国教育大会精神会议上的讲话

（2018年9月27日）

清华大学校长　邱勇[①]

尊敬的各位教师、各位同学：

今天，第25次教育工作讨论会就要闭幕了。6个月的讨论会紧凑又富有成效，得到了全校师生员工的大力支持。我想用5个词来概述本次讨论会：

一是重视。学校成立了领导小组、工作组和6个专项研讨工作组。各院系高度重视、认真组织，很多院系都专门成立了研讨会工作领导小组，开展了多种形式的研讨。

二是热情。广大教师的积极参与，表现出来的不只是对讨论会本身的热情，更是对教育教学的关心和热情。这种热情不是表面上的，而是发自内心的。这也是清华教育教学改革不断取得新成绩的内在原因。

三是高效。从2000年开始，学校的教育工作讨论会的时间改为1年。本次讨

① 邱勇（1964—　），中共党员，博士，教授，中国科学院院士。1983年9月至1988年7月在清华大学化学与化学工程系本科学习，获学士学位。1988年9月至1994年7月在清华大学化学系研究生学习，获博士学位并留校工作。曾任化学系党委副书记、主任，理学院副院长。2008年10月任校学术委员会副主任。2009年12月任校党委常委、副校长。2014年9月任校党委常务副书记、副校长。2015年3月任校党委常委、校长。2017年4月任校党委副书记、校长。主要研究方向为有机半导体材料、有机电子学基础理论、有机发光显示材料和器件。曾获国家杰出青年科学基金资助，入选教育部“长江学者奖励计划”特聘教授，获全国模范教师称号、国家技术发明一等奖。2013年当选为中国科学院院士。第十三届全国人大常务委员会委员，第十三届全国人大教育科学文化卫生委员会副主任委员，第十三届全国人大代表。领导学校行政全面工作。担任清华校友总会会长。

论会的时间调整为半年，但校级会议共 41 场，比 4 年前的讨论会还多了 6 场。会议的节奏很紧，效率很高。

四是务实。本次讨论会针对上次教育工作讨论会后改革实践的具体情况和广大师生反映的真实问题，开展深入研讨、努力寻求共识，并提出了一系列行动方案。这是一个务实的讨论会，有教师说讨论会期间召开的各种会议，没有“水会”。

五是感谢。各院系、部处和广大师生员工为本次讨论会付出了大量的时间和精力，贡献了宝贵的智慧。在此我代表学校向全体师生员工表示衷心的感谢！

每 4 年召开一次教育工作讨论会是清华的重要传统。今年是贯彻党的十九大精神的开局之年，是改革开放 40 年，也是清华全面推进综合改革、加快“双一流”建设的关键一年。第 25 次教育工作讨论会对完成教育教学改革这一综合改革的攻坚任务、对履行培养德智体美劳的社会主义事业建设者和接班人的使命，对在 2020 年完成综合改革、建设世界一流大学具有十分重要的意义。**清华现在取得的成绩是我们前面一代又一代清华人努力实践积累下来的，我们享受了荣光。我们也要做对未来有长远意义的事情，努力做事情永远比成绩重要，认真做的事情一定会在未来产生新的成绩**。我们所有参与本次讨论会的同志，是在见证并推动清华大学在一个重要的历史阶段的重大进程。我们现在的所有努力关系到清华的未来。

一、第 25 次教育工作讨论会的目标和成效

第 25 次教育工作讨论会的主要目标有 4 个：一是深化认识，进一步明晰“三位一体”、大类培养、通识教育的内涵；二是推广经验，将学校局部形成的经验总结推广至全校；三是持续改革，改革不停步，将教育教学改革各项举措进一步落到实处；四是明晰目标，明确下一阶段教育教学改革的工作任务。

（一）深化认识、凝聚共识

1. 对于“三位一体”的认识进一步深化。

价值塑造、能力培养、知识传授“三位一体”的概念被提出以来，在师生中产生了广泛的影响，并作为人才培养模式被写入《清华大学章程》里面。但在实际工作中，甚至在学校有的文件中大家自觉或不自觉地把“三位一体”叫作教育理念。本次讨论会也有不少教师提出，要把“三位一体”从人才培养模式上升到教育理念的层面。

教育理念是人们基于对教育现象的理性认识和对教育目标定位的理解，在教育实践中所形成的教育思想观念。它既反映一所学校的文化传统，也反映一所学校的价值取向和追求。人才培养模式是指在一定的教育思想指导下，为达到所追求的人才培养目标而确立的学生需要具备的知识、能力、素质结构，以及为达成该目标而建立的组织、制度和方法。通过几年来的实践，全校师生对“三位一体”的认识和体验不断深入，“三位一体”不仅作为人才培养模式而存在，而且逐渐成为指导学校育人活动的一种理性认识。**从这个角度来看，育人为先、全面成长的“三位一体”的思想和认识，既是一种培养模式，也是一种教育理念。**清华大学在建校之初就提出了“以培植全才，增强国力为宗旨”的办学方针。新中国成立后，蒋南翔校长对学生提出“又红又专、全面发展”的要求。这些理念都是一脉相承的，都孕育和体现了“三位一体”的基本要素。“三位一体”是全面发展育人理念在新时代的一种新的表述。

如何理解“三位一体”的内涵？价值塑造是学校教育的第一要务，是育人的根本。价值塑造的出发点是立德，落脚点是树人。**我们要培养有抱负、有思想、有远见、有担当的时代新人，要培养把个人追求融入社会进步主流的时代新人。**价值塑造的内涵包括社会主义核心价值观的各项要素，拥护党、拥护社会主义和服务祖国、服务人民的政治立场，爱国奉献、追求卓越的精神，“自强不息，厚德载物”的校训，对公义和真理的不懈追求，敬业乐群、关爱集体和他人的价值取向等。

能力培养比知识传授更重要。“厚基础、重实践、求创新”，“授人以鱼”不如“授人以渔”，给人“干粮”远不如给人“猎枪”，这些是清华师生长期形成的共识。社会经济和科技产业的迅速发展，使得能力培养的重要性远远超过现成知识的获取。要让学生在受教育的过程中获得更广阔的成长空间，获取更大的成长幅度。批判性思维的能力、提出和解决问题的能力、书面与口头表达和沟通的能力、将知识付诸实践的能力，以及在全球化不断深入、中国日渐崛起背景下的全球胜任力，都是学校教育过程中应着重培养的能力。

合理的知识结构是提高人才培养质量的需要。清华本科教育模式已在朝着“以通识教育为基础，通识教育与专业教育相融合”的方向转型。专业教育的实施，要统筹本科和研究生教育的两个不同阶段来完成。清华学生应该具有深厚的数理基础、中外语言基础、精深的核心专业素养和跨学科的知识结构。要让学生对跨越学科建制的文理知识有深度的涉猎，了解不同领域的第一流头脑是如何提出、思考和解决问题的，为创新型人才的出现提供更为丰饶的基础。

对“三位一体”要有认识，更重要的是要有行动。认识正确与否很重要，一项认识要有效果、有力量，还需要 100% 地体现在行动上，这也是清华行胜于言的要义。

“三位一体”从理念到落地，仍然需要扎实有效的工作。“三位一体”教育理念的落实，主要依靠的就是教师深入细致的育人工作。

第一，要言传身教。教师自身的言行要能够成为学生认可和效法的典范。期望和要求学生做到的，教师自己首先要做到。西汉学者扬雄说：“师者，人之模范也。模不模，范不范，为不少矣。”老校长梅贻琦在 1941 年《大学一解》一文中谈道，“学校犹水也，师生犹鱼也，其行动犹游泳也，大鱼前导，小鱼尾随，是从游也，从游既久，其濡染观摩之效，自不求而至，不为而成。”**教师要成为所倡导的价值的体现者、所培养的能力的展示者、所传授的知识的拥有者。**

第二，要严格要求。教师要严格要求学生，教学活动中不能对学生“严”字当头的教师，也很难使学生在学习过程中严格要求自己。对自己的工作不热爱，对学生不愿意倾心付出的教师，也难以对学生提出同样的要求。

第三，要关爱学生。教师要对学生亲切关怀，要以春风化雨一样的育人工作，让学生不断提升自己的德行和学识。**我们有很多教师秉承了清华对学生既严格要求又亲切关怀的好传统，正是这样的教师让学生毕业多年以后还感念不已。**

第四，要结合教学过程。每一个专业、每一门课讲授的内容不同，落实“三位一体”的方式方法也不同。每一位教师都要结合自己讲课进行设计和安排，更好地让“三位一体”落实落地。

2. 在推进大类培养和通识教育方面形成共识。

2017 年学校开始全面推行大类招生和大类培养。对大类招生和大类培养的理解，一开始指将相同或相近学科门类的专业合并，按一个大类招生。学生入校后，经过 1 ~ 2 年的通识教育和基础平台课程的学习，再根据兴趣和双向选择原则进行专业确认。经过一年的初步实践，我们对大类培养有了更加深入的认识。大类培养有助于更好地实现一直以来清华所提倡的“宽口径、厚基础”的培养理念，有助于学生开阔视野、在更深入地了解不同专业发展路径的基础上发现和明确自己的志趣，有助于院系将更强大的师资力量投入本科低年级学生的教育教学工作。

在人才培养中如何处理“通”与“专”的关系，是清华在办学过程中持续探索的重要问题。进入 21 世纪后，清华对于通识教育的认识越来越深入，通识教育在人才培养体系中所占据的地位也越来越突出，在落实“三位一体”教育理念过程中扮演着至关重要的角色。通识教育的目的是什么？一是培养学生具备正确的价值观和健全的人格。以价值观为核心的品性的养成，是教育最重要的内容。二是培养学生具有强烈的好奇心和多方面的能力。通识教育应该让学生把目光投向自己专业之外更为广大的世界，帮助他们养成独立思考的习惯和能力，形成自己的见解并且将其有说服力地表达出来。三是培养学生具有文理兼备的知识结构。理工科学生，对于人类文化各个方面的重大成就，现代社会诸多事物和现象的来龙去脉，必须有着相当程度的了解。文科学生，对于现代科学技术的基本思维方式和对现代生活的影响，也不应该陌生。

通识教育的目标要通过高水平的通识课程来达成。**高水平的通识课程的一个重要指标，就是它能够帮助学生意识到不同的学科有着看待这个世界的不同方式，能够让学生体会到人类过往生活方式和价值观念的多样性，从而使得他们在变得更为包容的同时，始终保持对真善美的不懈追求。**

（二）总结经验、推广成果

清华大学有着“基层出政策”的传统，很多院系在教育教学实践中创造性地开展工作，积累了很多好的经验和做法。学校在一些局部的创新性举措收到了特别好的成效。如何把这些好的经验和做法以及行之有效的举措总结推广开来，推动学校教育教学工作整体质量不断提升，也是这次教育工作讨论会的重要主题。

1. 推进教师教学培训的全覆盖。

清华大学从 1998 年开始参加北京市青年教师教学比赛，2004 年开始组织校级青年教师教学比赛，2012 年开始参加全国青年教师教学比赛。到目前为止，共有 254 位教师参加了学校的比赛，76 人参加了北京市的比赛，4 人参加了全国的比赛。历年参加教学比赛的青年教师很多已成为教学骨干，其中 64 位教师获得了“清华大学青年教师教学优秀奖”，2 位教师成为北京市教学名师，3 位教师成为青年长江学者，15 位教师担任了院系主管教学的副系主任，12 位教师获得了“我最喜爱的教师”称号。首届清华大学新百年教学成就奖 8 名获得者里，有 2 位教师参加过北京市教学比赛并获得了优异成绩。学校对青年教师教学比赛进行了系统的总结，形成了 4 点经验：一是学校有重视教学和“传帮带”的优良传统；二是有一支热爱教学、钻研教学、无私奉献的教师队伍；三是相关院系的支持和学校各部门的配合；四是工会和教务部门有效的组织和服务。不但参加全国和北京市青年教师教学比赛的教师收获很大，而且很多只参加过校内教学培训的教师收获也很大。学校在原有各种教学培训项目和专项活动的基础上，制定和实施教师教学能力提升计划，通过三年时间构建更为完善有效的教师教学培训体系。教师教学培训全覆盖工作从本学期开始。

真正喜欢教学的人不是靠外部激励的，对教学的喜爱是发自内心的喜爱。讲课是一门艺术，需要个人摸索学习，也需要“传帮带”。

2.“清华学堂人才培养试验计划”（简称“学堂计划”）经验的推广。

2009 年，清华大学推出了“学堂计划”。“学堂计划”的目标是遵循基础学科拔尖人才成长的规律，构筑人才培养特区，激励最优秀学生投身基础学科研究，为国家培养一批学术思想活跃、具备国际视野、发展潜力巨大的基础学科领域未来学术领军人才。截至 2018 年 7 月，“学堂计划”已有 900 名毕业生，平均 90% 以上毕业生选择在国内外一流大学和研究机构继续攻读基础科学领域的博士学位。计算机科学实验班被国际评估专家评价为“拥有最优秀的本科生和最优秀的本科教育”。2017 年 11 月，教育部组织专家对清华大学本科教学进行审核评估，专家组给予“学堂计划”高度赞赏，一致认为“这是一流的本科项目”。

为了把好的做法推广到更大的范围，学校对“学堂计划”进行了认真总结，主要的经验有六条：一是理念先行；二是建立科学的学生遴选机制；三是以高水平教师培养未来的拔尖人才；四是因材施教；五是注重通识教育；六是重视扩大学生国际视野。学校进一步推动一流学者上讲台，鼓励高水平教师投入教书育人。同时，学校鼓励高水平教师担任班主任工作，今年新生班主任中 40% 是长聘副教授和长聘正教授。学校也鼓励教师根据学科发展、前沿研究不断更新教学内容，从承担的国家重大项目中提炼学生的课程作业和研究课题，培养学生的创新研究能力。学校将采取措施，全面提升通识课程质量，争取更多的资源，让更多的学生获得参与国际交流的机会。

3. 发挥优质课程的引领示范作用。

1986 年，学校重点建设一类课程，“微积分”“中国革命史”“水力学”“核电子学”4 门课程获得清华大学首批“一类课程”称号。进入 21 世纪，学校加大了对优质示范课程的建设力度，以多种形式齐头并进。2001 年 11 月，启动“百门精品课程建设工程”，2006 年正式打造出“清华大学精品课程”的品牌，105 门本科课程首批入选。截至 2017 年，共有 196 门本科课程入选清华大学精品课程。学校共有 90 门课程入选国家精品课程，数量为全国高校之首。

精品课的建设在学校树立了好课程的典范，清华的教学传统在一门一门精品课程、一个个教学组中继承发展。基于精品课的示范作用，学校决定继续加大精品课建设，并将评选权下放到院系。建设目标是 300 门左右精品课程，达到本科生课程比例的 1/10 左右。学校决定在本科生大类基础课、专业核心课中逐步选出几十门标杆课程，要求课程能够体现价值塑造、能力培养、知识传授“三位一体”的教育理念，课程授课教师具备高超的教学科研水平，课程具有足够挑战度及训练量，内容更新及时，教学效果突出，具有典型性、示范性、可推广的特点，要在学生成长过程中留下深刻印记。学校将发挥精品课和标杆课程的引领示范作用，带动本科课程整体质量的提高。

（三）深化改革、落实落地

教育教学改革对学校新百年的发展具有重要的意义，也一定会产生深远的影响。全面推进教育教学改革关键在于落实。

1. 实质性地推进大类培养。

学校从 2017 年开始，在机械学院试点基础上，全面部署大类招生培养工作，通过合并学科基础相似的专业进行大类招生，将原有的 49 个招生专业整合为 16 个大类。学校专门成立了大类培养领导小组，聘请了 16 位首席教授具体负责和推动大类培养工作。2017 级学生已经在上学期顺利完成了专业确认工作，确认到第一志愿的学生高达 89.6%。

2. 开设写作与沟通课程。

2017 年本科审核评估后专家提出，清华学生思辨与交流表达能力需要提升。很多校友和师生也都反馈，写作和沟通能力的训练还是清华人才培养中的薄弱环节。学校在广泛调研中发现，在不少世界顶尖大学中，写作训练都是非常重要的环节。哈佛大学、普林斯顿大学都把写作课作为本科生必修课。2018 年 5 月 17 日，学校宣布将面向本科新生开设“写作与沟通”课程，以不同课程主题为切入点，依托高强度的阅读、小班研讨、一对一指导等方式，引导学生展开辩证思考，按照学术写作规范要求进行文章撰写，并通过课程讨论、论文展示等环节将沟通能力培养与写作训练自然融合。2018 年 7 月，学校正式成立写作与沟通教学中心。9 月 17 日，本学期“写作与沟通”正式开课，共有 14 个课堂。学校计划组建 25 人的专职教师团队，2020 年要实现本科大一新生的高质量“写作与沟通”课程的全覆盖。

3. 完善以博士生为主体的学术型研究生培养体系。

博士生教育是学历教育的最高层次，体现出一所大学人才培养的高度，代表着一个国家的人才培养水平，需要构建全方位、高水平的人才培养体系。2017 年起，学校全面实行博士生招生申请 - 审核制，改变原来按照考试分数招收博士生的做法，采取“个人申请—材料审查—综合考核—择优录取”的程序，尊重导师和专家的学术判断，选拔真正适合做学术创新工作的人攻读博士学位。制定了《学术人才选拔参考指南》《申请 - 审核制实施办法》《申请 - 审核制监督保障实施细则》，建立了“集体决策、信息公开、巡查、纪检监察、申诉复议”的监督机制，确保招生全程有规可循，打消了社会对公平公正的疑虑，保护了申请人、导师等各方的合法权益。此外，学校还通过举办指导教师研修班、推动跨学科培养和交流、改革学术评价标准、优化奖助体系等具体措施进一步完善博士生培养体系。

4. 以“项目制”扎实推进专业学位研究生培养。

专业学位研究生教育是动态响应和服务国家重大战略、培养经济社会建设所需高层次应用型专门人才的主渠道。硕士生培养是学校专业学位教育的主体。2018 年春季学期，学校在博士专业学位教育方面取得重大进展，设立了创新领军工程博士项目，定位于培养具有国际视野和工程综合创新能力的高端科技领军人才，服务国家创新驱动发展战略。学校成立了项目中心，在校级层面统一招生、培养和管理，突破学科壁垒，突出实践导向、问题导向，促进融合创新。首批有 22 个工科院系参与，1300 余人提出申请，最终录取了 135 人，报录比近 10∶1，全部为非全日制在职攻读，在全国高校同类项目中规模最大。

（四）明晰目标、继往开来

第 25 次教育工作讨论会不仅形成了更多的共识，而且还形成了 37 项具体行动方案。我们要从现在做起，以行动方案为抓手，扎扎实实推进教育教学改革，确保各项任务按时保质地完成。

37 项具体行动方案主要分为课程建设、培养模式和培养环节、教学支撑体系 3 个部分。有关课程建设的 9 个行动方案涉及数理基础课、公共外语、思政课、体育课、通识课程、标杆课程等各个方面。培养模式和培养环节方面的 19 个行动方案，涉及面很广，既有推进大类培养这样的本科人才培养体系的重大变化，也有研究生培养方式的改革举措；既有博士生学术创新成果评价方式的优化，也有学生工作体系的变革措施。教学支撑体系方面的 9 个行动方案，既包含了硬件如教室改造、教学设施的全面升级，也包括了软件如教师教学能力、教学辅助人员管理服务能力的提升。37 个行动方案，涉及教育教学的方方面面，囊括了人才培养的各个重要环节。我们相信，这些行动方案的落实，一定会显著提升我们的教学工作和育人效果。

除此之外，学校还将面向 2021 年建校 110 周年校庆推动两项重要的任务：一是要深入挖掘清华的教学传统，二是面向未来的教育发展研究并完善清华的教育模式。

二、对于教育教学工作的几点认识

教育教学改革从 2014 年启动以来，已经有四年多的时间。第 25 次教育工作讨论会对以往的教育教学改革进行了总结，又为我们深化教育教学改革、推动内涵式发展奠定了良好的基础。结合学习贯彻落实习近平总书记关于教育的重要论述和第 25 次教育工作讨论会，我想谈几点认识。

（一）始终不忘育人初心

习近平总书记在全国教育大会上强调：“培养什么人，是教育的首要问题。”高等教育是一个国家发展水平和发展潜力的重要标志。大学对于国家的贡献可以体现在科技创新、思想文化引领等多个方面，但最重要的体现还是在人才培养上。大学培养什么样的人、怎样培养人，决定了民族未来的走向和国家发展的高度。**大学肩负着人才培养、科学研究、社会服务、文化传承创新、国际交流合作五大使命，但人才培养始终是第一位的，大学的定力就体现在对育人初心的坚守上。**大学只有抓住培养社会主义建设者和接班人这个根本才能办好，才能办出中国特色世界一流大学。

（二）坚持正确的育人方向

习近平总书记多次强调人才培养方向性的问题。2017 年 10 月 30 日，习近平总书记在会见清华大学经济管理学院顾问委员会海外委员和中方企业家委员时强调，“人才是创新的根基，是创新的核心要素。培养人才，根本要依靠教育。教育就是要培养中国特色社会主义事业的建设者和接班人，而不是旁观者和反对派。”清华大学有“又红又专”的育人传统。蒋南翔校长在 1957 年 11 月 27 日的报告中提出“我们学校所要培养的，也正是这种又红又专的人。”“我们要求‘红’，不是不上课，不学业务，只搞政治，是说我们要有正确的政治态度，就是与社会主义事业共命运，建立起血肉联系，拥护它，保护它，为了它全力以赴。”2004 年，学校党委对学生提出“两个拥护、两个服务”的基本要求，即**在政治立场、政治态度上，做到拥护党、拥护社会主义，在人生观、价值观上，立志服务祖国、服务人民。**学校始终要把立德树人的成效作为检验学校一切工作的根本标准，真正做到以文化人、以德育人，不断提高学生思想水平、政治觉悟、道德品质、文化素养，做到明大德、守公德、严私德。我们要把立德树人内化到大学建设和管理各领域、各方面、各环节，做到以树人为核心，以立德为根本。

（三）推动高水平教师参与育人

2018 年 5 月 2 日，习近平总书记在北京大学师生座谈会上的讲话中指出，“人才培养，关键在教师。”越是高水平的教师越是要参与育人。**好学校一定把育人看得最重，好教师一定把教书育人当作自己的首要职责。教书育人是一个群体引领另一个群体的成长，要让每一个教师都成为师德高尚、指导得法的好教师，让学生在校园里遇到好教师成为必然。**

教师要以德立身、以德立学、以德施教。自我修养是一辈子的事情，教师要把教书育人和自我修养结合起来。**教师是学生天然的榜样和模范。好教师对学生的影响是深远的，同学们毕业十年、二十年之后，最怀念的是对他们人生成长影响深远的教师。**1992 年 4 月，朱镕基学长撰文怀念母校电机系系主任章名涛教授，深情回忆章教师在一次会议上对同学们的教诲:“你们来到清华，既要学会怎样为学，更要学会怎样为人。青年人首先要学为人，然后才是学为学。为人不好，为学再好，也可能成为害群之马。学为人，首先是当一个有骨气的中国人。”

好教师要上讲台。**师生距离要近，师生关系要亲，构筑有温度的教育，这样才能使学生“安其学而亲其师，乐其友而信其道”，使教师对学生“知其心，然后能救其失”。我们认为：“世间上百年名校无非育人，天下第一等职业还是教书。”**

（四）要推动内涵式发展

党的十九大报告中提出“实现高等教育内涵式发展”。对于清华而言，也要努力实现内涵式发展。《大学》开篇就讲：“大学之道，在明明德，在亲民，在止于至善。知止而后有定，定而后能静，静而后能安，安而后能虑，虑而后能得。”内涵式发展就是要“知止”。对学科发展而言，第一，空间不能无限，要提升科研教学的环境质量和品质。第二，人数不能无限。学生人数不能增长过快，对教师队伍规模要进行控制，要做好规划，选好人、用好人、评好人，提升育人水平。第三，学科发展要有重点，要聚焦，不是什么都做，也不是什么热就做什么。第四，**项目不是越多越好，经费不是越多越好，论文不是越多越好，要做真正有价值、有意义的事**。学术评价标准需要改变，要突出学术意义和实际贡献。**只有选择内涵式发展才能做出品位来，依赖规模扩张就不可能从容发展，就不可能提升一所学校的气质和办学品位。**

教学的内涵式发展，首先也不是讲规模，关键还是人才培养质量，要提升每一个教育环节的质量。

（五）要坚守优良传统

优良的传统是大学的宝贵精神财富。优良的传统需要不断进行总结、提炼和升华，并推动达成共识、固化下来、传承下去。**坚守传统和改革创新不是相矛盾的，越是推进改革创新，越是要深入挖掘自身的传统并在新的形势下发扬光大。**清华大学在教育教学方面有很多优良传统，比如严格要求的传统、重视体育的传统、实践教育的传统，我们在推进教育教学改革中都要进一步发扬光大。

严格要求的传统。老清华的严格要求是有名的，新中国成立后的清华传承了这一优良传统。1911 年到 1921 年的 12 年间，清华共录取考生 1500 人，实际毕业者仅 636 人，占 42.4%，被开除及退学者 436 人，占 29%，淘汰率很高。20 世纪 90 年代，学生中间曾有“四大名捕”的说法，指的是教学要求最严格的四位教师，意思是通过他们课程的考试很不容易。现在，我们仍要强调对学生严格要求，学校也要为这些敢于严格要求学生的教师撑腰。

重视体育的传统。体育具有迁移价值，有着重要的育人功能。清华从建校起就非常重视体育，迄今清华已经形成了“有理论、有理念、有目标、有口号、有实践”的全方位体育教育体系。“育人至上、体魄与人格并重”是清华新时期的体育教育观，“为祖国健康工作五十年”是每一位清华人都在为之努力的奋斗目标，“无体育、不清华”是由清华学生自发喊出的具有时代特征的口号。我们要在体育教育中塑造爱国爱校、热爱集体、刻苦拼搏、尊重规则、尊重对手等价值观念。

实践教育的传统。坚持通过实践教育全面育人，是清华的优良办学传统和宝贵精神财富，也是今后践行“三位一体”育人理念的重要抓手。早在二十世纪五六十年代，学校就强调“教学、生产和科研相结合”，提出“真刀真枪做毕业设计”。历史上召开的教育工作讨论会中，多次以实践教育为主题。2014 年发布的《清华大学加快创建世界一流大学综合改革方案》进一步提出：按照“厚基础、宽口径、强实践、重创新”的培养理念，拓宽专业基础，加强学科交叉与融合，注重加强实践教育并落实到学生培养全过程，使之成为培养学生创新精神和实践能力、促进学生全面发展的有效途径。

教师们、同学们！中国正日益走进世界舞台的中央，以更开放的姿态积极参与全球高等教育的竞争与合作，培养具有全球视野的人才是一流大学义不容辞的责任。今年是大学诞生 930 周年。**70 年后的千年大学一定会在人类社会中占据更重要的位置，清华大学要在服务国家、服务人类的过程中确立新的历史方位。一流大学要有中国特色和国际视野，一流大学要努力实现引领。**我们要继续深化教育教学改革，建设中国特色、世界一流的高水平人才培养体系，努力在教育思想上发挥引领作用，努力在创建世界一流大学方面走在前列！

践行“三位一体”教育理念，全面建设一流人才培养模式

——在清华大学第 25 次教育工作讨论会开幕式上的工作报告（2018 年 3 月 29 日）

清华大学副校长兼教务长　杨斌[①]

教师们、同学们：

今天，清华大学第 25 次教育工作讨论会正式开幕，这是在学校上下深入学习和贯彻党的十九大精神，以习近平新时代中国特色社会主义思想统领各项工作的背景下举行的教育工作讨论会；也是按照清华大学第十四次党代会确立的新奋斗目标，谋划落实综改深化、全面提高人才培养能力的一个重要会议。学校高度重视，积极准备，在较大范围征求师生对教育教学存在的问题和面临的挑战的意见建议基础上，2 月的寒假务虚会专门听取讨论了讨论会主题和相关工作的汇报。下面，向大家作扼要汇报：

一、上一次教育工作讨论会以来人才培养工作的进展

4 年以前的第 24 次教育工作讨论会，是在学校启动综合改革的大背景下召开的，

① 杨斌（1969—　），中共党员，博士，教授。1987 年 9 月至 1992 年 7 月在清华大学经济管理学院本科学习，获学士学位并留校工作。1994 年 9 月至 2000 年 7 月在清华大学经济管理学院研究生学习，获博士学位。曾任经济管理学院党委副书记、党委书记，研究生院常务副院长。2014 年 4 月任校长助理、研究生院院长。2014 年 9 月任校党委常委、副校长。2014 年 10 月兼任教务长。2019 年 1 月兼任深圳国际研究生院院长。主要研究方向为组织行为与领导力、企业伦理与社会责任、高等教育管理。曾获国家级教学成果一等奖 2 项，北京市教学优秀成果特等奖 1 项、一等奖 1 项。目前担任中国学位与研究生教育学会副会长、教育部高等学校专业设置与教学指导委员会副主任委员、全国工商管理专业学位研究生教育指导委员会委员兼秘书长。负责学位与研究生教育、国际教育合作、外事和港澳台事务、本科招生工作。担任清华大学教育基金会理事长。

师生校友和社会各界积极参与，研讨取得切实成果：确立了以价值塑造、能力培养、知识传授“三位一体”为核心的教育理念；确立了“以通识教育为基础，通识教育与专业教育相融合”的本科教学体系；确立了“学术型人才与专业型人才分类培养”的研究生定位和格局；讨论形成了《清华大学关于全面深化教育教学改革的若干意见》，共 40 条。到目前为止，“教改 40 条”确定的各项改革措施，全部有序启动并正持续推进。

教育教学改革成效一般要在更长的时间跨度中才能得到检验，但不少实质性的改革也已初显效力：围绕“三位一体”积极促进立德树人在各类课堂各种实践中落地；完善治理体系，成立教学委员会、本科生课程咨询委员会和研究生培养咨询委员会，转变校学位评定委员会工作定位，成立交叉学科学位工作委员会；探索本科通专融合、大类培养；以学习和发展成效为导向，对全部本科专业培养方案进行重构；推进通识教育，建立通识教育试验区新雅书院；给予学生更多自主权，二学位和辅修专业项目大大增加，设立本科荣誉学位，学堂计划有所扩展；改革学业评价体系，以等级制和荣誉体系的丰富促进学生追求多样成长；系统改革研究生招生计划配置，优化研究生规模结构，全面实施博士生招生“申请 - 审核制”；推动建设以“工程伦理”为代表的研究生学术规范和职业伦理课；开设博士生指导教师研修班，整体提升导师指导水平以保障培养质量；发布清华自主设计的学位证书，试点兼修硕士学位，建设学生创新力提升、研究生教学能力提升等证书项目；研究生奖助体系新方案落地，理顺完善培养质量保障体系；引领全国创新创业教育，设立多个创新创业辅修专业，扎实建设 iCenter、x-lab、创 + 等“三创”教育平台；制定实施全球战略，推动培养学生的全球胜任力，改革体制推动中外学生趋同培养和管理；国际本科生录取改革，生源结构质量明显提升；60% 博士生和 50% 本科生在学期间具有海外访学经历，攻读研究生学位的国际学生规模在全国高校领先；建设苏世民学者项目、全球创新学院（global innovation exchange，GIX）、清华 - 伯克利深圳学院（Tsinghua-Berkeley Shenzhen Institute，TBSI）、中意设计创新基地等，国际化办学迈出重要步伐；完善激励教学的教师荣誉体系，增设新百年教学成就奖和年度教学优秀奖；实施开放交流时间制度，鼓励长聘教授做班主任，促进教师在学生成长中的引路人作用；等等。

成绩进展固然可喜，但更要清醒地看到，摆在面前的，有更多需要以攻坚克难、动真碰硬的精神才能应对的挑战，也还有若干涉及人才培养核心本质需要深度研讨并形成共识的问题。下面仅从最新的本科教学审核评估、师生意见反馈和学科评估三个角度的反映来谈。

2017 年 11 月，教育部对我校进行本科教学审核评估，在入校考察工作结束后的反馈意见中，专家组对我校本科教学的总体水平和状况给予了充分肯定和高度评价，但也提出了一些尖锐而中肯的意见和建议。正面的、肯定性的评价大家都已有所了解，我不再多讲，主要说说专家反馈的问题。

评估反馈意见谈存在问题，集中在四条，我先讲后三条。第二条，“要加大学科资源转化为教学资源的力度，进一步提高人才培养优质资源的保障度”，讲的是还需要加大力度，把清华优质的学科资源、科研资源转化为人才培养的优势，尤其是促进高水平教师对本科教学有更多投入。第三条，“教学质量保障体系运行的有效度有待进一步提高”，涉及教学评价体系还不够完善，一些院系考试评价、毕业设计的管理发现有不规范情况。第四条，“多学科协调发展的局面需要精心打造”，说的是文科和一些新兴学科的发展不够，对人才培养的贡献能力还需加强。对于接触到的学生在沟通交流能力、艺术审美能力、全球视野、探索勇气上的不足，专家们也都直言不讳地点了出来。而反馈意见中最有分量也最尖锐的是第一条，“培养模式、培养方案还需要与培养目标高度相吻合”。专家组提出，清华提出要建设以通识教育为基础、通专融合的本科教学体系，以此落实“三位一体”的人才培养模式，“这是人才培养理念、育人体系和教学组织方式的重大而深刻的变革。”但是，“在具体实施过程中，尚未充分形成全校范围内的广泛共识，进一步影响到通识教育和通专融合的理念在各专业培养方案和各门课程具体教学过程中落实，存在培养方案未能有效实现通专结合、通识教育课程缺乏学术深度和挑战度等现象。”专家组还就总体学分数依然过高、需要进一步优化课程体系、凝练核心课程、加强实践环节提出了建议。专家组的这些意见和建议，一方面与学校的自我诊断、自身剖析高度一致，另一方面又帮助我们的认识更加深入和明晰，有利于凝聚校内师生的共识，有利于确定下一步人才培养能力提升的发力点。

校内师生一直高度关注学校的人才培养工作，也一直贡献着来自一线的真知灼见。为了确定本次教育工作讨论会的主题，更加广泛地了解校内师生对目前学校教学工作的意见建议，上学期快结束的时候，教务处、研究生院、国际教育办公室组织召开了校内师生代表的多次座谈会。不少教师提出，学校的教学理念要切实落实到院系和每一位教师的教学活动中，“三位一体”的内涵还需要进一步凝练、明晰，尤其需要讨论其中的价值塑造如何在培养过程中落地。清华的本科生读研深造比例高于80%，如何更好地定位本科教育；如何使得大类培养不流于形式，真正体现“宽口径、厚基础”的培养理念；如何真正实现通专融合，等等，这些都是师生很关注的问题。此外，研究生教育中的能力培养，如何进一步推进全球胜任力的发展和加强中外学生的融合，对教师教学工作质和量的评价和要求，教学支撑体系的提升等，也都被反复提及。校内师生的意见涉及面很广，但关注点也相对集中。这也表明，对于近年来学校教育教学改革的方向和一系列举措，大家是认可的；对于接下来要做什么、该做什么，大家是有高度共识的，心情也很迫切。

2017年年底，全国第四轮学科评估结果发布，我校成绩总体不错。在提升信心的同时，也要认真分析其中暴露出的一些问题。这里我只讲问题中与教育教学相关的方面：首先是学科发展仍然不平衡，参评学科被评为A类的共37个学科，工学门类中24个参评学科有20个被评为A类；法学、管理学、艺术学3个门类参评学科全被评为A类，而部分学科门类中参评学科均未被评为A类；更加深入的数据分析和有针对性的发展举措，是后续很重要的工作。其次，部分排名比较靠前的学科，同样面临着教师队伍结构不够合理、人才培养规模出现较大程度收缩的问题。第三，一些和校内公共课程密切相关的学科，其整体实力偏弱，对学校未来人才培养的支撑能力有待加强。因此，一些学科还有较大发展进步空间，与此同时，还有一些学科需要实现从无到有，才能更好地适应综合性一流大学的人才培养任务。而学校办学资源日益紧张，资源配置方式有待改进优化，资源利用率亟待提高，这些都需要更为深入的讨论和解决。

以上扼要地谈进展，谈问题，挂一漏万，只是希望引发师生们在接下来的讨论会上更多地深入思考和判断。接下来谈新形势。

二、新的历史方位对教育教学改革提出更高、更迫切的要求

我国进入中国特色社会主义发展的新时代，各项事业的发展对高等教育的需要比以往任何时候都更加迫切，对科学知识和卓越人才的渴求比以往任何时候都更加强烈。对清华的要求尤为如此。

培养一流人才是党和国家赋予学校的重大使命。习近平总书记在学校建校105周年的贺信中，对我校中西融汇、古今贯通、文理渗透的办学风格，爱国奉献、追

求卓越的精神和又红又专、全面发展的培养特色，给予了高度评价。总书记在全国高校思想政治工作会议上，对“培养什么样的人、如何培养人、为谁培养人？”“办什么样的大学、怎样办好大学？”的根本问题，给出了深刻阐释。落实立德树人的根本任务和人才培养核心地位，迎来了宝贵的大环境，清华必须抓住机遇，培养更多一流人才，早日办成一流大学。

“双一流”建设为学校全面提高人才培养能力创造良机。2015 年 10 月，党中央、国务院作出“建设世界一流大学和一流学科”的重大战略决策，2017 年 9 月名单正式发布，“双一流”也被写入了党的十九大报告。在推进高等教育内涵式发展，实现我国从高等教育大国到高等教育强国的历史性跨越中，清华如何担当标杆，创建模式，发挥引领作用？如何把双一流的良机转化为人才培养的极大动力？清华在一流大学建设目标中，明确把一流的人才培养放到了首位，并强调了要建设作为一流大学人才培养底色的本科教育、体现一流大学人才培养高度的博士生教育，以及激发一流大学人才培养活力的硕士生教育。

培养一流人才，离不开师德高尚、倾心育人的一流教师队伍。2014 年 9 月，习近平总书记视察北京师范大学，强调要培养和造就一支有理想信念、有道德情操、有扎实学识、有仁爱之心的优秀教师队伍。2018 年 1 月，党中央、国务院出台《关于全面深化新时代教师队伍建设改革的意见》；教育部出台《关于全面落实研究生导师立德树人职责的意见》，突出师德师风建设。这些都有利于清华进一步推动立德树人工作，从制度激励上和文化引导上，营造让教师更好、更多地投入教书育人工作中的氛围。

国内外高等教育领域的变革日新月异。国家实力的竞争，在很大程度上就是培养创新人才能力的竞争。放眼全球，世界一流大学的教学改革进程都在加速。2013 年春季，斯坦福大学发布《斯坦福 2025 计划》，其中最为引人关注的“开环大学”计划，创新性地废除了入学年龄的限制，延长了学习时间，由以往连续的四年延长到一生中任意加起来的六年，时间可以自由安排。斯坦福大学这一举措和一些大学的“间隔年”制度以及对学籍、学制更为灵活的管理措施，反映了对从校门到校门的人才培养模式的疑虑，对终身学习、学习和实践无缝对接的探索。2016 年 1 月哈佛大学发布《通识教育审查委员会报告》，强调了要在全球化教育背景之下重新审视通识教育，从 1945 年哈佛红皮书的提出，这已是哈佛大学历史上第四次通识教育全面改革。2017 年 5 月麻省理工学院发布《全球战略报告》，旨在通过教师和学生国际化教学研究的参与度，进一步提升国际影响力。放眼世界，研究生培养目标、培养模式和评价机制更加多元，以麻省理工学院依托 edX 平台开设的一组硕士级别在线课程为代表的一系列微硕士项目，让我们对学士、硕士、博士层级分明的三级学位制度重新反思。教育技术条件的重大变化，也让我们必须考虑，传统教育如何满足受教育者多样性的需求，如何满足网络原住民一代的学习需求。国内兄弟高校也在开展各具特色的教育教学改革。北京大学提出了新时期本科教育改革的十六字方针——“加强基础，尊重选择，促进交叉，卓越教学”，不断深化本科教育教学改革，着力培养引领未来的人。中国科技大学给予所有学生专业选择自主权，增加学生学习主动性和自由成长的空间。这些举措也给我们带来了启发和思考。清华的教育教学改革，要在国内外高等教育改革的潮流中迈出自信坚实的步伐。

全球胜任力成为高等教育人才培养目标的重要维度。2016 年 9 月 27 日中共中央政治局集体学习时，总书记强调，参与全球治理需要一大批熟悉党和国家方针政策、了解我国国情、具有全球视野、熟练运用外语、通晓国际规则、精通国际谈判的专业人才。要加强全球治理人才队伍建设，突破人才瓶颈，做好人才储备，为我国参与全球治理提供有力人才支撑。世界正处于大发展、大变革、大调整时期，存在越来越多的不稳定性和不确定性，人类面临许多共同挑战。推动构建人类命运共同体，迫切需要我们培养的人能深刻认识变化的世界，既有文化自信，又具有跨文化理解力和交流沟通能力，有能力并负责任地应对全球挑战，从而促进人类文明进步和可持续发展。

深度转型的研究生教育带来机遇与挑战。党的十九大报告描绘了到 21 世纪中叶全面建成社会主义现代化强国的宏伟蓝图，对于面向未来进行高层次创新人才培养的研究生教育，意味着全面质量提升的深度转型。当前，我校博士研究生规模大幅增加、更多年轻教师走向指导岗位，保障培养质量所需要的机制、方法、平台和能力的建设迫在眉睫；人民日益增长的美好生活需要对更加符合产业发展需要、同时与清华定位吻合的行业领军人才的培养，提出了很有挑战性的要求；统筹全日制和非全日制研究生管理工作的改革，使在职人员录取数呈现断崖式下降，需要创造性地探索在岗人才学位与研究生教育的新路；最近公布了工程专业学位类别调整的方案，学校应抓住契机、夯实优势、积极推动改革，面向重大工程问题、新兴技术产业设计具有战略意义、前瞻性的培养项目。作为一个研究生人数占比高，博士生规模全球领先的学校，这也是必须正视的大背景。

深刻领会学校新的奋斗目标对人才培养提出的更高、更明确的要求。2017 年 7 月，清华大学第 14 次党代会召开，这是在学校深化综合改革、推进“双一流”建设、着力构建新百年发展新格局的关键时期召开的一次重要会议。会议提出了“三个阶段分三步走”的中长期发展目标：2020 年，达到世界一流大学水平；2030 年，形成具有鲜明中国特色、清华风格的高等教育思想和办学模式，迈入世界一流大学前列；2050 年前后，成为世界顶尖大学。大会报告明确指出：只有培养出一流人才的高校，才能够成为世界一流大学。要坚持人才培养这个根本任务，牢牢抓住全面提高人才培养能力这个核心点。要坚持立德为人才培养之首，坚持办学兴校、育人为本，德智体美、德育为先，把思想政治工作贯穿教育教学各个环节，推进全员全程全方位育人。

清华大学要力争在 2050 年左右成为世界顶尖大学。顶尖大学当然要具备一流大学不可或缺的一些共同要素，顶尖大学还无一不具备个性鲜明的办学特色和独特的精神气质。如果说在建设一流大学的过程中，对标一流，借鉴顶尖，超越同行是可行路径的话，在建设成为顶尖大学的阶段，我们更需要“不忘本来，吸收外来，面向未来”，扎根中国大地走出自己的路，建立中国特色清华风格的模式，引领和推动全球的教育发展。

三、紧扣主题，扎实推进教育教学改革

通过大规模的深入讨论和研究，提炼教育教学理念，凝聚共识，形成改革思路，是长时期以来清华教育教学工作不断推进的重要途径。学校把定期召开全校教育教学工作讨论会，当作落实学校人才培养中心地位的一项优良传统和重要举措。从早期的微观、具体教学环节的讨论，到中期的全面教学总结，再到现阶段的重要专题研讨以及教育理念、教育思想的形成，历次讨论会广泛动员全校师生深入研讨，都取得了很好成效。

第 24 次教育工作讨论会的推进继承了 21 世纪以来特别是第 23 次教育工作讨论会的成果，“一张蓝图绘到底”，是好的传统，必须坚持。同时，与第 24 次讨论会闭幕时综改刚刚获批相比，这些年来学校综合改革的各项举措所取得的进展，为进一步的教育教学改革营造了良好的氛围和基础。人事制度改革为教师更多投入课程教学和其他育人工作提供了制度保障，如更多长聘系列教师担任班主任；一大批年轻有

为的教师进入教研系列、进入研究生指导教师队伍，成为人才培养的骨干力量，为研究生培养注入新的活力。科研体制改革构建跨学科交叉研究体系、文科实施双高计划等举措，为人才培养开拓了更多新的可能性。跨学科交叉研究机构也为学生课外科技探索，提供了更为广阔的平台以及无限的可能。2016 年，“大学生学术研究推进计划”实施，针对本科生提出的科研项目匹配项目经费、导师资源、项目管理体系以及学术交流平台等多方面资源支持，成效很明显。后勤改革也为教学设施的改造和提升营造了更好的环境和条件，确保了招生规模和结构调整的顺利实施、中外学生融合管理的平滑到位。而即将启动的职工队伍改革，也将进一步为我校全员全过程全方位育人添砖助力。学校各方面综合改革的推进和深化，对人才培养这个核心任务支撑力度很大，也让第 25 次教育工作讨论会及其后的工作在一个更坚实的基础上展开。

经反复酝酿讨论，学校把第 25 次教育工作讨论会的主题确定为：践行“三位一体”教育理念，全面建设一流人才培养模式。下面我就主题中的三个关键词做说明。

“三位一体”已经在校内得到了广泛共识，在社会上也产生了很大影响。但在人才培养中，清华学生应该通过教育过程获得的价值、能力和知识究竟是什么；与其他一流大学所培养的人才相比，清华人应该具有哪些共同的要素，又应该有哪些“中国特色、清华风格”的要素；在价值、能力和知识的习染和养成中，应该从清华传统中汲取哪些养分；不同学科、不同阶段的人才培养中，价值、能力、知识的要求是否应该有所差异；如何在不同的课堂和所有的育人环节中，都融合价值塑造的成分；清华传统中历来就有“猎枪与干粮”的说法，我们的教学过程如何能够真正激发学生的好奇心、想象力，培养学生的思维、表达等多方面的能力；我们所培养的学生应该具有什么样的知识结构才能适应现代社会的发展；这些都是值得我们深入探讨的问题。践行“三位一体”的教育理念，需要更加明晰其中价值、能力和知识的内涵，探索将理念在实际育人过程中落地和深入的途径与方式。

“全面”的提法也是有所指的。本科教学评估中专家组反馈时，有一个值得注意的看法：“局部的一流不等于整体的一流，学科的一流不等于人才培养的一流”。有的学科力量很强，但人才培养的成效并不让人满意。有些院系、有些部分的人才培养，比如“学堂计划”，专家一致评价是世界一流的，“姚班”被认为是实现了世界上最好的计算机科学的本科教育；然而，并非所有的院系和专业都称得上是世界一流的本科教育，并非所有的培养环节都真正做到了一流。我们有一批学术水平高而又教学效果好、倾心育人的好教师，但我们还希望清华有更多的教师甚至所有的教师都能在教学和育人上有更多的投入。如同陈旭书记在2017年教师节大会上所说，争取让每一位教师都起到标杆作用，让每一位学生都能遇到好教师，让清华大学拥有更多好教师，为国家民族竖起更多好教师的标杆。学校有不少在学生成长过程中给他们留下深刻印迹的好课程，但坦白地说，也还不乏教学效果不那么好，甚至水分不小的课程。这几年，招生工作顺应学校大势，积极稳妥推进各项改革，取得了一定的成绩，但在某些方面也显示出改革不充分不彻底的情形：我们推进了大类招生、培养和管理的改革，但大类的划分还需进一步科学化，更加符合人才培养和学科发展的需要；在浙江、上海分别实施了综合评价招生改革，改变了仅仅依靠高考成绩录取的情形，高校自主性得到体现，但覆盖区域还小，还需要积极推进其他省市自治区的高考录取方式改革；我们采用了国际通行的招录取方式招收国际学生，生源结构得到明显优化，但生源质量与国外顶尖大学还有差距，还需要在今后工作中加大力度提升国际学生质量。我们很多的教学资源，并没有惠及更多更广的学生。我们有不少行之有效的提升人才培养质量的理念和做法，如“学堂计划”十年来进行的可贵探索所积累的经验、建筑学院邀请业界专家参加设计课程的教学、以新雅书院为代表的那些花三个学分时间才能拿到一个学分的高挑战度通识课程，等等。很多做法还需要在更广大的范围交流、推广和落实，在试验田的基础上进一步种大田，把局部的成功经验推向全校。“一花独放不是春，万紫千红春满园”，我们在这里说“全面”，就是希望花大力气在整体上真正实现人才培养的一流。

不少教师提出，这些年学校提出的教育理念得到广泛认可，也出台了不少改革举措，眼下要紧的不是再推出太多新的东西，关键在落实。这种看法与学校对这一阶段教育教学工作的认识高度一致。**“建设”**是第25次教育工作讨论会的又一个关键词。改革和创新要靠建设来支撑。离开建设，改革和创新就难以维系。建设要关注内涵发展，建设要树立质量观念，建设更要尊重教育规律。不着急验收报奖，要有足够的耐心，要有“功成不必在我”的心态，踏踏实实做事，多做前人栽树后人乘凉的实事。本科教学审核评估工作能够做到“不扰民”，敢于亮出实情、反映现状，来自于日常建设带给我们的信心。今年1月，教育部认定490门课程为首批国家精品在线开放课程。清华70门慕课获得认定，位列全国第一，总数超过第2、3、4名的总和。结果并非偶然，也不是靠突击能够得到，而是来自于数年来的扎实建设，源自于一个个教师一门门课的建设。没有建设性的工作，就会错失机遇。研究生国际化培养体系构建的基础，也是扎扎实实的建设工作。自 20 世纪 90 年代，学校持续不断地建设全英文研究生课程和培养项目，上个学年度 32 个院系开设 422 门全英文研究生课程，400 多名教师参与授课。正是我们打下了以英语为教学语言的基础，才支撑了目前在办的 25 个全英文研究生学位项目、支撑了与世界名校合作的 46 个双授 / 联授学位项目，才能有 GIX、TBSI、苏世民等一系列项目的落地，才能有国内最大规模的国际学位学生群体，才能顺利推行中外学生在招生、培养、奖助、学位等环节趋同化管理。

我们接下来的这一阶段要做的，就是要扎扎实实通过各种建设工作，实现内涵式发展，有效提升人才培养质量。要加强师德师风建设、促进教师教学能力提升；加强课程体系建设，改革通识课程体系，继续优化专业核心课程体系，将“三位一体”教育理念落实在每门课程中；合理评价教师教学工作的质和量，继续推进专业认证工作，加强质量保障体系建设；推动助教体系与能力建设；教室改造升级，加强教学基础设施建设；进一步推动博士生培养质量提升、明确硕士生培养定位，推进各类培养项目建设和发展；加强研究生平台课程建设和海内外的实践基地建设；加强学生国际胜任力培养和校园国际化能力建设。总之，第 25 次教育工作讨论会要践行“三位一体”的教育理念，立德树人，以一系列内涵建设为核心，全面建设一流人才培养模式。

四、周密组织、充分发动，开好第 25 次教育工作讨论会

第 25 次教育工作讨论会从今天开幕，预计今年 9 月总结结束，持续半年的时间；因为去年的本科教学审核评估，很多准备工作实际上已经展开，所以希望这次会议开得更为集中高效。我们将围绕所确定的主题，汇集师生智慧，从六个方面开展研讨：一是明晰“三位一体”教育理念的内涵和实现途径；二是推进大类培养，建立通专融合的教育体系；三是研究生教育中的能力培养；四是以“研究性学习”为目标推进课程建设；五是推进全球胜任力发展与中外学生的融合；六是构建全方位全覆盖的学生发展支持体系。

为开好第 25 次教育工作讨论会，学校专门成立领导小组和工作小组。领导小组由邱勇校长担任组长，工作小组由我来具体负责，相关部门负责人参加，统一安排、组织、协调、落实讨论会的各项活动。

各院系也要建立由院系领导、教学委员会成员等组成的领导小组和工作小组，

按照学校的总体安排，针对本院系的实际情况，制订讨论会的具体方案，确定考察调研的内容、方式、方法，组织召开院系师生、校友、用人单位等各方面参与的研讨会，总结经验，发现问题，寻找规律，制订方案。各院系要针对研讨会主题，认真分析在课程建设、学生能力培养等方面的欠缺，分析提出改进的途径和方法，完成院系讨论会工作“白皮书”。希望各院系、教育中心、基地、项目在这次讨论会中，能够发挥主动性、积极性、创造力。根据自身要解决的突出问题，院系可以自定议题，组织好专题讨论，教务处、研究生院、学生部、研工部、国际教育办公室等各部门承诺一定会全力支持并积极参与。

根据研讨的主要内容，第 25 次教育工作讨论会在学校的层面，成立六个专题研讨工作组，推进研讨的深入开展和改革措施的酝酿制订：

第一个专题为大类培养，由张建民、曾嵘和王宏伟三位教师担任组长，围绕本科人才培养的定位，研讨提出优化的大类组合方案和目标规划，审定各大类平台课程并切实推动大类培养。

第二个专题为通识教育，由朱邦芬、钱颖一和甘阳三位教师担任组长，进一步调研明确学校通识教育的目标，明确本科生通识课程的修读要求，改革通识教育课程体系，提出提高通识教育课程质量的意见措施。

第三个专题为实践教学，由郝吉明、雒建斌和王孙禺三位教师担任组长，进一步调研国内外实践教学情况和我校实践教学面临的挑战，提出加强实践教学的意见和建议，加强学生实践能力建设。

第四个专题为课程教学质量提升，由贺克斌、李俊峰和李艳梅三位教师担任组长，研究评价教师教学质和量的方法，对现有的课程教学评价和工作量计算方式提出意见和修改建议，建立科学规范的教学评价和质量管理体系，不断促进课堂教学质量提升。开展教师教学发展调查研究，研讨教师教学能力培训全覆盖方案。

第五个专题为博士生培养质量提升，由孟安明、曾攀和巫永平三位教师担任组长，围绕博士生创新能力的培养，由学位评定委员会、研究生招生委员会、研究生课程专家组的成员和各院系教师代表，就不断提升我校研究生培养质量给出建议。

第六个专题为硕士生培养定位、规模和实现路径，延续 2017 年 10 月启动的研讨会安排方式，由贺克斌、雒建斌、孙家广、范维澄、薛澜、万俊人、宫鹏 7 位教师分别担任各学科群组长，通过院系专家主导、校内广泛参与的方式，就我校硕士生培养定位、规模和实现路径给出建议方案。

六个专题工作组都将开展专题调研和讨论会，最终会形成相应的文字报告。希望大家按照方案部署，扎扎实实把讨论会开好，为全面建设一流人才培养模式做出详细扎实的工作方案。

各位同事、同学，我们希望，这次讨论会能够开成一个行动和落实的会。目前，大类培养、通识教育、研究生培养改革、全球胜任力的培养、学生发展支持体系的完善等工作都在推进过程中，我们要以行动来学习、以落实来研讨。我们也希望，这次讨论会能够开成一个以学习调研为基础的会，希望我们各个工作组和各个院系更多地深入进行内部、外部的调研，向师生、校友、国内外同行和行业展开调研。我们还希望，这次讨论会多一些分享和推广，把学校不同院系和项目已有成效的改革进一步推广，之前学校建设了不少实验班、试点项目，未来这不可能再是常态，已经建设的有成效的就要起作用，教务处、研究生院要多组织现场交流、实地观摩、经验分享，用已有成效去点燃点亮所有的院系、专业、项目，去提升制度基准，实现全面建设。

我们希望，抓行动落实、抓学习调研、抓分享推广，让这次教育工作讨论会取得切实成效，在清华三个九年三步走最后收官的三年中，紧抓人才培养的大学根本，为清华“达到世界一流大学水平”和建校 110 周年，书写奋进之笔。

最后，预祝第 25 次教育工作讨论会圆满成功！

谢谢大家！

清华大学的本科教育教学改革：从第 24 次到第 25 次教育工作讨论会

清华大学副校长　彭刚[①]

（一）

今天非常荣幸到继续教育学院跟各位同事交流，特别欣喜地在这里见到了很多新老朋友。其实，在座的有在教务部门工作多年的教师，对很多情况非常熟悉。

我接到刘震院长的指令，给大家介绍学校教育教学改革的情况。我主要从本科教育教学角度来讲。邱勇校长曾经有过两篇阐述他的人才培养和教育教学改革思路的文章，一篇有关本科教育教学改革，提出“一流的本科教育是一流大学的底色”，另一篇是讲博士生培养的，讲的是，一流大学的博士生培养质量体现的是一流大学的高度。我今天主要从“底色”的角度来汇报一下，2014 年以来学校教育教学改革的思路，一些已经做、正在做和将要做的事。这些年，大家都熟悉一句总书记说的话，“一张蓝图绘到底”。我想这从来就是清华的好传统，不因为领导人的变换而对一些已经决定了的重大的战略来做一些比较随意的调整。在学校的其他方面发展是这样，在教育教学方面也是这样。

2014 年，清华成为高等教育改革的试点单位，当时是上海作为一个区域，再加上北大、清华两所大学，承担综合改革的试点任务。综合改革涵盖各个方面，比如人事制度改革、科研体制的改革等。教育教学改革，用邱勇校长的话来说是攻坚战。

---

① 彭刚（1969—　），中共党员，博士，教授。1986 年 9 月至 1990 年 7 月在北京大学政治学系本科学习，获学士学位。1990 年 9 月至 1993 年 3 月在清华大学社会科学系研究生学习，获硕士学位并留校工作。1995 年 9 月至 1998 年 7 月在中国社会科学院研究生院在职研究生学习，获博士学位。曾任人文学院副院长，副教务长、教务处处长。2018 年 6 月任文科工作领导小组副组长。2018 年 11 月任校长助理。2019 年 8 月任副校长。主要研究方向为西方史学理论和思想史。负责本科教育、文科工作，协管本科招生工作。

现代大学的功能非常之多。但是，大学区别于其他学术文化机构的，是它的人才培养功能，如果失去了它的别的一两项功能，它还是一所大学，甚至还是不错的大学。可一旦没有了人才培养，就失去了大学的根本。人才培养被清华看得最重。教育教学改革在综合改革之初，就被放在了一个重要的位置。2014 年，正好是学校召开第 24 次教育工作讨论会。从改革开放以来，我们逐步形成了每四年召开一次为期一年的教育工作讨论会的传统。每次教育工作讨论会都会对学校相当长一个阶段的教育教学工作产生非常深远的影响。

去年年底，我到教务处时间不长，完成了学校本科教育审核评估工作之后，马上就要给学校汇报下一步的重点工作。处务会讨论之后，列出了很多重点工作。我在学校汇报时说，2018 年，教务处的核心工作只有一项，就是开好会，开好第 25 次教育工作讨论会。“开好会”，在其他大学可能听上去会感觉比较奇怪，在清华却是一个非常正常、大家都能明白的说法。回到此前的第 24 次教育工作讨论会，那次会议影响深远，甚至对今后很长一段时间，对整个清华大学的教育教学改革都会发挥持续的、长远的影响。从实际举措来说，那次教育工作讨论会出台了一个文件，即校内所说的“教改 40 条”。可以说，到去年为止，“教改 40 条”的每一条内容、每一条规定的实际举措，都已经在此前不同的时间节点启动，或者是完成，或者是接近完成，或者是在不同的进展过程中。“40 条”非常宏观，又很有可操作性。在第 24 次教育工作讨论会闭幕式上，当时的陈吉宁校长有一个讲话，把整个清华大学教育教学改革的基本理念归结为 16 个字、4 个词。我想花比较多的时间来解释这 16 个字、4 个词，因为我们现在还在接着做，往深里做，还是基于这 16 个字的教育教学改革基本理念来推动我们下一步的工作。

第一个关键词，“三位一体”。

我想，在清华工作的同志，都非常熟悉这个说法。这个词是 2014 年正式提出的，确定为学校的人才培养模式，它已经在社会各界、在不少兄弟学校产生了广泛影响。“三位一体”的基本内涵，大家都很清楚：价值塑造、能力培养、知识传授。非常有趣的是，在第 24 次教育工作讨论会最初开始讨论时，这三个层面的表述顺序是知识传授、能力培养、价值塑造。后来在正式文件表述时反过来了。

“三位一体”的内涵究竟是什么？其实，在清华整个办学历史上，从来就是把人才培养从一个整体的、一个更加包容广大的层面来理解的。蒋南翔校长非常善于用生动鲜明的语言来表述他的教育理念。他有一个著名的说法，“干粮与猎枪”。说的是：给你干粮，耗尽了干粮，你就可能陷入饥饿之中，给你猎枪，你总有办法弄到吃的。干粮与猎枪，讲的是能力的培养比知识的传授更加重要。清华建校之初，就讲我们的人才培养是要培植全才，应该是培养全面的、超出专业层面、有多方面能力和素养的人才。在蒋南翔时代，清华特别强调又红又专，全面发展。从我们今天价值塑造的层面来说，它不仅包括了政治层面的要求，还包括了一个人的胸怀、品德、素养。可以说，“三位一体”是清华传统教育理念在新时代条件下的新表述。

清华有能力吸收以庞大的人口基数为支撑的最优秀的学生，这么优秀的生源，对学生的培养当然不能仅限于知识的传授。在很大程度上，知识的学习可以靠学生自己阅读、求索，靠他们相互的激发就能解决。能力的培养、价值的塑造是更重要的。“三位一体”的说法，与我们日常的教学实践、我们整个人才培养环节的设置、我们的每一堂课以及每一次师生互动之间又是一个什么样的关系？大家觉得，这个提法听起来很好，可是它好像与我们实际的工作有些距离，有些抽象。2014 年，可能很多人有这样的感觉，到了现在，可能还有一部分我们的师生、我们的同事有这样的感觉，但是，这个情形发生了很大的改变。“三位一体”，在原来我们的表述中，是一种培养模式。邱勇校长在第 25 次教育工作讨论会闭幕式上，正式将其作为一种教育理念来阐述，它不仅变得更加耳熟能详，而且还有一个更加重要的变化，那就是，我们的师生从实际的教学活动中，对它有了更加切实的体会和理解。

多年来，我们的工会花了很大力气，教务部门也密切地配合，一直在组织我们的教学骨干参加北京市和全国的青年教师教学比赛。今年，我们有 3 位都是在北京市拿了第一名的教师，去参加全国青年教师教学基本功比赛。全国有 4 个组，我们去了 3 人，参加 3 个组比赛。有两个人获得两个组一等奖第一名，一个人获得另一个组一等奖第二名。这是一个非常辉煌的战绩。这个比赛的方式是每个人准备 20 个单元的课，每个单元 20 分钟，比赛时随意抽其中一讲。它比的不是精心准备的 20 分钟，而是整整的一门课。举一个不大形象的比喻，如果说有些比赛，打开门看到是一个样板间，而这样的比赛，打开门，看到的是一个正常居家过日子的格局。

当时，工会主席王岩教师告诉了我这个惊人的成绩，拿到这样好的成绩，我们有惊喜，但也不是特别的意外，因为不是完全没有心理准备。当然，学校领导也很高兴。后来，我分别参加了校长和书记跟参赛教师的座谈。我们为什么特别看重这个奖呢？ 3 位获奖教师都有一些共同的感受，得到这么好的成绩，是因为体现了清华的精神。因为他们整个的准备过程花了差不多半年的时间，有很多人的巨大投入，是无私奉献的团队精神，是清华追求完美，把一件事做到最细致做到最极致的这样一种精神，帮助大家最后取得了优异的成绩。3 位教师不约而同地谈道，后来，他们只要一上讲台，别人就说这肯定是清华的。为什么别人会说肯定是清华的。有一位参赛教师说，这一次取得这么好的成绩，是“三位一体”教育理念的胜利。“三位一体”教育理念体现在他们的课堂教学中，使得他们得到了普遍的认可。

有一位教师跟我交流说：“在每一堂课的准备过程中，时刻考虑的是我这堂课达到的是什么目标。在知识传授层面，清华有这么好的学生，我首先考虑的是学生需要的是什么，不懂的是什么，需要我帮助的是什么。”每一门课，需要考虑通过知识点的讲授，通过一些推理的过程，通过对提问方式的分析，通过各个环节的训练，希望学生获取的是什么样的能力。再有就是价值的层面，我们获奖的有思政课的教师，思政课本身就有鲜明的价值蕴含；也有工科课程，比如：土木系李威教师讲的是防火材料。这个教师举的例子就是刚发生的一场火灾，如果我们的整个设计和整个材料品质是另一番情况，在这个实例中，也许很多的生命就不会白白失去。珍惜生命、高度负责的人文关怀很自然地被嵌入了。而且，撇开任何课程的专业内容不论，一个教师有高超的学术水平，把课堂教学看得比天还重、特别关切学生在自己课堂上的反应，急切地希望以最恰当的方式让学生从自己这里收获最多，这样一种工作态度、学者风范，本身就是价值传授的最强有力的渠道。

上学期我和同事拜访了到能动系帮忙的罗忠敬教授。罗教授是普林斯顿大学地位非常高的国际知名的燃烧专家。他到能动系来帮助我们的人才培养。我和他要讨论写作课如何建设。他的确帮着我们牵线搭桥，让我们建立了与普林斯顿大学写作中心的关系。当时，我通过罗教授的助手得知，罗教授前一天刚下飞机，第二天就讲课，不顾自己休息。我见面时跟他谈起这事情，罗教授说：“清华的学生太好了，你在台上讲课，会看到台下学生的眼睛都在发光，我愿意给这样的学生上课！”一位学术水平令人钦佩的学者，以这样的态度、以这样的形容举止出现在讲台上，本身是对学生强有力的感召，最好的感染，他本身的工作状态就是价值塑造和价值引领的最切实的体现。

从 2014 年到现在，越来越多的教师体会到，“三位一体”不是抽象的，它不是停留在学校的文件上，它真的可以转化到我们日常教学的每一个环节。每一门课是如何设计的、每一堂课是如何教学的，除了课堂教学内容如何有机衔接之外，教师本身对学生的言传身教就构成了教师最重要的天职。刚才我讲到，参加比赛取得特别耀眼成绩的几位教师对此有特别深切的感受。就是比赛时，别人一听就知道是清华的，那是因为除了整个表现出来的精神状态之外，一上课，马上显示出远远超出知识传授层面的课堂教学的追求。

第二个关键词，“通专融合”。

“通专融合”中，“通”就是贯通、通透，“专”就是专业的专。什么是“通专融合”？我们的人才培养，比如说，一个人中学毕业后的培养，可以是高度专业化。“通”，更注重的是全面素质的提高、全面能力的提升。在特定的受教育阶段，由于对学生有更高的期待，不希望一开始对学生的教育，就束缚在培养其成为某领域合格的专门人才的水平上。

通识教育和专业教育的关系是古往今来经常讨论的问题。在清华大学历史上，不同时期有不同的侧重点。当年，梅贻琦校长在他的教育思想最集中反映的名篇《大学一解》中说，“通识为本，专识为末”。清华大学的人才培养首要的是“通”的教育，相对而言，次要的是“专”的教育。1952 年院系合并之后，为了适应整个国家在极其落后的条件下，迅速实现工业化，尽快建成社会主义新中国完备的工业体系，清华变成一个多科性的工科大学。培养“红色工程师”成为我们这一阶段的特点。一方面是国家的需要，另一方面是学习苏联的产物。多科性的工科，专业分得非常细，训练非常扎实，基本上通过 5 年学制的训练，我们培养出来的是一个合格的工程师。蒋南翔校长特别强调，又红又专，全面发展，强调全面发展和个性发展相结合。今天听起来，这句话平平常常，可是，在特定的时代条件下能够这么说，是多么不容易。按我自己的理解，清华即使在非常特殊的政治氛围下，也从来没有把自己眼光局限在培养专门的专业人才上，否则，很难解释，在这样一个时代所培养的清华学生中，如何能出现后来那么多不同领域的领军人物。

21 世纪以来，特别是最近十多年来，我们都能感觉到，整个外在的、内在的条件、环境的急剧变化。我个人总结得不一定对，大家可以讨论。我个人觉得，我们的人才培养，特别是我们的本科教育需要有一个重新定位。这些方面涉及的问题太多。我们只讲其中几个层面。首先，从前本科教育是绝大部分清华学生受教育的最后阶段，本科毕业就开始工作，当时整个国家和社会的需要，学生一毕业马上就要能干活，一进工厂马上就能够扛起一份责任。现在清华80%以上的学生要继续深造。本科只是清华学生接受高等教育的一个起步阶段。另一个层面，也是值得我们考虑的，我们的毕业生在毕业5年之后从事的职业与所学专业有密切关系的，比例并不是很高，不少学校这个比例更高。一方面，在行业领域内的影响，要靠这些坚持在本领域的人。另一方面，这样一个比例和情况，要不要考虑到？行业、技术、科学、社会经济不断发展，使得我们朝着比较专门的、甚至是有些狭隘的专业领域培养出来的人才，很难适应社会发展的需要。比如，信息技术已经使得很多产业领域发生了革命性的变化，原来一些专业的学科基础都几乎完全不一样了。

为了准备第25次教育工作讨论会，学校非常慎重。上一个寒假快结束的务虚会上，我给学校的务虚会有个汇报，代表教务部门提出对第25次教育工作讨论会的建议。为了准备这份报告，我花了几天时间看国外大学的培养方案。我后来的PPT里，有好几页是麻省理工学院（MIT）化工系的相关素材。MIT在工科大学里，在本科阶段还是相对注重专业教育的。但就在化工这个相对比较专业的教育里，有十几项MIT列举出来的培养目标。在这些培养目标中，如果你事先不知道是化工系的，有2/3的指标分辨不出是化工系的，甚至分辨不出是理科的还是工科的。这是MIT化工专业对培养目标的表述。它的课程分成好几个不同的类，一类是适合于国际工程认证，这类课程看起来比较像是化工专业的，但是，别的常规的化工课程，像我这样的完全的外行很难分辨出是否是化工系的，你要是只看课程，最后只能判断说，最有可能是化工系的。我的印象是，它的本科学生的专业培养，考虑的不是在某个领域里的专门知识的完整度，而更多的是学生在将来一个比较宽的领域有更深厚的基础，有更多发展的可能。

有次奉学校领导的指示，我去拜见我们的吴启迪学长，她做过多年的教育部副部长，此前也当过多年的大学校长。她对我们的公外改革有些看法，请教了她这方面的看法之后，我还请教了一个我想问的问题，“您觉得现在我们工科学生专业训练的完成应该在哪个阶段？”她不假思索地回答说是硕士。我举这个例子，是想说明，我们的本科人才培养的确需要好好考虑。我们培养的究竟是一个什么样的人？如果是专门朝着既定的、合格的职业承担者这样一个角度，它是一种培养方式；如果觉得我吸纳的是最优秀的年轻人，培养的不光是某个领域的合格的从业者，而是有着多种发展潜能，并且即便是在特定领域发展，他也要成为一个领军人物。我们需要从一个和我们的生源相匹配、与社会期待相吻合的高远的目标，来考虑本科人才的培养。

“通专融合”，这是 2014 年就提出来的，也是陈吉宁校长在第 24 次教育工作讨论会闭幕式上谈到的第二个关键词。在《清华大学章程》里面，对我们整个本科教学体系有一个界定，“以通识教育为基础，通识教育与专业教育相融合的教学体系”。我们现在是不是朝着这个方向做，这个问题的答案是肯定的。我们是不是已经可以说是这样，我想现在还不能说是。

我举一个例子。钱颖一教师在经管学院为期 10 年的教育教学改革，我算是一个旁观者，在一定程度上，也算是一个目击证人。我也去经管学院上过 4 年的课。我是历史系教师，上的课是“西方文明”。刚去的第一个学期，坦率地说并不是很愉快，为什么？我个人的教学效果不算差，我被要求要上成“硬课”，学生，包括从教师那里得到的反馈，学生觉得上这些无用的课，该学的专业知识都不会了。后来，至少最近好几年以来，我们整个经管学院的课表，超过一半的课是通识课程，真正严格意义上的经管专业课学分占整个课程学分不到一半。经管专业学生在全校本科毕业生中就业比例是最高的。这种教学方式也有后果，原来会算的账，现在不太会算了。原来经管学院毕业的学生一说如何并购，很清楚，现在这方面的训练弱了。但是，整个纯粹的就业市场的反应来说，评价不是降低了，而是提高了，清华经管学院的学生被认为更有后劲。经管学院的毕业生里面，最近这些年，要问到对他们印象最深刻的课程是什么，对学生的整个思维、整个素养发生深刻影响的课程是什么，极高比例的学生一致的答案是他们的 CTMR。这是杨斌副校长原来给经管学生开的一门课“批判性思维与道德推理”。经管学院现在的本科教学，至少从课程体系来说是一个“通专融合”的体系。

“通专融合”会不会导致专业素养的降低？任何选择都是有代价的。也不能空口无凭地说“通专融合”很好，专业水平不仅没有受到影响，反而提高了。“通专融合”，当然会压缩专业训练和专业教育的空间。但是这个问题也可以从别的角度来理解。一方面，有了更宽厚的基础，有了更多跨学科的素养，学生发展的可能性更多，发展的后劲更足。另一方面，还可以从另外一个角度考虑，我们现在本科的课程体系，比如说，经常有教师觉得我就是这个专业的，少教了哪门专业课程，学生都干不了这行。我们很愿意考虑学科体系的完整性。我印象非常深刻的是好些年前钱学森班首席教授郑泉水教师的一段话。郑教师是我们国内非常知名的力学家。我觉得这话应该是他的老生常谈。郑教师说，他学力学的时候，别的同学什么都学，他只学了两门课，两门最要害的课，可是就学这两门课，学得深、学得透，对力学现象的理解比任何人更深刻，以后差什么，自己补就是了。我们的专业教育应该是这样一个模式。它追求的不是知识体系的全，而是通过一些核心课程，具有挑战度的训练，让课程有足够的深度，让学生不止听懂了，不止会做题，还能够了解和体会相关领域内提出和解决问题的方式，还能够由此对一个学科或一个领域略窥门径。

第三个关键词，“多样成长”。

第三个是多样成长。什么是“多样成才”。清华的毕业生当然非常优秀，但清华毕业生也有清华毕业生的问题，他们彼此之间太相像了。郑泉水教师说，钱班的学生很好，他愿意把更多自己做研究的时间花在教学生怎么做研究上。但他感慨地说，他们太像了，几乎都是城市知识分子家庭或者公务员家庭的孩子，都戴着眼镜，从小受相似的训练，过着相同的生活，甚至于他们长得都很像。钱颖一教师本科是学数学的，他有一个著名的说法；清华学生的特点是均值高，方差小。总的来说，就是我们的学生缺少多样性。也许一定程度上，这是因为学生的入口就受到我们整个宏观制度的约束，也许进入重点高中时，他们彼此就很相像。但是，也有我们整个培养过程的原因，我们整个培养过程太刚性，缺少自由发展的空间和可能性。我记得曾经看过一个材料，当年从上海来的一个工物系女学生，她很喜欢唱京戏，家里也有这样的背景，后来蒋南翔校长专门做了一个批示，让她停学，专门去学京戏，然后再自己做选择。后来，这个学生成了京剧一级演员，很感谢蒋南翔校长给了她完全不同于自己专业发展方向的机会。这是个案，当然这个个案也很有它的意义。就是说，优秀是多种多样的。现在社会越来越多样化，我们培养的优秀人才要为越来越多样化的社会起到越来越重要的作用，我们培养的人才也不能是单一的。所以，从 2014 年以来，有很多制度设计，从课程到学业评价到激励措施，学校鼓励学生的发展路径越来越多样。

这里讲一个小插曲，去年 11 月，对我来说压力最大，因为我刚到教务处不久就赶上了教育部对清华十年一度的本科教育评估。一个阵容“豪华”的专家组要对我们整个本科教育做一个评估。当然，最后的结果非常好。主要是前人栽树，我们乘凉了。清华也有底气，而且也是清华一贯的传统，就是我们要以正常态来接受评估，我们也有自信把自己的正常态展现出来。我们不该也不会制造一个非常态来接受这场评估。当时中间发生了一件事。记得在评估之前，9 月，我问分管学生工作的同事，我们的本科生特等奖评选在什么时候，回复说在 10 月底或 11 月初，我说如果对学生评奖工作节奏影响不大的话，能否安排在评估专家入校那几天。后来就这么安排了，不是完全刻意安排的。专家入校时，有几位评估专家也去看了本科特等奖评选。学生部的同事说，专家到的时候正好碰上评选环节相对比较乏味的部分。评估专家回来后给我们的反馈是，清华的学生真是优秀，可是他们怎么彼此这么像，学生的表达能力都不像专家意料中的那么优秀。

最近这一两天，今年本科生的特等奖评选有一些小的风波，出现了一些质疑。我看到一句话，肯定是我们自己的学生写的：学校开始鼓励多样性，但是还没有学会鉴别和接纳多样性。这话说得有点尖锐，但是也说得很好。不愧是我们的学生，我看了挺高兴的。学生对学校的工作有质疑，质疑得有水平，这才像我们的学生。英文里面有个词 appreciate，中文意思是品鉴，一方面，是鉴别的意思，另一方面，是由衷欣赏。钱颖一教师津津乐道，他那里优秀的学生不光是到麦肯锡、华尔街挣大钱的，还有开了幼儿园的，也有做戏剧的。我们这么多优秀学生，他们本来有着不同的禀赋和个性，我们应该给他们条件，让他们有更多样的发展。一方面，教育的目的，始终是人，我们不是培养他们成为一个工具，达到某一个目标。多样性的发展本身是对人个性发展的尊重。另一方面，一个大学培养出来的优秀的人才越多样，为社会作出的贡献也才有更多的可能性，有更多的多样性。

第四个关键词，“以学为主”。

陈校长当时提出的第四个词，“以学为主”。“以学为主”的对应词是“以教为主”。前几天，有一位教师表示希望我们几个部门赶快把教学工作量的计算方法制定出来，这没错。但他接着说的是：赶快制定出来，我们好早点决定给学生排多少课。这就是以教为主。这个逻辑，不是说你需要多少食物，我给你吃几个馒头。而是，规定了厨师每天需要做多少个馒头才算干够了活儿，我再决定要求每个人每顿吃几个。以学为主，就是我们是在做人才培养，人才培养考虑的不是教师懂什么，教师想做什么，教师做什么事儿最省事，什么样的方式最有利于我们对教师的教学管理和考量；它一切的出发目标是，我的学生现在是什么样的，我希望学生成为什么样，为了使学生由现在这个样变成他应当成为的样子，应该让学生接受什么样的教育。这说起来容易，做起来真的挺不容易。

在座的张文雪教师快要离开教务处以前那段时间，全校开始了新一轮培养方案的修订。学校希望减少本科学生培养方案的总学分数，为什么要减少？因为学分太多，课程太多。课程太多，学生多样化的可能性就小了，自主成长空间就小了。再就是，课程多了，很显然的结果就是，水课有了生存空间。比如说，我们希望清华的课程真的是高质量的，不光是教师水平高，学生听得高兴，还要有实际收获，有挑战度和训练量。这样的话，一门课程，课内外的学时比至少是 1∶2。教务处有一个毕业生调查，含金量很高。对于一门课，课程进行中间可能是一个评价，毕业的时候可能是另一个评价，毕业若干年可能又是一个新的评价。过程评价和结果评价是不太一样的。毕业生评价中经常有一项，学生快要离开清华了，把他最喜欢的课程、收益最大的课程和教师列出来，这个数量是没有限额的。我们每次评出来的为数不多。我们试想一下，如果你在一所非常好的大学，接受了一流的教育，如果有人问你在大学里碰到的印象最深刻的课程有哪些，如果你觉得不胜枚举，这是最好的状态，可是，全校按照我们指标产生的不过十多门课程，这说明我们整个课程的质量并不能让人乐观。

“以学为主”，就必须以学生为中心来考虑整个课程设置和整个培养模式。刚才我提到，有一度要在学校压学分，结果压得非常困难。我到教务处之后，有两个院系来找我，一定要突破全校的铁杠杠，170 个学分，有无数的理由。后来都到学校教学委员会去申辩，为什么他们的情况特殊到少于 170 个学分就不行。在教学委员会“过堂”时，毫无例外的，除了来自本院系的教学委员之外，都是投反对票，都没能闯关成功。教学委员会都是一线教师构成的，平日里大家都最反感“一刀切”，但为什么能够在这件事情上那么一致？大家有高度的共识。我现在到院系，经常有院系教师会抱怨，院系的课程不够，需要加学分。再继续讨论，发现是教师担心没有教学工作量，研究室担心招不到研究生。也就是说，我们几乎所有的专业所有的院系都在不同程度上存在因人设课的现象。这课不是为学生设的，这课是为教师开的。“以学为主”，听起来容易，做起来是非常难的。有时候，甚至会涉及利益关系。

刚才，我花了比较多的时间讲这 4 个词、16 个字。这 16 个字对我们整个教育教学改革的确非常重要。我本人也是高度认同它的基本理念。也可以说，从 2014 年以来的教育教学改革，总体上来说就是围绕着这样一个基本的理念在做。2018 年，学校的整个综合改革有很多进展，学校的教育教学改革也有很多变化和进展。下一步如何走，又到了一个关节点，一方面，原来的事情要继续做下去，另一方面，要有一个新的变化。比如说，对本科教学来说，就出现了一个重大的变化。这个重大变化的开始就是清华从 2017 年开始实行大类招生、大类培养。在座的刘震院长在招生办主任任上也推动了这件事。直到现在为止，我们不少同志还没有认识到这对整个学校的至少是本科人才培养将产生的巨大效应。

（二）

从去年底，我们教务部门就在考虑，如何给学校的决策层提供建议。第 25 次教育工作讨论会即将召开，我们要确定它的主题，这个主题很重要，因为确定了主题，下一步要做什么事，要往什么方向做，就比较明确了。第 25 次教育工作讨论会是今年 3 月 29 日开幕的，这个主题是“践行‘三位一体’教育理念，全面建设一流人才培养模式”。这个主题听起来似乎比较宽泛，甚至有些空洞和抽象的，但其实并非如此。后来，邱校长做了主题报告，布置了很多任务。杨斌副校长也做了工作报告。当时杨校长在报告里面还专门对这个题目做了解释。刚才我提到，“三位一体”是 2014 年就提出来的，但把它表述为教育理念，是一个不同的提法，学校的根本大法是章程，章程里面提到的“三位一体”时讲的是这是一种培养模式，现在提升为教育理念，更高了，邱校长在闭幕式时专门对此做了阐述。当时杨斌副校长说，他的报告主要解释这次会议主题中的 3 个词：“三位一体”“全面”“建设”。“三位一体”已经得到广泛共识，它的具体内涵是什么，它在教学活动中如何落实。它在我们整个人才培养的环节中如何体现，这是需要进一步讨论的。这方面我这里不展开，有兴趣的同志可以很方便查到邱勇校长在闭幕式的讲话。讲话中，清华人才培养中最后应该养成的核心价值是什么，能力是什么，知识是什么，校长有非常明晰而具体的表述。

比如，前一段，学校成立一个语言中心，语言中心是由原来的公共外语和对外汉语教学的师资集成而来的，希望通过新的机制、体制来提升我们的整个语言教学。语言中心最简单的定位是，全校学生（包括中国学生和国际学生）非母语的教学和服务。这个中心的任务非常重。邱勇校长报告里面提到清华学生应该具备的知识结构，先讲深厚的数理基础，然后讲中外语言基础。中外语言的基础在我们学生的基本知识结构里面有非常突出的地位。邱勇校长在报告中谈道，终身学习的志趣和能力比现成获取的知识更重要。其实，我们继续教育学院做的就是这事。终身学习的志趣和能力，就是一直不断地学，有这样一个志趣，不断地拓宽自己知识的边界，想要懂得更多、了解得更多，也有能力不断地拓展自己的知识，这比现成的知识获取更重要。“三位一体”的内涵究竟应该是什么，在教学活动中如何体现，这是第 25 次教育工作讨论会相当重要的议题。相对于第 24 次教育工作讨论会提出“三位一体”概念，我们要把这个概念表述得更深入、更明晰。

还有一个关键词，是“全面”。“全面建设一流人才培养模式”这一表述中，“全面”不过是一个副词，为什么把“全面”看得这么重要？话题又要回到去年 11 月的本科教学审核评估。本科教学审核评估，评价总体很高，这主要归结于清华历来的教育教学传统和前面十来年教育教学改革取得的成就。比如说，“学堂计划”是我们评估工作的一大亮点，前人栽树，后人乘凉。但这次审核评估也提出了不少问题，既与我们的自己的认识高度的一致，也方便校内各方面形成共识往下做事。专家组的一段话，在我们校内被广为传颂，邱勇校长也多次引用：“一所大学和她所培养的人才，在一个大国自强和崛起的过程中发挥了如此重要的作用，放眼全球，也是少有的精彩。”这评价极其高，我们的前辈配得上这样一个评价。但是，专家组也提出了一些问题。外国的专家里有加州大学伯克利分校刚卸任的校长、帝国理工学院的副教务长、英国高等教育协会的副会长，等等。他们参观了我们的一些设备和学生实验室，很羡慕。又比如说我们的姚班，此前就被姚期智先生之外的图灵奖获奖者，评价为全世界最优秀的计算机本科人才培养项目。专家组有一个很被我们重视的提法：局部的一流不等于整体的一流。个别的亮点，有一些院系、有一些试点的项目，某些方面的资源、某些方面的做法，放在国外最好的大学也不逊色，可是，整体上是否都能做到？过去只有一部分学生享有的资源，在整个学校的财力、物力、人力比过去都已经有巨大进展的情况下，是否让所有学生都享受到？我们为什么要用“全面”？是因为觉得全面是一个好的提法，是一个有针对性的提法。如果不解释清楚，大家会觉得是一个空洞的说法。第 25 次教育工作讨论会，我们要做的一个很重要的事情是推广。就好像，中国改革开放，一开始要有几个特区，到后来，特区不那么特，不是要把它水平拉下来，使它变得不那么特，而是要把别的区域、别的部分的水平提上去，资源补上去、做法推广开来，使得整体水平得到提高。

第 25 次教育工作讨论会中间的很多次会和后来很多做法，都是希望把这方面的事情做得更好。比如说，清华本科教育的国际化水平，这些年进步非常大。不完全统计，今年，本科毕业生里面有 60% 左右得到学校提供的机会，有相对比较长的时间在国外游学和训练。我们要考虑，如何确定哪些项目、哪些做法最有效。又比如说，姚班是我们评估工作中的亮点，一个班的本科生发表的论文很多，而且出了很多的人才。今天早上，我们处务会上，有一位教师谈到，她对照听了一个系和姚班完全一样的课。那个班上有 1/3 学生在听。姚班的课上，所有的学生眼睛都在发光，都在随时准备提问和质疑。上个学期，我听说，姚先生盯着他的交叉研究院的年轻同事开了一门课“自动驾驶”。一方面是社会热点、行业热点；另一方面，可以归结为计算机科学中最基础的算法问题，也很容易引发包括伦理问题的讨论。姚先生参加备课，每一次先听讲课内容，讨论时，姚先生经常举手发言。在这个班上课，即便是在一、二年级，就能接触到这个领域最杰出的人物，再就是，学生在接受最基础的训练的时候，也会和最前沿的变化相关联。在这个领域，继续往下深入学习，只要足够优秀，就可能做出改变整个领域甚至对整个社会有所改变的事情。

前几天，姚班有一个开学典礼，姚先生讲完后，我接着讲，我没有做准备，我是受到这个氛围的感染，接着一个学生讲的。这个学生是姚班的老生，说在这个班的感受是刺激，是 exciting（兴奋）。我就在想，如果我们的整个本科教学中有更多的环节、有更多的课堂、有更多的教师，能够让学生想起来就刺激、想起来就 exciting，那对学生的成长起到的作用是什么样的？实际上，在各个学科，毫无疑问，我们具有足够优秀的生源，我们拥有足够优秀的师资，虽然未必像姚先生一样是顶级的大师，但是，如果我们的教学理念、教学方法足够得法，尤其是，如果舍得像姚先生那样投入的话，我们就一定会有更多的课程能达到这样的人才培养的效果。这也是我们努力的、想要推进的，这当然也是一项艰难的工作。这样一项艰难的工作，只要稍有一点进展，就有一批学生不一样、更出色。教育的成效就是在一个个活生生的个体身上体现出来的。

当时，杨斌副校长做报告时还说，“三位一体”和“全面”之外，还有一个关键词是“建设”。我们讲改革讲得多，该改革的还要继续改革，比如说，大类招生就是一个很重大的改革。当然，不能光谈改革，还要有扎扎实实的工作跟上。人才培养，不是说，今天换一个理念，明天换一个更豪华的理念。今天来一套教学体系，明天来一套教学体系。最后靠的还是一堂一堂课、一个一个教学环节、一次一次的师生互动、一次一次的答疑解惑以及一次一次的指引。靠的是最坚实的、建设性的工作。

与第 25 次教育工作讨论会的进展相配合，在会议开始期间，我们就在做一系列的工作。我只简单列举其中几项。比如：教师培训工作。邱校长明确的要求是“全覆盖”。我们也感到压力很大。教师足够优秀，教师培训更是非常不好做。更重要的是，在世界上所有的研究型大学里面，教师做学术研究有内生的动力、有立竿见影的激励机制，而教学不是这样。清华因科研出色引人注目的教授不少，而因教学出色的教师屈指可数。科研有非常清晰的分辨率，是哪个档次、拿什么帽子、最后得到什么样的激励。说句实在话，教学要出问题、要出彩都不太容易。要出彩需要巨大的付出。要出问题，掉到最下面，也不是容易的事。中间是巨大的缺乏清晰区分度的部分。我们更通俗地说，教学是一个良心活。除非将上课作为一件快乐的事情，给自身带来成就感的事情。否则，在教学方面的投入，本来是一个很难的事。所有教师一进入清华，就感觉到发表文章的巨大压力。这个时候，要求教师参加教师培训，这是不讨人喜欢的。但是这件事必须做，所以，我们在建立各种各样的机制。一方面，要有一定制度上的要求。另一方面，也希望通过多种形式的有效的培训方式，让教师有获得感，认识到这是对教师真的有帮助的，真的能见到实效，付出的时间挺值得。

又比如说，学校花了很大成本做一件事，在第 25 次教育工作讨论分会场上，邱勇校长宣布，清华要开始开设最终实现全校本科生新生全覆盖的“写作与沟通”课程。学校的确花了很大成本，为了一门课，建一个中心，配了 25 个专职教师。为什么校长亲自在推动这件事？我们的评估专家也在讲，我们最优秀的学生表达能力也有一些欠缺。我们的校内师生、我们的校友、我们的雇主，在多年的各种各样场合，都在说清华学生很优秀，但他们共同的缺陷和不足或者是我们的毕业生在当年最遗憾没有得到足够提升的是什么？集中的一个点是清华学生写作能力、表达能力和沟通能力的欠缺。学校在做这个事，和这个相对应的是什么，哈佛大学和普林斯顿大学也有所有本科生必须修的一门课，就是写作课。还在第 25 次教育工作讨论会进行期间，学校宣布要开这门课，要设这个中心。这个学期，我们已经开始在上这门课了。我们招聘教师、培训教师，和普林斯顿大学联合开研讨会。我们有很多教师一起设计课程。前一段时间，中心成立的消息一出来就变成一个大新闻，说明这是整个社会的共识，是整个高等教育界的共识，所以，我们现在要做这样一个工作。以前，其他有些高校做过，我们学校也有一些院系做过，可是总体效果不能让人满意，所以，我们努力想办法，一做就做成、做好。我们这门课有两个目标，一个是高品质、引领性的。让以后的学生想起来，当初这门课上得真值；还有一个目标是全覆盖，到了 2020 年所有本科新生都要上这门课。如果要实现单一目标，如：高品质，我们就盯着几个好教师，给足够的资源；如果仅实现全覆盖，把能动员的力量全部动员起来去上课，很容易就全覆盖了。可是，同时实现两个目标，就要走得慢点，每一步走得稳点。为什么开始阶段，我们只覆盖 400 人，因为还需要高品质，这的确依靠的是扎扎实实建设性的工作。又比如，为了开好基础课改革专题讨论会，我们的数学系、物理系、外文系都做了大量准备工作，提出了改革方案，教务部门也不断跟他们对接。陈旭书记出席那个会，提出了非常具体而到位的要求，可以看出来，陈教师也花了很多精力做功课。

第 25 次教育工作讨论会涉及的问题很多，最后形成了 40 个行动计划。40 个行动计划主要涉及三方面，第一方面是课程建设，归根结底，整个教育教学改革、整个人才培养，最重要的抓手还是课程。我们这些改革方案里，包括公外课程改革、基础数理课程的改革，等等，要努力提升我们基础课的水平。比如说，我们不要关起门来说，清华就是最好。我们把数学系、物理系的教师们一起请到科大看看他们的基础课如何上。如果走出去看，果然还是我们最好，那当然好。但情况并不见得完全如此。第二方面是培养模式和培养环节。这些年，清华整体的国际声誉越来越高，我们不在意它的每一次排名，但总体排名趋势还是能够反映一个学校的发展态势。这些年，清华的排名相对于其他学校占据的优势越来越明显，很重要的是得益于清华国际化的步伐。全球胜任力已经被界定为我们培养学生的一个重要的能力。如何在培养环节、如何在课程设计中提升学生全球胜任力，应该有切实的抓手。比如说，整个硕士生的培养，有相当一批是为了某些特定目标培养的专业硕士，应该如何做。这是涉及人才培养模式。第三方面涉及教学支撑体系，说是教学支撑体系，其实非常重要。涉及教学支撑体系的行动方案，能看得见摸得着的是，近几年内，全校的教学设施会有整体性提升。一方面，我们的整个教室要和清华的发展相匹配，要更舒适、更智能化，让教师和学生的感受更好。另一方面，我们的教育教学改革很重要的一个问题是，我们的小班课程比例需要显著提高。当年，陈校长提过，和加州大学伯克利分校比，他们的小班课是 70%，大班课 30%，我们刚好反过来。我们什么时候再给反过来。这些年，我们的小班课比例在显著提升，我们的整个教室格局需要适应这个变化。又比如，我们的教室内部，如果更多的是一个可移动的格局，更多的是一个没有中心，随处都可以是中心、随时可以拼凑成各种形状，就会更有利于研讨式教学。教室的格局不一样，同一批人在里面的教与学关系呈现的模式就不一样。又比如说，我刚到教务处时就面对一个巨大的压力，邱校长见到我就说，要尽快出课程教学评估体系的改革方案。大家都不愿意成为被评价的对象。尤其是，评价的结果成为奖惩的标准，大家都有意见。这方面要不要改。我们要改，一方面，我们再不愿意成为被评价的对象，也必须要被评价，学生有理由对教师做出评价，学校的管理也必须对教师做出评价。另一方面，评价体系永远不会让大家都满意，都说好，但是，总可以变得更合理。更要紧的是，这个评价体系是一个风向标，它在很大程度上可以引导教学往什么方向走，比如说，这次教学评估体系的变化，经过教师和学生的多次讨论，得到了绝大部分人的认可，绝大部分人认为有实质性的大幅度的改善。比如说，以前，教师不敢要求学生太严，怕学生给教师打分低。一旦在后 5%，教师职称评不上，为了避免后 5%，赶快给学生放水。如果原来的指标体系有点偏向于学生喜不喜欢这门课，学生喜不喜欢这个教师。现在更朝着这个教师的教学是否足够让学生受益、教师对教学是否足够投入、学生是不是得到了实实在在的收获。用邱校长的话说，教学评估体系要为敢于严格要求的教师撑腰。评价体系朝着这个方向变化，会影响教师的教学方式、学生的学习行为。这样的支撑体系会对我们的教学模式产生实质性影响。

邱校长多次说，教育教学改革，就是要接着第 24 次讨论会的框架往下做。这话说得很实在。接着往下做，但肯定也会有新东西。但是，总体的基调是，原来认准的东西，我们就实实在在往下做。教育是百年大业，需要的是最扎实的工作。第 25 次教育工作讨论会从 3 月 29 日开幕，到 9 月 27 日闭幕。跟以前有所不同，为期半年，比以前节奏更快。也有一个重要的原因，是有了此前本科教学审核评估和学位点评估作为基础。第 25 次教育工作讨论会后，那些既定的方案都要落实，既定的目标都要完成。还有很多事，比如说，大类培养和通识教育，如何真正实质性推进，我们还需要再努力。

总而言之，教育教学改革是一件非常不好做的事。清华要真正跻身世界一流大学、进入一流大学前列，甚至成为世界顶尖大学，它的人才培养要真正成为一流的甚至是顶尖的。一方面，我们要继承过去值得珍惜的传统，把前辈留下的好东西发扬光大；另一方面，必须与时俱进，朝着我们所立下的高远的人才培养目标，一步一步往前走。

（本文为 2018 年 11 月 13 日，时任副教务长、教务处处长彭刚教授在继续教育学院“新时代的继续教育”学习讨论活动中的报告录音整理稿。）

我对大学本科教育的一些观察、思考以及实践体会

物理系　朱邦芬[①]

在清华从事本科教学工作 20 年，今天我很荣幸有机会和大家分享我的一点体会和感想。

我想谈以下三部分内容：

一、我对清华学生特点的认识，以及对清华教师的历史责任和使命的认识；

二、介绍清华物理系这些年来形成的培育优秀学生的若干理念；

三、对几个关系的理解。(1) 上课是多讲一点知识、讲难一点（只要求学生掌握基本部分，其他内容只是让学生扩大知识面而不求完全掌握），还是少而精为好？到底是多传授点知识还是多一点能力培养？多讲点推导解题还是多讲点概念，也就是侧重推导能力还是思考能力培养？(2) 清华提倡的"价值塑造、能力培养、知识传授"的"三位一体"育人理念：在讲具体一门物理课中，"三位一体"应该如何体现，如何统一？(3) 对通识教育和专业教育关系的认识，以及对清华强调的"通专融合"问题的思考。

最后是简单的结语。

一、清华学生的特点和清华教师的历史责任

清华学生的特点，在座各位教师可能有不同的感受。我的第一感受可能和大家

① 朱邦芬（1948—　），清华大学物理系教授，中国科学院院士，凝聚态物理学家，数理大类首席教授，"清华学堂叶企孙物理班"首席教授，清华大学突出贡献奖获得者。曾任清华大学理学院院长、物理系主任，教育部物理类专业教学指导分委员会主任，教育部"基础学科拔尖学生培养试验计划"专家组物理学科召集人，清华大学教学委员会副主任。

一样，清华学生都很聪明，能考进清华的智商绝对没有问题。

第二个特点是，清华学生好胜心普遍比较强，喜欢跟人比，明着比和暗着比。“比”有好处也有坏处，好处在于不甘于落后。每位同学刚进清华的时候，自信心满满，开学选课都要选最难的，恨不得一学期选修 30 个学分，甚至更多一点；但第一学期期中考试成绩一出，看到成绩不如班里一些同学，有的人就一下子很泄气，自信心受到很大的打击，这种情形相当普遍。**有的同学说“我的物理水平不如竞赛生，教师你看我学物理还有没有希望？”我说当然有希望，千万不要被“不输在起跑线上”这句话忽悠。**

第三个特点和现在的中学应试教育有关。清华学生身经百战，“刷题”能力特别强。在我所教的《固体物理》课程考试时，我发现多数同学都是一拿到考卷就开始奋笔疾书，做题又快又好，这方面我远远不如同学。如果某位同学发呆，好久不动笔，那就表明他考试有问题了。另一方面，考一些思考题和概念题，情况就不一样。我所上课程成绩最好的同学也极少答对全部概念题，尽管他们的计算题和推导题拿满分。**这反映了学生做题很熟练，计算能力极强，但是抠概念、深入想问题还是有所欠缺。**

总的来讲，有一批学生，一批“好学生”，很在乎学分绩，把分数看得过重。还有一些同学，这几年流行“刷简历”，为毕业后继续深造或求职，把自己的简历包装得非常漂亮。大学四年期间做了很多事，几乎一项都不少；科学研究也涉及了很多不同的领域，但很多是浅尝辄止，不够深入。这些固然与我们的评价体系有关，但清华同学应该更超脱一些，追求学问应远胜过一些表面光鲜的亮点。

此外，清华学生还有一个特点，从好的一面说，是具有很强的“团队意识”；而说得不好听一点，就是“羊群效应”。出现一个领头羊，下面就有一批同学跟着走，个性张扬的比较少。我在担任物理系系主任时，曾经在系务会提议，低年级的班干部一定要选好，选好领头羊之后，其他同学都跟着，成长得比较好；如果领头羊不太好，可能会有问题。**团队意识是好事，但是要鼓励和保护个性张扬的学生，做创造性的科学研究特别需要与众不同的想法。**

以上四点是我感受比较深的清华学生的特点。

有一句话“得天下英才而育之，不亦乐乎”。清华历史上孕育了诸多英才，大多数清华学生具有成为国家英才的潜质，能教这么多的好学生真是清华教师的福分！但是我时常告诫自己另外一句话：“聚天下英才而育之，不亦忧乎”。清华经常有人讲“半

国英才入清华”。然而这么多英才让清华来培育，清华教师的历史责任真的太重大，常令我的同事及我忧心忡忡。如果我们不尽心培育学生，将是对人民和国家不负责任，对历史不负责任。范仲淹有句名言“先天下之忧而忧，后天下之乐而乐”，在迈向世界一流大学的进程中，清华教师首先要有“聚天下英才而育之，不亦忧乎”的意识，只有“先天下之忧而忧”，认清自己肩负的历史使命，竭尽全力教书育人，才对得起自己的工作岗位，将来才能“得天下英才而育之，不亦乐乎”。

刚才郑力副校长讲了很多的清华传统和文化，我想补充一点：**“培养一流的科学人才”是清华大学物理系一以贯之的首要目标和使命。**

我们清华物理系的创始人叶企孙先生曾经说过，**“要学生个个有自动研究的能力”**。我体会这句话表面看来很平常，但是很重要。**如果我们培养的同学个个都有自动研究的能力，对很多问题感兴趣去研究，那么我们的学生成才率会特别高。**老清华物理系出了10位两弹一星元勋、50多位院士、许多位我国一门学科或一个领域的开创者，成才率为什么那么高？我想，这跟叶先生的出发点——要学生个个有自动研究的能力，是分不开的。

叶企孙先生具有极强的历史使命感。他说过：“**没有自然科学的民族，决不能在现代立脚得住。**”他屡次三番强调：“**只授学生以基本知识，理论与实践并重。重质不重量。**”这是叶先生的教学育人的理念，正是在这种理念指导下老清华物理系出了大批的杰出人才，不仅物理系，其他各个院系都出了大量的栋梁之才。

20世纪50年代，蒋南翔校长曾指出：“我们能否培养出林家翘这样的科学家？培养不出，我们只好承认领导失败。”这表明了蒋校长对清华培养世界一流杰出科学家的历史责任和担当。即使在“文革”前的环境下，在各种边界条件限制下，蒋校长依然坚持培育世界一流杰出人才，并做到了可能做的极致。

1982年6月，清华决定恢复物理系，当时周光召先生题词“重振辉煌”。我想“重振辉煌”是清华物理系近一个世纪以来几代教师和学生的共同愿望，**我们今天讲“重振辉煌”就是要重振老清华物理系培育世界一流科学研究人才及祖国栋梁之才的辉煌。**我曾多次强调，清华大学物理系是**理想主义者的大本营**。教师应该是理想主义者——有“蜡烛”精神，为了国家和人民的未来，心甘情愿付出。复系以来，物理系教师一心一意要把学生培育成世界一流的物理学家以及其他各个领域的领军人物。很多教师都有这样的想法，有的公开说出来，有的虽然没有说出来但心里也是这样想的，因为清华的传统是行胜于言。一些人觉得，我们提培育精英，提培育各行各业的 Leaders（领军人物），恐怕社会效果不太好；然而，我个人认为，公开说还是不说是一回事，但大家心里都要有这个愿景，都要有这个目标，有这个使命感，这一点很重要。**清华学生不同于一般学校的学生，清华的教师不同于一般学校的教师，我们肩负着民族、国家的历史责任。**

在这样背景下，当 1997 年“清华大学高等研究中心”成立时，物理系和数学系 4 位教师向学校打报告，要求成立清华大学基础科学班（以下简称“基科班”）。**基科班的目标为：为物理、数学等基础学科培养“富有创新意识”和“国际竞争能力”的拔尖人才，为对数理基础要求比较高的其他学科培养具有良好理科素养的新型人才。**这 4 位教师的报告反映了清华育人的传统和使命感。

“基科班”在育人方面有几个特色：一是强调同时强化数学和物理基础，为学生提供无限多的发展可能性；二是开设了专题研讨课，或者叫“基科班”Seminar 课，让同学在研究中学习，Seminar 课程强调的是在研究中学会“渗透式”学习方式，让同学们体会科学研究，并有可能发现自己感兴趣的领域；三是学生有多次选择的自由，打好数学物理基础，根据自己的兴趣分流到适合自己、有兴趣的学科领域。此外，我们尽可能找最好的教师给“基科班”的同学上课。这些特色使得“基科班”成立 20 年以来培育了一大批杰出的人才。

2009 年，为了回答“钱学森之问”，在“基科班”的基础上清华大学批准成立了“清华学堂物理班”（2018 年改名为“清华学堂叶企孙物理班”）。清华学堂物理班除继承“基科班”的育人特色外，还有一些新的特点。如加强**导师在育人中的作用**，每位学堂班学生从低年级到高年级都配备优秀的导师；特别强调要**鼓励、培养学生学习的主动性和研究的主动性**。学生**的这种主动性就是叶企孙先生所说的“有自动研究的能力”，对于一流杰出创新人才极为重要。学生成才的关键并不在于知识的传授多一点；学生如果有这种探索未知的主动性，将来会很有希望。对清华学堂物理班来讲，我们还特别注意学生的好奇心、想象力和批判性思维的培养。这方面培养的关键主要是鼓励学生提问题，多提问题、提好问题。在探索清华学堂班人才培养的十年里，我们特别重视营造一个好的、广义的“环境”，以利于世界一流杰出人才脱颖而出。**这些是清华学堂物理班的育人特点。

2011 年启动“清华学堂班”

清华学堂物理班特别强调学生学习和研究物理的主动性。主动性来自学生强烈的兴趣，也来自使命感，而使命感与科学上的雄心壮志密切相关。这是 2011 年 4 月 14 日“清华学堂班”启动典礼的照片。当时我作为教师代表说了一番话，有点被记者歪曲了。某媒体在报道中说：“朱邦芬预测，入选‘学堂计划’的学生中，在未来肯定会出诺贝尔奖、图灵奖的获得者。他说，二十年以后，如果这里的学生没有出息，‘我们就是对历史有罪，对不起祖宗。’”我一般不写发言稿，但那天我准备了稿子。我说的是：“今天我们似乎可以说，中国土地如果没有诞生一批水准接近诺贝尔奖的成果，中国绝不是世界一流强国。我现在担任教育部物理学教学指导分委员会主任，比较了解全国各个高校的物理人才培养。我认为，如果中国将来出诺贝尔物理奖，很大可能要在全国约 20 个高校的学生中产生，而**招生掐尖最厉害的清华和北大则责任更加重大！想到这里，我更加感到我们肩负的历史使命和责任。如果我们不花心血、不竭尽全力地培养好我们的下一代，我们将是历史的罪人！**”我还说：“我是一个悲观主义者，在这个场合，我想起陆游的两句诗‘王师北定中原日，家祭无忘告乃翁’。你们中间有人拿诺贝尔奖、菲尔兹奖和图灵奖，至少要二三十年，我想我可能等不到的那一天。但是，我作为教师，寄希望那一天的来临！”

现在部分清华同学有一个缺点：安于现状，满足于个人安逸生活。我们不希望我们的学生是精致的利己主义者。我们**希望他们将来生活幸福，也希望他们能够有远大志向，为人民为祖国攀登世界科学高峰，对世界做出比较大的贡献**。物理系 1989 年毕业的戴宏杰（美国科学院院士、中国科学院外籍院士）曾作为嘉宾以自己的经历在物理系毕业典礼上说：“一个人能走多远，首先取决于心想多远。”中国古人说“取法其上，得乎其中；取法其中，得乎其下”，这是很有道理的。学生如果有一个比较高的目标和人生理想，会比较好地发挥出自己的潜能，走得比较远。**鼓励我们的学生有雄心壮志，这是清华教师应该做的。**

二、育人理念

下面介绍清华物理系这些年来形成的一些育人理念。

（1）**物理系教师有一个共识，真正的创新人才主要不是课堂教出来的，我们需要营造一个良好的“环境”，使得世界一流人才容易脱颖而出。这是我们清华学堂物理班的一个核心理念。**而一个良好的学校“环境”可以归结为六个要素：一是优秀学生荟萃；二是有良好的学习风气和学术氛围；三是良师指导下的个性化教育，以及教师对学生教育的投入；四是学生拥有自主学习知识和创造知识的空间；五是国际化的视野；六是学生安心学习、研究和教师安心教学、研究的软硬件条件。

（2）让学生在研究中学习（即 Seminar 专题研讨课）。Seminar 是原先“基科班”的一种学习模式。“基科班”很多同学在回忆他们的经历时提到，他们最喜欢“基科班”两个地方：一是自由，可以转换专业，有很大自主性；二是 Seminar 专题研讨课。学生通过 Seminar 研讨课选择某位教师的研究组，在研究组里上 Seminar，边研究边学习。通常从三年级开始，甚至更早一点，一直延续到大四第二个学期做毕业论文。

这种在研究中学习的模式，好处一是学会“渗透式”学习方法，这是杨振宁先生概括的一种学习方法。所谓“渗透式”学习方法，不是系统地一门课、一门课去上，一本书、一本书从头读到尾，而是在研究中遇到不懂问题，通过自己查文献资料，通过向教师同学请教，通过讨论，把这个不懂的问题弄懂，然后继续往前做。时间长了，学生由点到线、由线到面，慢慢地掌握一门知识。这是一个人离开学校后最需要的学习方式。**好处二是学生边科研边学习可以了解科研到底是怎么回事，体会**

科研的乐趣。好处三是学生可以通过变换方向、变换指导教师，也许可以发现自己感兴趣、适合自己的研究领域；即使找不到也没关系，至少知道了若干研究领域。**我们不鼓励学生以发表文章作为 Seminar 的目标。**

这两张照片是尤力教师实验室建设过程中，2 位 2010 年级同学通过 Seminar 课自己做的部分仪器。实验室中很多专用仪器设备外面买不到，他们根据需要独立设计制作，体现了很强的能力。**这既培养了学生，又对教师的实验室建设起了很大作用。** 这只是一个例子，而这样的例子非常多。

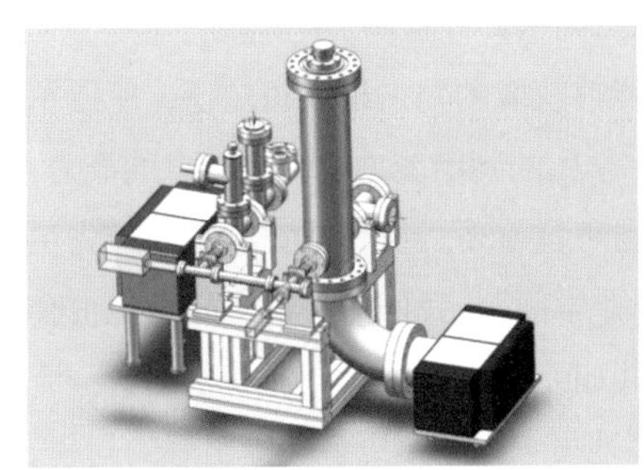

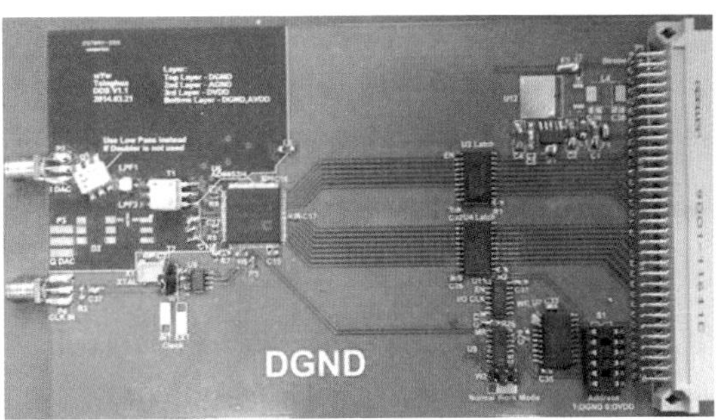

同学自主设计的实验仪器

（3）对因材施教的新体会。传统因材施教是，学习好的学生教得更多一些、更深一点、更早一些；而学堂班因材施教理念不是这样：越优秀的学生越要给予比较多的自主空间，让他们更加主动地去学习，主动地去研究。

中国优秀学生解题和完成指定任务的能力一般比较强，清华学生经过适当培养后完全不用担心他们在这方面的能力。我们的杰出人才很多，但是具有很高开创性、能够提出学科发展方向、带领学科发展的世界级杰出人才比较缺乏。这与我们的学校教育有关系。我们的好学生在校时自己思考新问题，自己提出原创性问题的能力就有欠缺。为了弥补这方面的缺陷，对于越优秀的学生，我们给予越多的自主空间，让他们主动地去学习，主动地去研究，让他们主动思考大的问题、深入的问题。这就是我们的因材施教理念，这是学堂物理班与通常“尖子班”做法的区别之一。经过批准，学堂班同学必修课可以减免或替代。

在老清华物理系，叶企孙先生等一批教师的教学也都是这样。“只授学生以基本知识”，他们规定的教材都比较浅显，但是他们一般还介绍一本到两本比较深的教材，这是给学有余力，比较优秀的学生提供的，让他们在课余时间可以自学比较高深、比较难的知识。不仅物理，数学也这样。老清华物理系、数学系当年都是这样的一种教授方式。我的体会是，学生通过自学掌握知识和通过听教师讲授获得知识这两条道路是有区别的。学生通过自学掌握知识，虽然效率低一点，但对学生的思考能力和学习能力的提高是有益的。

美国学者杜威在 100 年前提倡：学习是基于有指导的发现而不是信息的传递。大学教学不应该仅仅由教师单纯地传授信息，而应有在教师指导下学生某种程度重新发现前人怎样创造知识的过程。当然，不可能所有知识都这样传授，但至少可以选择若干环节让学生体会一下前人当时是怎么提出问题，并且解决问题的。

现在通过各种渠道获得知识越来越容易，能够获取的知识越来越广泛，所以单纯地传授知识的重要性相应地有所下降。然而，学生的判断能力、获取信息的能力、发展知识的能力、思考能力、提问题能力变得越来越重要。我非常赞成李政道先生的“三字经”——“要创新，需学问；只学答，非学问”。我们清华很多好学生很会答题，但是这不是真正的学问。“要创新，需学问；问愈透，创更新”。我们培育一流创新人才，需要给他们较大的空间，让他们更多地思考问题，更多地提出好的问题。十年来，我们“学堂班”学生级级相传，自己组织了“叶企孙学术沙龙”，自己提出问题，互相讲解，互相启发讨论。这些学生现在都非常优秀。

我们要特别鼓励同学的主动性，甚至要求这些学生要有点 aggressive，在中国有人叫“狼性”。杰出科学大师有谦谦君子，但咄咄逼人的为数也不少。中国古训“木秀于林风必摧之”“枪打出头鸟”，不利于创造型人才脱颖而出。我本人不喜欢“狼性”的说法，但希望我们的学生不妨有点 aggressive。

三、几个关系

（1）上课讲授到底讲点什么？是多讲一点知识、讲难一点（只要求学生掌握基本部分，其他内容只是让学生扩大知识面而不求完全掌握），还是少而精为好？到底是多传授点知识还是多一点能力培养？多讲点推导解题还是多讲点概念，也就是侧重推导能力还是思考能力培养？

我的想法是：一门课讲完后，很多内容学生将来都会忘记，这不要紧——知识点学过和没学过还是有区别的，学过了查一查很快就能捡起来；然而，一门好的**课程还可以对学生的为人、研究能力、思想方法等方面留点痕迹，比如前人是怎么提出一**

个问题的，是怎么解决问题的，或者说科学史上怎样走过的这段历程，等等。如果能够留下印象，这就很好地实现了这门课程的要求。

我在“固体物理”这门课上结合所授知识介绍过很多“诺贝尔奖”获得者，教材中的某个内容是某位获奖者当年的贡献，等等。讲这些时，穿插着讲一些科学史，特别是讲科学家当时是怎样发现问题，怎样提出问题的。这样学生会比较容易记住，而且对他们未来研究会有些启示。

我比较注重学生批判性思维的养成。在课程中特别鼓励学生提问题，提出自己独特的看法。鼓励学生发现错误，不管是教科书的错误，还是我的 PPT 的错误，或者是我讲课中的错误。每学期总分中，我有 5 分“加分”鼓励学生这方面的表现。比如有一年期中考试，我让同学指出当时国内《固体物理学》最权威的一本教科书中的一段表述的错误。通过这样一道题，实际上是让同学不要迷信权威，不要觉得教科书讲的都是对的，某位教师讲的全是对的，这是比较重要的。

我经常在课上结合授课强调黄昆先生的这句话：**“学习知识不是越多越好，越深越好，而是应当与自己驾驭知识的能力相匹配。”**很多学生对这句话的印象十分深刻，也比较认同这个说法，多年后都还清楚地记得。

我还特别强调实验的重要性。近代科学有两块基石，一是逻辑推理，另一是从伽利略时代开始，实验以及理论与实验之间互动及其因果关系。科学真理必须经受实验检验：如果理论假说符合实验就暂时接受；如果不符合就需要提出新的理论假设，这样一种关系、这种科学的方法和思维，也让学生体会比较深。

（2）清华提倡的“价值塑造、能力培养、知识传授”的“三位一体”育人理念，在讲一门具体的物理课中，“三位一体”应该如何理解，如何统一？

一门具体的科学课程对学生的能力培养有什么作用？

我想最重要的是独立思考的能力，是判断能力。我们现在很多同学有很多知识，但是缺乏判断能力，有些谣言、根本没有根据的东西，我们一些经过清华大学教育出来的学生对此没有鉴别能力。

推导演绎能力也很要紧。但是我一般不在黑板上一步一步推导，一般是讲思路，除非有些比较难的地方会提示一下。很多推导过程让同学们下课后在作业中完成。

思想实验的能力。我讲授的这门课是理论课，课上不做实验，但是至少要让学生知道实验曲线是怎么得到的，意味着什么。如果学生能够设计思想实验，那就极好。

物理直觉。尽管有些物理直觉是不成立的。

对一个现象的种种因素有数量级概念的估计能力也非常重要。这关系到我们在研究一个复杂现象时抓主要矛盾的能力。在很多解决实际问题过程中，忽略次要因素、抓住主要因素的思想方法和能力非常重要，弄清楚以后再进一步考虑次要因素、再次要因素，等等。

这些能力都是可以通过一门科学课程或多或少地使学生受益的。

在培育价值观方面，我以为，理解科学方法和科学精神、认识实践对于检验真理的重要性、树立实事求是的科学态度、学习老一辈科学家爱国奉献的精神、科研诚信……这些价值观的塑造，在一门科学课程的讲授中是可以也是完全应该进行的。

（3）通识教育和专业教育以及对“通专融合”的思考。

2016 年清华大学教学委员会通识教育组提出（由彭刚教师文字总结），清华大学**通识教育的目标：一是文理兼备，跨学科的知识结构；二是慎思明辨，批判性的思维能力；三是立己达人，全人格的价值养成。**另一方面，上述通识教育最终要达到的目标不能一蹴而就，需要我们在大目标指引下小步快走，包括一门一门地建设通识教育精品课，建设几门塑造清华人特质的通识课，等等。

如何理解通识教育的重要性？我个人的理解是，通识教育最重要的是教育学生如何做人，即人格塑造，正确的价值观的形成。**梅贻琦校长讲过“通识为本，而专识为末。社会所需要者，通才为大，而专家次之，以无通才为基础之专家临民，其结果不为新民，而为扰民。”我们培养的理工科人才如果没有比较正确的价值观，可能的技术最后结果是扰民，对国家，对人民没有好处。**

通识教育并不是简单地学点非本专业的知识，应该不求面广，而求深度。作为清华学生多数的理工科学生应通过学习几门有深度的文史哲课程来理解和掌握人文社科研究者的基本思考方式和价值观念；而作为文科生，也应通过几门有深度的科学课程而塑造基本的科学素养和科学精神。

通识教育怎么和专业教育真正融合？我想，**通识为本，这并不是说通识课的学时数要远远超过专业课，而是说专业课教学中教师要有通识教育的理念。**批判性思维、逻辑推理、表达沟通能力（特别是书面表达能力）、使命感、责任感等，既是专业课程中可以包含的，也与通识教育有密切关系。还可以在专业课程教学中，通过讲授一点科学史来培育科学精神，塑造科学价值观，还可以进行一些科研诚信教育。

现在清华学堂物理班有两个大问题还没有解决。一是我们的因材施教理念是，越优秀的同学给越大的自主空间，但是如何进一步提高这些优秀学生的主动性？关键是提高兴趣和培养使命感，然而说起来容易做起来确实不太容易。二是学堂班到底怎样做好通识教育。可能有几个途径，如“书院制”，如第一年以通识教育为主，像老清华当年那样，一年级基本都是通识教育课程，还可以规定几门高质量的必修的通识课程，比如“学术之道”“中文写作”“批判性思维”等。

四、结语

第一，培育基础科学杰出创新人才是历史赋予清华大学全体师生的使命，重要而且必要，当然，不限于基础学科，还应包含应用学科的杰出创新人才；

第二，培育杰出创新人才的关键是营造一个不那么急功近利、良好的“小环境”，使优秀人才比较容易脱颖而出；

第三，要鼓励一部分优秀学生学术上有远大抱负和志向，对他们应“放养”，而不是“圈养”，鼓励他们主动学习、主动研究；

第四，基础研究一流人才的基本特点：好奇心、想象力、批判性思维，培养的关键是鼓励他们提问题，提好问题；

第五，通识教育很重要，解决为人的问题，但是这个问题我们还远没有解决好。

总之，培育杰出人才，任重而道远，我们只能在这条道路上努力探索向前！

谢谢大家！

（本文根据作者 2019 年 11 月 14 日在“清华名师教学讲坛”上的讲话整理而成）

联系实际学习与践行“三位一体”的教育理念

航天航空学院　余寿文[①]

接学校发来关于出版以“传承和发扬清华教学传统与经验”为主题的文集的征文通知，作为一名退休教授和曾经为学校教学管理服务和现在用部分时间从事工程教育研究的老清华人，学习党的十九大文件联系近年学校推出的“三位一体”的人才培养理念，本文以作者比较熟悉的“高等工程教育”为部分案例，提供一些学习与研究的体会，希望能引起进一步的思考，抛砖引玉互相交流。

一、从清华大学多年对人才培养的理念发展来认识“三位一体”

习近平总书记在给清华大学建校 105 周年的贺信中指出了四个坚持：“清华大学要坚持正确方向、坚持立德树人、坚持服务国家、坚持改革创新，面向世界、勇于进取，树立自信、保持特色，广育祖国和人民需要的各类人才”。联系实际看看科学技术和高等工程教育发生了那些变化：第一是工程向着综合性、系统化的大工程发展；第二是纳米、信息、生物科技的快速发展，必然发展为工程技术并转化成生产力；第三是人工智能、大数据、物联网 +、生物医药工程等正在迅猛发展，召唤工程教育的改革。MIT 和斯坦福大学近年推出的高等教育改革计划与美国欧林工学院的办学试验的初期的成功，值得从事高等教育人士的思考。根据国家发展的需要，我国必

① 余寿文（1939—　），清华大学工程力学研究班研究生毕业。清华大学教授，已退休。长期从事断裂力学教学与研究和高等教育的管理与研究。曾任清华大学副校长、研究生院院长、中国力学学会副理事长、国际断裂学会主席、国际工程教育联盟副主席等。曾获得国际工程教育联盟主席授予的年度“全球工程教育杰出奖”。

须“两条腿走路”，既要拥有高端的创新性工程教育，同时也要有服务于需要大量人力资源的创新性应用的工程教育。

改革开放 40 多年以来，清华大学的办学环境与内涵也经历了很大的变化。除了新科技的发展，以及学科由分科向着交叉融合互通的变化外，在我国工程教育方面，近年来正经历了由工科过分“科学化”到“回归工程”的可喜变化。

除了硬件建设的成功外，清华的师生结构也发生了重要的变化，其中教师人事制度改革持续深入，其目的也应该是以培养高质量人才作为落脚点。从学校内学科的门类和攻读学位的各层次的学生数，也可以明显地看出变化。在改革开放的初期，清华校内绝大部分的专业是工科类的，到了 2017—2018 年度学校本科专业共 80 个，其中工科占 33 个，理科 9 个，还有人文和社会科学与艺术的多个专业，由多科性工业大学演变为综合性大学；它为“三位一体”培养学生提供了更好的校园学科氛围。而学生的构成，由 40 年前以本科学生为主，如今有在校本科生（含北京协和医学院）15600 人，博士生 13000 多人，硕士生 19000 多人，研究生与本科生之比为 1∶0.486，也就是说向社会提供的毕业生，其中研究生数远超本科生，而且清华本科毕业生中相当大的数量继续在校内或校外继续研究生的学习。清华大学向社会提供的人才规格产生了巨大的变化。它必然要求学校必须从本科（专业）与研究生（学科与学位点）的培养统筹来考虑“三位一体”培养的过程优化。虽然在 1995—1996 年间，学校曾经将工科院系的本科与硕士生的培养过程实施了统筹贯通培养，缩短了就学年限并优化了培养过程。于今随着学生总体构成的重大变化，仍然有待进一步研究与改革的必要。即如何更好地实现“三位一体”的培养的从本科到研究生的全过程设计和优化，向社会提供更多高质量的人才。

二、三位一体的理念的“一体”很有新意，其一体化又具有多样性的特征

“三位一体”要求思政工作的干部、教师、行政管理人员、学校职工协同育人。在高等院校中，不同的专业有各自的定位，这种定位又适应于多样性的要求和创新的广谱性的分布。有的偏向于研究，有的偏重于应用，其间还分布着多种复合型的人才培养模式。因此，清华大学的人才培养也应该具有上述多样性的特征。

以工程教育为例，美国工程与技术认证委员会（accreditation board for

engineering and technology，ABET）2000 年版的标准（EC2000）中，则涉及 11 项人才培养质量要求，它大致可分为三个维度：属于知识的，属于能力的，属于伦理道德方面的。欧洲工程教育认证网络的标准也有类似的要求。国内以往也有知识—能力—素质的三维描述。而清华大学所倡导的三位一体，则重在强调三位要一体而以育人为核心。在推进并实践以价值观培育与能力培养和知识传授为内涵的“三位一体”教育理念，这是学校教育改革的重要的理念概括与实践创新。它与以往的高校人才培养的“知识—能力—素质”的三个维度有所区别与发展，特别强调价值观—能力—知识三位的一体化。如同党的十九大报告及中国共产党党章所提出的要“培育和践行社会主义的核心价值观”，价值观指明个人的修为与社会的各方的关系及对国家和世界的责任。它是一个人的立身之本，思想之舵、治学之目的、处事的灵魂，是人们的世界观、人生观的基础价值出发点，是在知识传承与能力培养过程中，内在嵌入知识的世界观 - 方法论和能力提升的驱动力。如同学校所强调的，这三位之中的各位都具有“全息映照互相促进的功能”。社会主义核心价值观的培育包含了社会环境、教职工和学生，包括课堂与课外的培养与育成的共同作用的结果。清华大学的校训中第二句“厚德载物”即具体地将德和物的关系明白地标示出来，德以驭物，物以载德。新中国成立以来，更形成了清华人才培养的“又红又专，全面发展”的特色。然而在教育实践中，人们往往将价值观的培育从“三位”中形式地割裂开来而“各司其职”，认为思政工作是学生处（部）、思政教师、辅导员的事，而知识与能力培养则是教师、班主任、教务系统的事。因而提出的“一体”至关重要，高校中不同工作系统的工作任务，其根本任务都在于育人，而且要协同育人，合力育人，要在学校的学科—教学—教材—管理体系和各种具体的管理，评价，奖励等机制与文件中得以体现，使得“三位一体”的教育理念真正得以践行。

从工程教育来看，工科人从事工程，工程要体现“真善美”。由于需求的变化及工程对人力资源的要求，工程覆盖的领域进一步拓宽，工程专业正快步涉足到环境、社会、商务、医疗、保健等领域，而电子商务与现代物流已经是工程链条的组成部分。从专业与学科的交融来看，一些专业本身即具有集成交叉的特征。另外，学科的交融和互通还牵涉不同的学科门类，即工程学科与社会科学、人文科学、艺术等门类的交融。以往教育的研究者曾指出：工业化最核心的问题是如何使工科教育于适度的技术之外，要取得充分的社会化与人文化。因此，三位一体的教育理念的提出与实施更具有现实的意义。联合国教科文组织的专著报告《工程：发展的问题挑战与机遇》

一文[1]，开宗明义论述了工程与人文—科学—艺术的关系。这就是从当今工程学科与专业本身的发展说明“三位一体”教育理念的发生发展与实施具有的历史必然性。

三、从本科专业的建设与工程专业评估和认证看“三位一体”

我们常说各项工作要“以人为本”，各个“专业”是学校培养人才的基本结构单元。当前，国际上对工程教育的专业评鉴与认证的标准的提法，已从“专业结果”产出向着“学生学习结果”（Students Learning Outcome）过渡。我国施行的“工程教育认证标准”也是基于“结果导向”的[2]。它要求各工程专业根据自身办学的定位，制定出本专业可度量、可测评的具体的毕业要求的描述。教学计划与课程教学大纲转变成为培养计划和课程教学与培养大纲，要求列出可达成与检查的各课程与培养环节的育人要求。它提供所有培养环节协同育人的一个工作抓手，使任课教师的育人任务和责任得以落实。这一理念不仅在工程教育中实施，而且也被列入了全国九十几个不同专业类的人才培养质量的国家标准之中。这在高等教育的理念和治理体系来讲，是一个十分重要的进步。这样的评鉴标准，聚焦于毕业生的培养结果，专业的一切教学活动，都服务与指向毕业生的产出，质量标准重视学生的伦理—价值观和知识—能力的全面要求，应该说这是教育教学评估鉴定，以及专业评估与认证思想上的一个重要的转变，并且将进一步得以落实和实施。

四、要努力实现“专业”与“学科”建设并翼齐飞奔向“双一流”

在中国的语境中，本科的基本结构单元是“专业”，而研究生的培养的基本单元是学位授权点和相应的学科。我校现今有一级博士、硕士学位授权点 56 个（其中理科 6 个，工科 24 个，其余为人文与社会科学学科等），理工科占半壁江山。针对本科专业建设，国内出台了工程专业认证的标准并已付诸实施，清华也引入了美国工程与技术认证委员会（ABET）“基于学生学习结果”（outcomes-based education，OBE）的专业认证。中国的工科专业认证也已加入了现今包括 18 个成员国（或地区）的“华盛顿协议”（Washington accord，WA）组织，实现了工程教育的国际实质性等效的互认，其培养质量规定按“毕业要求 12 条”的达成来保证[2]。这 12 条涵盖了知识—能力—品德的各方面，但如在实施中将三者分列，易于模糊这三者在育人这一目标的一体的内在联系。

2017 年公布的“双一流”高校的建设计划和后来教育部学位与研究生发展中心组织的第 4 轮学科评估结果的公布，在高校引起了巨大的反响。国务院公布的“双一流”建设计划中，明确了人才培养的若干条标准，但由于它不如科研中有一部分可以论文发表计量来表示的研究成果易于定量化，而且媒体与网络津津乐道的大学排名，常以不全面的大学排名指标作舆论引导，往往忽略了价值观的培育和人才培养质量的重要性。有的媒体和搜索引擎用论文及其被引用、高被引的数量来评价，此类排名只是对可以用论文来表示的那一部分科研成果的学科的一种排序，是一种信息传递，并非可倚重它来评价大学和学科。某种程度上，它忽视高校的人才培养质量在双一流建设中所应占有的核心地位，容易引起理念与实施的迷惘。因此，如何全面实现国务院“双一流”建设的文件中提出的目标，必然促使人们去重新认识并思考这些评估评聘中所体现的——什么是好的大学，什么是好的教师，什么是好的学生，什么是好的科学研究成果，大学的研究与研究所的研究有什么不同等一系列最基本问题的正确回答。而要真正践行“三位一体”，做到“又红又专，全面发展”，必须回答上述的基本的而且人们最关切的问题。

习近平总书记指示：“只有培养出一流人才的高校，才能够成为世界一流大学。办出世界一流大学，必须牢牢抓住全面提高人才培养能力这个核心点，并以此来带动高校其他各项工作。”所以培养出一流的人才，并会聚和涌现一流的教师，是建设一流大学和学科的核心任务。

“双一流”建设的实施办法中，首先明确规定了有关人才培养方面的双一流建设遴选的多项条件。问题是有时人们认为人才培养质量难以定量评价，或在各项总评价中，突出科研评价的指标因子和权重，而弱化人才培养所应占的权重。这是当前一个重要的理论与实践问题，也是践行“三位一体”教育理念所必须逾越的思想障碍。上面所述的是比较宏观层面的，在学校的微观层面，也还可以检查评判一些子项。在大学—学科—专业的评估与认证中真正重视学生，注意学生的学习与研究产出，注意持续的培养质量改进，统筹推进提高一流的本科生质量与一流的研究生质量，逐级加力，实现学科与专业质量并翼齐飞奔向一流。高校在教学、科学技术研究中要以人才培养作为出发点和落脚点。

五、要思考什么是好大学、什么是好教师和好学生

清华大学前校长梅贻琦也有一句被广为引证的话：“所谓大学者，非有大楼之谓也，乃有大师之谓也。”我们也应深究梅校长所称“大师”之谓何指。为此，再多引几句原文便可了然。梅校长原文还称：“我们的知识，固有赖于教授的教导指点，就是我们的精神修养，亦全赖有教授的 inspiration（启发）。”（见《清华大学校长梅贻琦在就职典礼上之演说》，清华大学校刊第 341 号，1931-12-14)。据此，我们可将上面的那句话补全为：“大学者，非大楼之谓也，乃大师育才之谓也。”[3] 当然，不同的时代，育才的标准必然具有明显的时代特征。

什么叫大学？大学培养的学生应该是什么样的？清华前校长蒋南翔同志有两个“四个字”的关键描述。第一个，大学就是要抓四个字“方向”“质量”。对学生也是四个字，对他们的培养目标就是“又红又专”。我觉得这八个字在今天仍闪耀着理性光辉。讲大学，如果只讲要有大师，后面就加个句号而不讲培养人才的话，大学和科学院的研究所有何区别？清华大学在全校科研讨论会所提出的“顶天 - 立地 - 育人”回答了大学科研的目标。大学是大师培养学生的地方。高等学校干什么？培养本科生、研究生，出人才的过程中出成果。怎么评价大学？首先看本科生、研究生培养的质量好不好。这是一个很常识性的问题。这里还有一个理论上的问题，就是大学，有没有上层建筑的功能，当然有。但是现在有些人的思想里头，把大学的社会功能，把大学的上层建筑的这一部分属性强调得少了，局限在关注教育的服务于经济基础的属性，重视人才培养在转化成科技生产力的方面的结果。科技生产力为谁来发展？这里就有方向问题。要问清华大学今天之所以成为我国和世界上重要大学的原因，很有必要去看我们的校史展览，首先看到的是清华几十年上百年为国家培养了大批学术大师、兴业英才、治国人才，为国家、为民族、为世界作出的重要贡献。

2017 年清华大学党代会上党委工作报告以习近平总书记要求的“四个坚持”总结了学校的基本办学经验，提出到 2030 年迈入世界一流大学前列等一系列宏伟目标。我们的任务很重大。要思考什么是大学的根本任务、什么是好的教师和学生。高校要进一步聚焦人才培养、凝练办学特色。清华的世界一流大学建设，一定要有扎在中国土地的根，有清华自身的特色。我们要进一步践行“三位一体”的教育理念，围绕全面提高人才培养质量这个核心点，并以此带动和促进学校其他相关工作，在

学校综合改革、教育教学改革、学科建设与评估、人才与教师评聘、人事制度改革、科研体制改革等重要的改革中，进一步聚焦于培养高质量人才。从学校的实际出发，在研究生数量远大于本科生情况下，如何在新时期统筹设计我校人才培养的整体结构，规划本科与研究生贯通衔接培养。进一步推进与践行“三位一体”的人才培养理念，实现大学的本科教育与学科建设协同发展并翼齐飞，为人民幸福、为国家振兴培养出更多高质量的人才。

参考文献

[1] 联合国教科文组织报告，世界工程组织联合会（WEFO），国际工程与技术科学院理事会（CAETS），等．工程：发展的问题挑战和机遇[M]．王孙禺，雷环，张志辉，译．北京：中央编译出版社，2012.

[2] 中国工程教育认证协会．工程教育认证标准（2015年7月修订版）[S].

[3] 余寿文．大学的本质功能与中国科技人才的培养[J]．新华文摘，2017，14：113-115.

回顾与思考

——"基础学科综合实验班"与人文素质教育

吴敏生 ①

我担任清华教务长的八年期间（1995—2002 年），适逢学校向"综合性、研究型、开放式"办学模式转型的关键时期。面向新世纪的新格局，清华要培养什么样的人，如何培养，始终是学校教育教学改革的主题。往事并不如烟，这里，仅就当年举办"基础学科综合实验班"的一些亲历谈点感想。

20 世纪 90 年代后期，清华组建高等研究中心（简称高研中心），成为重振理科，加强基础研究的里程碑事件之一[1]。学校聘请杨振宁、聂华桐等世界级名师出任高研中心"掌门人"，确立基础研究的主攻方向，并在基金筹措、人才激励和内部管理体制等方面鼎新革旧，为清华的理科复兴打下良好开局。而如何培养基础研究的优秀后备人才，成为学校探索人才培养新模式，深化教育教学改革的新课题。当时的王大中校长为此曾亲自向南京大学的曲钦岳、蒋树声两位校长请教；时任理学院副院长的熊家炯教授等提出开设"基础科学班"（即"清华学堂班"的前身）的书面建议，得到学校领导和教务部门的大力支持。在当时全校教育思想大讨论期间，教务处会同理学院以"走出去，请进来"等多种方式，博采各家之长，经过充分调研、比较和提炼，形成了具有清华特色的"基础学科综合实验班"（以下简称"基科班"）培养方案。

① 吴敏生（1946—2019），中共党员，博士，教授、博士生导师，曾任清华大学教务长、深圳研究生院院长，福州大学校长，福建省人民政府顾问。1965 年考入清华大学机械系，1970 年毕业后留校工作；后获得德国亚琛工业大学工学博士学位；1993 年起担任清华大学教务长，后兼任清华大学研究生院副院长，并负责筹建清华大学唯一异地办学机构——深圳研究生院，担任首任院长。2002 年 8 月至 2010 年 5 月担任福州大学校长。在清华大学任职期间，他负责领导学校"211 工程"和"985 工程"建设的教学工作，致力于推动学校教育教学改革，在国内率先提出建设"精品课程"，创设工业训练中心、教学研究与培训中心、注册中心等，曾荣获国家级教学优秀成果一等奖 2 项。

当时，素质教育的讨论成为教育改革的热点。培养有志于从事自然科学研究的优秀后备人才，需要“十年磨一剑”的砥砺，这种砥砺兼有为人和为学的品格塑造，“基科班”的课程设置和学术训练环节与传统的因材施教相比，都有许多独到之处，但似乎存在某种欠缺。恰在此时我看到涂元季将军（曾任钱学森先生的秘书）编著的钱学森关于科学与艺术教育的文集，钱老从思维科学角度对中国优秀传统文化所蕴含的教育思想做了精辟诠释，使我有茅塞顿开之感。我向教务处和理学院的同事建议，增设体现文化素质教育的课程和训练环节。考虑到“基科班”课程设置强度大，难度高，素质教育类课程学时不宜多，贵在画龙点睛。我想到了曾经担任西北大学校长，时任教育部文化素质教育专家又被聘为我校校长教学顾问的张岂之学长，深信他具有深厚的学术造诣和功力开出这样的精品课程。1999 年初春，我拜访了张岂之学长，得到他的热情支持。当年 5 月，张先生开始给“基科班”讲授中国哲学精神，每周 2 个学时讲授一个专题，前后 5 个专题，纵贯中国优秀传统文化的文脉和哲理，收官于“自然科学和中国哲学精神”。同时，他从中国人文经典中精心选择部分内容供学生课外阅读，还向学生推介三篇必读文章，即杨振宁先生的《美与物理学》《邓稼先》和《近代科学进入中国的回顾与前瞻》[2]。

2002 年秋季之后，我由于工作变动离开清华，随后，基础科学班也更名为“清华学堂物理班”并举办至今。2014 年，我从理学院尚仁成教授那里得到一份当年“基科班”部分毕业生的调研材料，其中，首届“基科班”毕业的翟荟同学师从杨振宁先生在清华高研中心完成博士学位后又到美国做了 4 年冷原子方向的博士后研究。聂华桐教授亲自向全球从事冷原子研究的 11 名杰出科学家写信征询对翟荟学术成果的评价，得到其中 10 位同行的高度首肯，翟荟由此受聘为清华高研中心研究员。“基科班”同期毕业的祁晓亮、曾蓓等已经先后成为斯坦福大学和滑铁卢大学等世界名校的教授，不少毕业生在学术研究和高技术产业等领域表现不俗，让人印象深刻。

几年前的一个偶然机会，我看到张岂之先生写的《难忘的清华人文教育》（收录在吴剑平主编的《清华名师谈治学育人》文集中），提到当年我们在“基科班”开设人文课程的交往。张先生在文中摘引了当年“基科班”部分同学对中国哲学精神这门课程的学习心得，我仅在此转引些许。一位同学这样写道：“科学中蕴含着美。简单的方程与简单的定理支撑起科学的高楼大厦……《老子》书中一个‘道’字，简单得不能再简单，但其中却包含了宇宙本体，宇宙的生成，人生的哲理，复杂的世间万象，最终都要归结到一个‘道’字。这个‘道’与牛顿定律、麦克斯韦方程和爱因斯坦的质能方程有异曲同工之妙。”还有的同学在心得中自问，这（科学）美究竟源于何方？……如果你想想美的源泉，很快就会发现一个有趣的问题：为什么抽象的公式比其他东西能包容更多更深层次的美？我应当有勇气去追求更深层次的美，这就不能没有中国哲学的视野。

面对当年这些同学的学习心得，一种心灵慰藉油然而生，由衷感谢张岂之学长为此付出的心血。他在这篇文章的结尾写道："我听说，清华理学院基础科学班一直办到今天，但是由于人事变迁，无人再提在这个班继续开设'中国哲学精神'课的事，这很令人惋惜。"

我完全能够理解张先生的惋惜之叹。世间有些事物，失去了才让人知其宝贵。在回首往事的朦胧感中，对人文教育在大学教育中的地位似乎多了点忧患。

一个感觉是，人们越来越忙碌了，但多了点茫然。近年来，一本名为《稀缺：我们是如何陷入贫穷和忙碌的》（作者为美国的穆莱纳森和沙菲儿两位学者）成为畅销书并得到许多大学心理学教授的热捧。2014 年诺贝尔物理学奖获得者日本的中村秀二曾经引用该书批评了东亚教育普遍存在的"稀缺心态"。对各类教育优质资源（稀缺资源）的过度追逐，对各种功利（稀缺资源）的过度追逐，使得不少人群陷入精神相对贫困，失去学习和工作的获得感和幸福感。心理学是西方学科分类的专用术语，在我国传统文化中谓之心学，当年张岂之先生给"基科班"讲授"天道自然，人道无为"的哲理，解读先秦哲学的取度之道，揭示了先哲们对人类物质文明进化中不可避免将要出现心智迷失的警示，在当今不但没有过时，反而弥足珍贵。用一点课时，让年轻人听听来自远古的回声，就是让教育回归"明德""新民"的初心。许多专业知识只能管用一阵子，而维系人类文明健康发展的人文精神，管用一辈子。

人文教育需要一定的文史哲基础知识，其主要意义不在知识，而在于心智启迪和思维意境的提升。王国维先生在《人间词话》中借用三首宋词衬托"谋大事做大学问"的三种境界，点化做人为学的不同意境，也许并非晏欧诸公本意，但其立意价值远非说辞解字的知识传授所能相比。在历经中西优秀文化浸润的清华校园，英才辈出，其中不乏季羡林先生所称道的文理兼修、学贯中西、古今熔铸的大家，绝非偶然，值得深思。

参考文献

[1] 吴敏生，吴剑平，孙海涛．跨越世纪清华梦——王大中校长十年启示录[M]. 北京：清华大学出版社，2015.

[2] 吴剑平．清华名师谈治学育人[M]. 北京：清华大学出版社，2009.

艺术教育的本来与未来

美术学院　李砚祖[①]

清华大学美术学院，前身是1956年11月在北京创建的中央工艺美术学院，是我国最著名的艺术设计的专业院校。1999年年底合并进入清华大学至今已近20年。回顾美术学院60余年的历史和传统，我认为可以分为三个阶段，一是学院成立以前；二是中央工艺美术学院时期；三是清华大学美术学院时期。

1956年中央工艺美术学院建院，其师资基础是中央美术学院实用美术系、中国美术学院、清华大学营建系及海外留学归国的专家学者，建院时成立染织美术、陶瓷美术和装潢设计三个系的同时成立了中央工艺美术学院研究所，研究所下设理论研究室、刺绣、服装、家具等研究室。理论研究室创办不久就开始编辑出版研究刊物《工艺美术通讯》，也即1958年创刊的《装饰》杂志前身。从建院初期的努力来看，学院的定位是为提高人民衣食住行用的生活质量而培养优秀的设计人才，不仅注重设计艺术的实践，同时注重理论研究和素质教育。这是中央工艺美术学院时期的一个重要的传统。

1999年底学院合并到清华大学，并更名为清华大学美术学院。清华大学是一所研究型大学，而作为艺术专业院校的中央工艺美术学院，以实践型的专业技能教学为主，进入清华大学后，创办世界一流研究型大学的要求和学院本身需要进一步提升教学水平，提高学术研究能力的内在动力相结合，成为这些年乃至今后学院的教学和发展的新任务，这也为教学改革搭建了一个新的平台。

---

① 李砚祖（1954—　），中国文艺评论家协会理事、中国美术家协会会员、中华美学会会员。2003年获首届国家级教学名师奖、北京市教学名师奖、清华大学教书育人奖；2002年获全国高校优秀教材一等奖、二等奖各一项；1995年获全国高校首届人文社会科学研究优秀成果奖二等奖；1993年获北京市高校优秀教学成果一等奖，北京市高校青年骨干教师称号。

就传统而论，我们学院的传统可以大致归集为三方面：

一是来自早期教师队伍的专业传统，如以海外归国专家庞薰琹先生为代表的装饰艺术传统；二是以张仃先生为代表的民族工艺艺术传统，这也是中央工艺美术学院时期的主流传统和特色，其特色是既重视艺术的实践教育，又重视学术研究；三是清华大学美术学院时期的新传统，就全国的艺术专业院校而言，大多偏重于艺术技能的教学与训练，并不以研究型大学的办学要求和宗旨作为自己的办学目标，而学院合并进入清华大学以后则需要融入大学创建世界一流大学的整体进程中，学院最大也最根本的变化就是研究型大学的办学理念与目标开始成为学院乃至每个教师思考的核心问题，成为努力改革和进步的根本方向。经过近 20 年的努力，学院在专业教育领域继续在国内居于领先地位，但也有了更高的眼界和追求，可以说学院形成了一个新的特色或者说传统。

事实上，在我们这一类专业艺术院校，如何成为研究型大学的一部分，如何开展研究型教学，并非一蹴而就的事，这是一个艰难的学习与革新并且逐步前进的过程。对于我而言，也是如此。我主要从事本科和研究生艺术史论的教学和研究工作。总结我留校以来尤其是进入清华大学以来的学习和教学工作，有如下体会：

（1）坚持以教学质量为根本，以教师责任为动力，以研究型大学的办学宗旨和要求作为自己教学实践的宗旨和要求，在教学内容、教材、教学方法上加以改进和提高，收到了良好的教学效果。我的教学课程主要可以分为三部分：第一部分是校选研究生必修公共基础课程，如学术基本要素讲座、设计艺术学等，每年选课的研究生大多在 60 人以上，以美术学院的研究生为主；第二部分是美术学院全院本科生的必修公共基础课程设计概论，本科生的课程还有艺术史论系的中外设计论著选读、设计批评等课程；第三部分是大学开设的新生研讨课：中国陶瓷艺术。上述课程，都可以说是理论课程，具有概论性、基础性，它与其他各个不同专业的实践型课程组合成一个整体。

从专业特点和学生学习的倾向性看，大多本科学生重视专业技能的学习和训练，而对理论类课程不太感兴趣；一些研究生也是如此，而希望在理论学习上有所提高的学生，又面临如何学的问题。从我教授的设计艺术学基础理论课程来看，在国内开设此课程的院校并不多，教学水平参差不齐。作为国内最早开设这门课程的院系和教师，我意识到这门课的好坏，往往代表了国家的水平，应从我国设计艺术学科建设的高度来开这门课，开好这门课。从课程体系上看，本科生的“设计概论”课程和研究生的“设计艺术学”课程，都是艺术设计的基础理论课程，但在课程内容的深度和广度上存在不同。经过近十年来的教学实践，现已初步完成了从教材到教学课件、教学方法等较为完整的一个体系。

针对本科生和研究生学习的实际，注重在教学中实施启迪式教学，注重研究方法和思考方法的传授，引导学生进行进一步的学习、思考和研究。其做法是：①针对本科生偏重于技能训练和学习的实际，提高设计理论课程讲授的针对性；②加大信息量，使学生在课程学习中处于比较好的接受状态；③在授课过程中设置问题，使学生在课程学习过程中处于思考状态，引导学生思考，尤其注重结合案例来讲解基础理论，做到深入浅出，理论不枯燥，学习有兴味。

研究生的“学术要素讲座”“设计艺术学”和本科生的“中外设计论著选读”等课程，除相应的教材外，课前通过网络课堂向同学发放电子文本的《课程指导书》，内容除教学方案、计划、日程安排外，主要提供相关阅读书目、文献，方便同学课后阅读。

在研究生培养方面，立足于从学生到高层次人才和学者的培养。在研究生培养上，我主要抓住了读书、论文写作和科研实践这三个环节。

读书环节：针对不同学生和不同研究课题，在入学初即规定了必读书目，为学生建构一个基本的知识结构体系；除要求同学个人自学和听课外，还采用了个别指导和团队学习结合的方式，研究生不分硕士、博士，不分年级，每月召开一次以上的读书报告会，每个研究生介绍自己近来的学习情况，读书心得。研究工作遇到的问题，导师解答，大家讨论。在读书方法上，讲授泛读与精读相结合的方法，要求同学自觉建立适用的知识结构，强调根底之学和专业之学的联系，强调读书、听课与个性反思结合。

论文写作环节：我招收的硕士生、博士生，大都是设计专业而非史论专业的学生，这些学生的长处是会做设计，了解设计，不足是文字功底较差，尤其是进入博士生阶段，论文写作是十分关键的环节。在写作方法的训练上，大致分为三步：第一步是指导学生读优秀经典论文和阅读专业论文，并注意分析论文的写作，从立意到论文结构、文句、逻辑等，进行具体分析，找问题、找优点，在分析中学习。第二步是论文写作训练，每学期规定写作训练的任务，要求达到核心刊物发表的要求。第三步是导师就学生写作的论文进行详细批改，指出问题，使学生明白写作的基本规律和自身存在的问题，几经反复，经过 1—2 年时间的训练，写作问题基本解决了。论文写作环节，实际上是从事具体研究工作的首要环节。在这个环节中，教师对论文的指导和具体修改，亲力亲为，立样板，很重要。

科研实践环节：为学生提供参与科研实践的机会，近些年来，大多数研究生都参与了我的各种国家级、省部级科研项目，在参与和完成项目中获得知识、能力和方法。研究生的科研工作，尤其是博士生的科研工作主要结合论文研究来进行，我将博士生论文研究与设计艺术学的学科建设结合起来，与导师承担的学科建设任务结合起来。由清华大学出版社出版的国家级规划教材《外国设计艺术经典论著选读》（上下册）《设计心理学》《设计程序与设计管理》及中国人民大学出版社出版的21世纪大学生素质教育教材《视觉传达的历史与美学》《环境艺术设计的新视界》等教材，都是研究生在学期间参与或独立完成的。我指导的研究生、访问学者在国家顶级艺术类核心期刊《文艺研究》《装饰》《美术与设计》等核心期刊发表论文30余篇；大多数硕士研究生和博士生在学期间的研究成果都作为专业著作或教材出版。毕业后大多成为相关学校青年骨干教师，有的成为本专业领域的学科带头人。

（2）科研促教学，提高教学质量。从事研究型教学，其重要的基础或条件是作为教师本人的研究素质、能力和成果，以研究促教学，好的教学必须以好的研究作为支撑，教学成为研究的展示台。理论课程的深度和广度在一定意义上决定了我们所有不同专业教学的研究型教学质量和深度。理论课程的深度从何而来？只能来自于教师自身的学习与研究。

近30年来我一直在设计艺术理论研究领域从事教学与研究，真正体会到了教学与研究互为一体的重要性，要教好学，必须有好的科研作为支撑。研究的探索性与提高教学质量联系起来。做一流的研究，成就一流的教学。我的科研工作主要围绕教学和学科建设进行，先后完成和出版了《工艺美术概论》《艺术设计概论》《造物之美——产品设计的艺术与文化》《装饰之道》《外国设计艺术经典选读》等多种教材和著作，《工艺美术概论》作为“九五”国家级重要教材已重印七次，《艺术设计概论》已重印十余次；发表相关论文200余篇。

在科研中，关注国际同行的最新研究成果和方向，同时立足国内，走自己的路，以建立有中国特色、高水平的设计艺术学理论体系为目标。

总结以往，我认识到，作为我国相当长时期中唯一一所专业的设计艺术院校的清华大学美术学院，自1956年创办至今已有60余年时间，其办学条件、师资条件在全国是一流的，我们培养了成千上万名各类艺术设计人才，为国家的各类设计任务的完成和学科建设作出了大的贡献。但也很遗憾地看到，办学60余年来，至今尚没有出现被世界设计界所公认的世界级的设计大师。其原因就在于长期以来，我们过多地倾向于专业的技术技能教育和训练，而在综合素质包括创新素质的教学与训练方面还有很大的提升空间。清华大学在第 24 次教育工作讨论会上确立的价值塑造、能力培养、知识传授“三位一体”的核心教育理念与建立的“以通识教育为基础，通识教育与专业教育相融合”的本科教育体系，以及 2018 年 3 月开始的第 25 次教育工作讨论会上进一步就上述理念和本科生、研究生教育提出的新要求，将有力地促进美术学院的发展和进步。

传承体育育人传统，完善体育教育理念

体育部　刘波[①]

对于体育的育人作用，很多著名的思想家和教育家都有论述。毛泽东主席在《体育之研究》中指出，体育具有“强筋骨、增知识、调感情、强意志”，使人“身心并完”的作用；梁启超认为培养“尚武精神”对人格塑造和民族发展具有重要价值；北大老校长蔡元培倡导“完全人格，首在体育”；南开大学创办人张伯苓指出：“教育一事，尤要在造成完全人格，德、智、体三育并进而不偏废。”他更是直接地提出“不懂体育者，不可当校长”。

1926 年，“中国体育界的一面旗帜”、著名体育教育家马约翰先生提出了“体育的迁移价值”理论，对体育具有巨大的教育价值，即对体力效果和教育效果进行了全面论述。他认为“运动可以使感觉更敏锐，使意识得到发展，因而把性格的意识迁移到社会生活中，即在体育运动中产生的优秀品质同样可以表现在社会生活中，因此体育是产生优秀公民最有效、最适当和最有趣的方法。”体育具有迁移价值，是体育存在育人功能的理论基础，也是清华建立体育教育体系的理论指导。

清华的前身是留美预备学校，为了输送合格的人才出国留学，清华从建校起就非常重视体育，曾长期实施“强迫运动”。建校 100 多年来，经过以马约翰为代表的清华体育教师和以蒋南翔为代表的清华校领导的坚持和努力，清华体育传统和体育文化逐渐形成，不断发扬光大，体育教育体系日趋完善。时至今日，清华体育已形成了“有理论、有理念、有目标、有口号、有实践”的全方位体育教育体系：“体育

① 刘波（1971—　），清华大学体育部主任，教授、博士生导师。清华大学工学学士、管理学硕士，德国科隆体育大学体育科学博士。主要研究方向为体育发展战略、体育体制比较和大学竞技体育。兼任中国奥委会委员、教育部高等学校体育教学指导委员会公体组副组长。曾获北京市哲学社会科学优秀成果二等奖和国家级教学成果奖二等奖。

的迁移价值”是清华开展体育工作的理论指导；“育人至上、体魄与人格并重”是清华新时期的体育教育观；“为祖国健康工作五十年”是每一位清华人都在为之努力的奋斗目标；“无体育、不清华”则是由清华学生自发喊出的具有时代特征的口号。在此基础上，通过长年的实践形成了一系列具有清华特色的体育活动和开展体育工作的思路，包括：“4+2+2”（贯穿本科4年）的体育课程体系、体育课开设50多个课项、重视长跑（男生测3000米、女生测1500米，大一、大二学生课外阳光长跑）、恢复新生第一堂体育课、恢复“不会游泳不能毕业”的老校规、“马约翰杯”课外竞赛体系、举办校园马拉松、自主招生增加体质测试环节、发挥体育代表队的引领作用和加强体育学科建设等内容。

在浓厚的体育氛围和优良体育传统的熏陶下，清华园里不断涌现出体育优秀、在各个领域中做出突出贡献的杰出人才。老清华培养的孙立人、周培源、梁思成、钱伟长等大家名师，在校时都是校队队员或体育健将；新时期清华体育代表队的毕业生中有院士、部长、校长，在校生中也有参加奥运会的学生和双双获得特等奖学金的双胞胎姐妹花。2016年7月在清华大学研究生毕业典礼上发言的环境学院博士生陈熹的体育经历，更是引发了对清华体育的广泛讨论。从一个因粉碎性骨折被医生警告不能参加体育运动、入学军训时站军姿晕倒的小女生，经过“无体育、不清华”的文化重塑，毕业时已在“马约翰杯”的赛场上获得了73个单项冠军。“勤奋坚持方能造就不凡，追求卓越才能超越自我”的清华体育精神在她身上得到了最好的体现。

2017年11月，在本科教学工作审核评估中，体育教育作为清华本科教学的一个特色，得到了专家评委的一致好评，“高度重视体育育人传统”是清华体育教育最好的写照。2017年12月，“为祖国健康工作五十年”提出六十周年纪念大会隆重举行，校党委书记陈旭在讲话中回顾了“为祖国健康工作五十年”提出的背景和意义，强调既要缅怀前辈对清华体育的历史贡献，更要深刻理解和学习这个口号的时代内涵。这个口号中体现的强烈爱国主义精神、深嵌的全面发展的育人理念、指出的鲜明价值导向和努力目标，是清华体育教育发展中最宝贵的财富。

从1912年成立体育部，清华体育已走过109年的征程，逐渐形成了鲜明的特色，体育教育理念日趋完善，体育育人传统不断发扬光大。在建设世界一流大学的征程中，清华大学确立了价值塑造、能力培养、知识传授“三位一体”的教育理念。而体育教育是实现价值塑造最直接、最有效的方式，也对体育育人的作用提出了更高的要求。第25次教育工作讨论会开始以来，体育部多次组织教师进行研讨，讨论如何在体育教学中有效落实“三位一体”的教育理念，发挥体育教育的优势。教师们积极参与，互相交流如何在自己的课堂中进行知识传授、突出能力培养、体现价值塑造，为完善体育教育理念、传承体育育人传统献计献策。

例如，羽毛球运动是一项集灵活、快速、多变于一体的隔网对击性项目，羽毛球课程不仅能够发展学生身体机能，改善与提高其心肺功能，培养学生动脑的能力，亦能培养学生顽强拼搏、胜不骄败不馁、永不放弃的意志品质和良好的团队合作精神。因此授课教师陆淳教授从羽毛球运动特有的竞争性、对抗性、大强度三个方面出发，在羽毛球课上着重培养学生动脑和顽强拼搏的精神。他将羽毛球课堂的教学目标设定为“汗—笑—育”:“汗”即出汗，表现在身体层面的锻炼;“笑”即欢笑，追求心理层面的愉悦;“育”即育人，体现出精神层面的升华。并在课堂上有计划、分层次、循序渐进地完成课程安排，实现“汗—笑—育”的教学目标。

于芬教授的跳水课深受学生喜爱，因为在跳水课上，她从最开始帮助学生克服内心的恐惧，到课程结束时引领学生重新挑战自我，让学生感受到的是最终勇敢超越自我的豪情。为实现这个教学目标，在跳水课程的设计与安排上要做到系统化、流程化、标准化、精细化，将培养奥运冠军的方法融合到大学生跳水课程的教学中，并采用因材施教、循序渐进达到人格培养的目的。在跳水课上师生相互尊重与信任，课堂气氛融洽，同学们期末书写的感想心得与建议使教师获益匪浅。跳水课还向课外延伸，成立跳水协会、组织承办跳水比赛、安排协会训练，学生们在团队中承担付出、无私奉献、不断成长。

王玉林教师在武术课上从中国传统文化与武术的关系出发，培养学生的体育能力与社会能力。武术是中华民族传统体育项目，注重内外兼修，同时蕴含丰富的民族文化思想。因此在武术课上既可以培养专项体育能力，包括学习、掌握专项体育的身体素质、心理素质、基础知识的能力;也可以培养社会人的能力，包括团队协作意识、人际交往能力、组织能力等。在此基础上，她还十分重视民族文化和思想与武术教学内容的结果，以贴近学生需要为目标，将所蕴含的民族文化智慧以及科学性传播给学生们，树立起他们对于民族文化的自信心和自豪感。

王海燕教师在乒乓球课上注意引导学生学习清华百年体育的优良传统，从清华的历史、体育传统介绍起，带领同学了解清华体育，并爱上体育锻炼。同时通过观看比赛视频录像、裁判法学习、课上发言及期末课程总结报告等教学形式，增强同学间的交流与沟通能力。在她教的一年级基础体育课 204 个学生中，采取匿名方式进行了调查，收回有效问卷 145 份。调查结果显示，体育课确实对智力发展、形成良好的个性品质、自信心、团队精神、合作精神、责任感使命感、沟通能力等指标的提高有促进作用。

经过多次研讨，体育部对如何在体育课和体育教育中有效落实“三位一体”教育理念有了更深刻的认识，认为体育课作为学校主要的通识教育课程之一，在“价值塑造”和“能力培养”方面有其特殊的作用和天然的优势。因此作为体育教师，要认真领会和学习邱勇校长在第 25 次教育工作讨论会开幕式上的讲话和杨斌副校长调研体育部的要求和精神，将“知识传授”作为有效载体，在做好运动技能学习和身体锻炼的基础上，结合所教授运动项目的特点，通过各种教学改革和创新，努力培养学生在领导力、组织能力、交往能力、表达能力等方面的能力，塑造学生的集体主义和顽强拼搏的精神，从而实现体育育人的目标。

为此，体育部更要全方位加强清华的体育教育工作。要通过开设更多的课项吸引同学积极主动上体育课，在体育课上学到更多的知识和技能；要不断提高教师素质，要把“教学是教师的第一学术责任”的要求落到实处；要创新教学的方式方法，把“三位一体”的教育理念，特别是“价值塑造”和“能力培养”有效落实到体育育人的各个环节；要通过丰富多彩的竞赛活动和耐心细致的课外辅导，使清华学生逐渐养成锻炼习惯；要不忘初心、牢记使命，努力培养造就一代代肩负使命、追求卓越、又红又专、全面发展的清华人。

面对新时代，我们有理由相信，清华大学的体育教育理念将更加完善，在创建一流大学的进程中，体育育人将发挥越来越大的作用。

第二篇 教学与传承

我对教书育人工作的一些体会和做法

航天航空学院　薛克宗[①]

本文四个部分中包含两方面内容：一为作者在岗期间（1962 年春季—1999 年秋季学期）的教学总结，写于 1998—1999 年。为此，文中凡涉及事件的年代时，均以这一写作时间为起点。原文当时没有发表。二为作者在退休后参加学校青年教师教学比赛（以下简称“青教赛”）工作的一些材料。

一、长远着想，严格要求

最近在我教的班上发生过两件事：一件是，为了在 166 人的大班上开展讨论式教学，让学生主动地学习，我在讲课中让学生上黑板做题。让他们把各种做法，特别是典型的错误做法暴露、展示出来，再组织全体同学讨论。一次，我在正爬黑板的六个学生中，发现一个学生的手在写，嘴巴也一直在动，我立即问他，他不得不承认在嚼口香糖。我当场严肃地批评了他。另一件是，有一周我通过课代表给每个同学发了一份当周作业的习题解答。但隔了几周在答疑时发现，一个班的女同学和

① 薛克宗（1939—　），1962 年 1 月，本科毕业于清华大学基础理论课师资培训班力学专业（五年半制），后留校任教。现为航天航空学院教授。动力学与控制专业核心课程主讲教授；研究方向：多体系统动力学与机器人动力学。完成国家自然科学基金、省部委及横向科研项目共 11 项。获 2001 年中国高校科技进步二等奖；主讲“理论力学”“高等动力学”与“多体系统动力学”课程；获 2001 年国家教学成果二等奖。1998 年至今，任北京高校青年教师教学基本功比赛理工组共三届评委。清华大学青年教师教学大赛全九届理工组评委与指导教师，共历时 24 年。全国高校首届青年教师教学竞赛工科组一等奖第一名的指导教师。全国高校第四届青年教师教学竞赛工科组一等奖第一名的指导教师组组长。获五届北京高校青年教师教学基本功比赛优秀指导教师奖（此奖项共设立六届）。

另一个班的部分男同学却都没有收到，从而影响了这些同学的学习。我立即找到了有关班的课代表，让他们查清原因。原来是他们委托给了别的同学去发，但没有落实，而课代表事后也没有检查。这是两件小事。专业课教师可以“睁一只眼，闭一只眼”，也可以就事论事解决。但我想到，如果他们带着这样的作风参加工作，那将对工作、对个人的影响都会很大。因此，我把这个问题提给学生思考：“如果将来你在上班时间和你的上司一起工作，你嘴里还嚼着口香糖，那后果会怎么样？”“你们几年以后工作了，那时要做大事了，可是如果现在连课代表都当不好，将来怎么做大事呢？”这些话对多数同学都有教育。有些学生和我谈心说：“过去我们太随便了，真不觉得那是什么问题，教师说了以后，觉得确实要注意。”

多年来，我教过的学生都说我很严，有的说我“厉害”。甚至还没上我的课，这个形象就从他们的高年级学生那儿传下来了。但我不是“胡厉害”“瞎厉害”，而要**严格要求，合理要求，尊重学生，为学生长远着想**。这样，虽然当时看来严厉，但事后绝大多数同学都能理解和接受，和我都很有感情。他们说“我们班能有今天的好成绩，这和薛教师的严格要求是分不开的。”至于少数同学持相反态度，那也并不影响大局。一次学生填写的调查表上，有 5 人给我打了 D，但另外 90 多人都打了 A。

在这方面，我同时要求自己做到以下几点：

（1）允许我教的学生不听我的课。我对学生说：“假若你听我的课觉得不如自己看书，或听别的‘理论力学’教师的课有收获，我决不用纪律约束你坐在我的课堂上。”此外，我也**要通过自己的努力，让你觉得，听了我的课是一种精神享受，而不听我的课是一种难以弥补的遗憾。一名教师要有这个本事。有了这个本事，不管你采用什么教学模式，讲课都会吸引学生**。否则都会是一般般。

（2）无论课间休息，还是最后下课，我绝不拖堂，影响学生休息。

（3）给学生答疑时，我自己坐着，决不让学生站着。学生出于尊师，来答疑时往往认为“不应该坐”，或“不敢坐”。我就主动先请他们坐，再讨论问题。有时来了许多学生，答疑室的椅子不够了，我就到别的房间搬来椅子请他们坐。

（4）和学生已约好的活动，我决不失约。一天下午，已定好四点钟和部分同学开会。我两点钟去北医三院为女儿拿药，但病人太多，交了费，若再排队拿药，势必影响准时和学生开会，我宁肯再跑一趟医院，也决不能耽误这次活动。

（5）对学生以各种形式提出的课程学习问题，或对教学的意见，都要认真倾听、答复或改正。特别是学生提出自己讲课中的口误或笔误，我都要做公开更正，并要感谢和表扬提出问题的学生。

（6）对学生的考试分数，既要严格评分标准，又不搞控制优秀率。有多少优秀就算多少，同时在考后对学生给分又给卷。允许学生对自己的成绩提出异议，打分该改正的一定改正。

我体会到，**教学中要留心观察学生的全面表现，即使细小的问题也不要放过。教师对这些表现的态度，对学生成长会起到意想不到的效果**。

二、学有特点，学有创见

我认为，培养学生的创新能力，不仅应在学生做毕业论文时，也不仅应在第二课堂中，任课教师应从低年级开始抓，将其渗透在自己的专业课教学中，我的做法是：

（1）要使学生，特别是优秀学生，认识培养创新意识的紧迫意义。

我对学生说："新中国成立已经 70 多年，不少事业取得令人瞩目的成绩。但是我们的科技还很落后，特别是长期和诺贝尔奖无缘，这和我们的大国地位很不相称。"

我还介绍了北京大学武际可教授同他研究生的一段对话，他问："在我们身边现在正享用的东西，有哪一样是中国人发明的？例如电视机、电冰箱、热水瓶、圆珠笔等。"结果，他的研究生一样也答不上来。"事实是，在科学技术上，中国人从明代开始，对人类就没有多大贡献了，大多在吃外国人的现成饭。"

我又说："中国人是聪明的，是勤奋的，我们坚信，未来，也包括了在座每位同学的未来，一定能解决这个问题。"

学生说："教师把我们现在的学习和爱国主义联系起来了。听了这番话，真有坐不住的感觉。"

（2）结合具体的学习环节和问题，讲应该怎样学习。

我不断要求学生的学习，**独立思考，自己研究，学有特点，学有创见**。要使学生明白，**现在在学习中研究，将来在研究中学习，始终要把学习和研究结合起来**。学习自然科学技术，也不能不加以分析地"人云亦云，书云亦云，师云亦云"，要有自己的思考和见解。

（3）讲课要和别人写的教材及文章进行对比，讲出自己对教学内容钻研的心得体会。

如果教师讲课照本宣科，那么所谓培养学生的创造性就等于零。相反，教师"**教**

有特点，教有创见”，才能最好地启发学生“**学有特点，学有创见**”。教师在讲授专业课时，要穿插学术争鸣和讨论，讲自己的学术见解，为学生培养创新能力做好样子。以开拓学生思路，让他们学会**“挑毛病”的读书和学习方法**。

（4）在和学生的接触中，**要留心抓住创造性的火花，并尽力使它发扬光大**。

我校学生学习“理论力学”课是在大二年级。学生尽管年级低，但是经过教师启发和自己努力，朵朵创造性的火花会时有闪现。教师如果视而不见，或见而不抓，那么这些火花就会在浩瀚的学海中自生自灭。然而，这些火花是宝贵的，尽管它是星星之火，幼弱得很，却有可能成为燎原之势。

例如，我在土木系结 5 班（1995 年入学）的“理论力学”教学中，发现有十多个学生分别在作业和答疑中提出有创见的做法和想法。我就组织他们举办一次全大班同学自愿参加的“学习研究报告会”。在报告会的前一天，我讲了“碰撞”一章，晚上 10 点多钟，结 51 班的冯鹏同学给我来电话说，他听了今天的讲课，用一个晚自习时间，复习了讲课的基本内容，又研究了“鼓槌形状与打击中心”问题，分析比较了 4 种形状的鼓槌在手握处受到的撞击力的大小，特申请参加明天的报告会。我听后十分高兴，立即批准了他的要求。这件事使我深深感到在他身上体现出一种**“跃跃欲试”的学习状态**，十分可贵。**过去学生以弄懂教师讲的内容，考个好成绩为最高奋斗目标。现在则不满足于此，而一定要在学习中有自己的见解，有了见解还要想法发表出去，这在学习上真是难得的转变**。在那次学习报告会后，我又推荐冯鹏等 4 位学生到北京力学会 1999 年学术年会上去报告自己写的小论文。大会授予包括冯鹏在内的 2 位学生“学生学习研究报告优秀论文奖”。我还鼓励并推荐冯鹏同学将自己的小论文投稿到《力学与实践》（我国力学界核心期刊）发表。

2017 年冯鹏在清华大学思想政治工作会议上发言，讲全了他和我这 20 年的故事。1996 年下学期—1997 年上学期，我给冯鹏班讲“理论力学”；2007 年，已留校任教的冯鹏参加北京市第五届“青教赛”，我是他的指导教师，冯鹏获理工组一等奖第一名；2017 年，冯鹏已是教授，也成为清华大学“青教赛”指导教师。2018 年，我们俩一起参与指导李威参加“国赛”，另外两位指导教师是薛芳渝与施刚，李威获第四届“国赛”工科组一等奖第一名。冯鹏用歌词总结这个长达 20 年的故事——“长大后我就成了你”。有意思的是，这个故事至今仍在演绎着，从 2020 年 5 月开始，我和冯鹏两人又参与指导班慧勇参加第五届“国赛”工科组的备赛工作。所不同的是，指导李威参加第四届“国赛”时，我是指导组组长，冯鹏是组员；而这次我们俩的位置掉换过来，他是组长，我是组员了，李威也成了指导组组员。朱桂萍也是由参赛教师变成为指导教师的。“长大后我就成了你”，在实际教学中，学生在长，教师也在长。冯鹏们长大了，我变老了。这句歌词形象地道出了教育的，也是教书育人的过程、结果与本质。

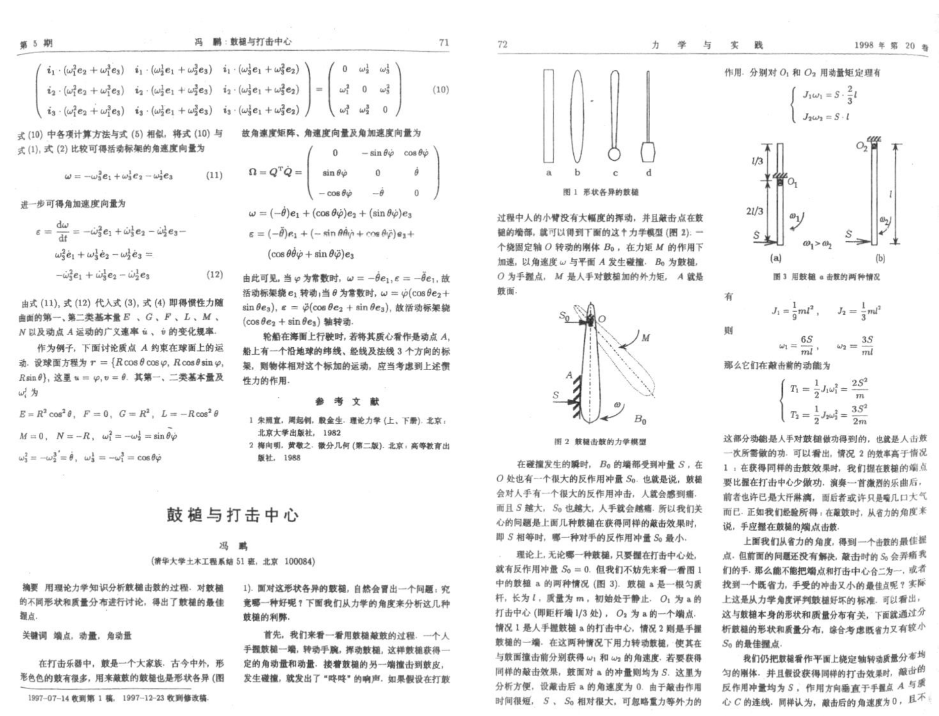

第 5 期　　冯　鹏：鼓槌与打击中心　　71

$$\begin{pmatrix} i_1\cdot(\omega_1^2e_2+\omega_1^3e_3) & i_1\cdot(\omega_2^1e_1+\omega_2^3e_3) & i_1\cdot(\omega_3^1e_1+\omega_3^2e_2) \\ i_2\cdot(\omega_1^2e_2+\omega_1^3e_3) & i_2\cdot(\omega_2^1e_1+\omega_2^3e_3) & i_2\cdot(\omega_3^1e_1+\omega_3^2e_2) \\ i_3\cdot(\omega_1^2e_2+\omega_1^3e_3) & i_3\cdot(\omega_2^1e_1+\omega_2^3e_3) & i_3\cdot(\omega_3^1e_1+\omega_3^2e_2) \end{pmatrix} = \begin{pmatrix} 0 & \omega_2^1 & \omega_3^1 \\ \omega_1^2 & 0 & \omega_3^2 \\ \omega_1^3 & \omega_2^3 & 0 \end{pmatrix} \quad (10)$$

式 (10) 中各项计算方法与式 (5) 相似，将式 (10) 与式 (1)，式 (2) 比较可得活动标架的角速度向量为

$$\omega=-\omega_3^2e_1+\omega_3^1e_2-\omega_2^1e_3 \quad (11)$$

进一步可得角加速度向量为

$$\varepsilon=\frac{d\omega}{dt}=-\dot\omega_3^2e_1+\dot\omega_3^1e_2-\dot\omega_2^1e_3- \omega_3^2\dot e_1+\omega_3^1\dot e_2-\omega_2^1\dot e_3= -\dot\omega_3^2e_1+\dot\omega_3^1e_2-\dot\omega_2^1e_3 \quad (12)$$

由式 (11)，式 (12) 代入式 (3)，式 (4) 即得惯性力随曲面的第一、第二类基本量 E、G、F、L、M、N 以及动点 A 运动的广义速率 $\dot u$、$\dot v$ 的变化规率.

作为例子，下面讨论质点 A 约束在球面上的运动. 设球面方程为 $r=\{R\cos\theta\cos\varphi, R\cos\theta\sin\varphi, R\sin\theta\}$，这里 $u=\varphi, v=\theta$. 其第一、二类基本量及 ω_i^j 为

$$E=R^2\cos^2\theta,\ F=0,\ G=R^2,\ L=-R\cos^2\theta$$

$$M=0,\ N=-R,\ \omega_1^2=-\omega_2^1=\sin\theta\dot\varphi$$

$$\omega_3^2=-\omega_2^{3\prime}=\dot\theta,\ \omega_3^1=-\omega_1^3=\cos\theta\dot\varphi$$

故角速度矩阵、角速度向量及角加速度向量为

$$\Omega=Q^{T}\dot Q=\begin{pmatrix} 0 & -\sin\theta\dot\varphi & \cos\theta\dot\varphi \\ \sin\theta\dot\varphi & 0 & \dot\theta \\ -\cos\theta\dot\varphi & -\dot\theta & 0 \end{pmatrix}$$

$$\omega=(-\dot\theta)e_1+(\cos\theta\dot\varphi)e_2+(\sin\theta\dot\varphi)e_3$$

$$\varepsilon=(-\ddot\theta)e_1+(-\sin\theta\dot\theta\dot\varphi+\cos\theta\ddot\varphi)e_2+(\cos\theta\dot\theta\dot\varphi+\sin\theta\ddot\varphi)e_3$$

由此可见，当 φ 为常数时，$\omega=-\dot\theta e_1, \varepsilon=-\ddot\theta e_1$，故活动标架绕 e_1 转动；当 θ 为常数时，$\omega=\dot\varphi(\cos\theta e_2+\sin\theta e_3)$，$\varepsilon=\ddot\varphi(\cos\theta e_2+\sin\theta e_3)$，故活动标架绕 $(\cos\theta e_2+\sin\theta e_3)$ 轴转动.

轮船在海面上行驶时，若将其质心看作是动点 A，船上有一个沿地球的纬线、经线及法线 3 个方向的标架，则物体相对这个标加的运动，应当考虑到上述惯性力的作用.

参 考 文 献

1 朱照宣，周起钊，殷金生. 理论力学 (上、下册). 北京：北京大学出版社，1982

2 梅向明，黄敬之. 微分几何 (第二版). 北京：高等教育出版社，1988

鼓槌与打击中心

冯　鹏

(清华大学土木工程系结 51 班，北京　100084)

摘要　用理论力学知识分析鼓槌击鼓的过程. 对鼓槌的不同形状和质量分布进行讨论，得出了鼓槌的最佳握点.

关键词　端点，动量，角动量

在打击乐器中，鼓是一个大家族. 古今中外，形形色色的鼓有很多，用来敲鼓的鼓槌也是形状各异 (图 1). 面对这形状各异的鼓槌，自然会冒出一个问题：究竟哪一种好呢？下面我们从力学的角度来分析这几种鼓槌的利弊.

首先，我们来看一看用鼓槌敲鼓的过程. 一个人手握鼓槌一端，转动手腕，挥动鼓槌，这样鼓槌获得一定的角动量和动量. 接着鼓槌的另一端撞击到鼓皮，发生碰撞，就发出了“咚咚”的响声. 如果假设在打鼓

1997-07-14 收到第 1 稿，1997-12-23 收到修改稿.

72　　力　学　与　实　践　　1998 年 第 20 卷

图 1　形状各异的鼓槌

过程中人的小臂没有大幅度的挥动，并且敲击点在鼓槌的端部，就可以得到下面的这个力学模型 (图 2)：一个绕固定轴 O 转动的刚体 B_0，在力矩 M 的作用下加速，以角速度 ω 与平面 A 发生碰撞. B_0 为鼓槌，O 为手握点，M 是人手对鼓槌加的外力矩，A 就是鼓面.

图 2　鼓槌击鼓的力学模型

在碰撞发生的瞬时，B_0 的端部受到冲量 S，在 O 处也有一个很大的反作用冲量 S_0. 也就是说，鼓槌会对人手有一个很大的反作用冲击，人就会感到痛. 而且 S 越大，S_0 也越大，人手就会越痛. 所以我们关心的问题是上面几种鼓槌在获得同样的敲击效果时，即 S 相等时，哪一种对手的反作用冲量 S_0 最小.

理论上，无论哪一种鼓槌，只要握在打击中心处，就有反作用冲量 $S_0=0$. 但我们不妨先来看一看图 1 中的鼓槌 a 的两种情况 (图 3). 鼓槌 a 是一根匀质杆，长为 l，质量为 m，初始处于静止. O_1 为 a 的打击中心 (即距杆端 1/3 处)，O_2 为 a 的一个端点. 情况 1 是人手握鼓槌 a 的打击中心，情况 2 则是手握鼓槌的一端. 在这两种情况下用力转动鼓槌，使其在与鼓面撞击前分别获得 ω_1 和 ω_2 的角速度. 若要获得同样的敲击效果，鼓面对 a 的冲量则均为 S. 这里为分析方便，设敲击后 a 的角速度为 0. 由于敲击作用时间很短，S、S_0 相对很大，可忽略重力等外力的作用. 分别对 O_1 和 O_2 用动量矩定理有

$$\begin{cases} J_1\omega_1=S\cdot\frac{2}{3}l \\ J_2\omega_2=S\cdot l \end{cases}$$

图 3　用鼓槌 a 击鼓的两种情况

有

$$J_1=\frac{1}{9}ml^2,\quad J_2=\frac{1}{3}ml^2$$

则

$$\omega_1=\frac{6S}{ml},\quad \omega_2=\frac{3S}{ml}$$

那么它们在敲击前的动能为

$$\begin{cases} T_1=\frac{1}{2}J_1\omega_1^2=\frac{2S^2}{m} \\ T_2=\frac{1}{2}J_2\omega_2^2=\frac{3S^2}{2m} \end{cases}$$

这部分动能是人手对鼓槌做功得到的，也就是人击鼓一次所需做的功. 可以看出，情况 2 的效率高于情况 1：在获得同样的击鼓效果时，我们握在鼓槌的端点要比握在打击中心少做功. 演奏一首激烈的乐曲后，前者也许已是大汗淋漓，而后者或许只是喘几口大气而已. 正如我们经验所得：在敲鼓时，从省力的角度来说，手应握在鼓槌的端点击鼓.

上面我们从省力的角度，得到一个击鼓的最佳握点. 但前面的问题还没有解决，敲击时的 S_0 会弄痛我们的手. 那么能不能把端点和打击中心合二为一，或者找到一个既省力，手受的冲击又小的最佳点呢？实际上这是从力学角度评判鼓槌好坏的标准. 可以看出，这与鼓槌本身的形状和质量分布有关，下面就通过分析鼓槌的形状和质量分布，综合考虑既省力又有较小 S_0 的最佳握点.

我们仍把鼓槌看作平面上绕定轴转动质量分布均匀的刚体. 并且假设获得同样的打击效果时，敲击的反作用冲量均为 S，作用方向垂直于手握点 A 与质心 C 的连线. 同样认为，敲击后的角速度为 0，且不

冯鹏 1997 年发表在《力学与实践》的论文（部分）

从右至左，分别是李威、冯鹏、薛克宗。有材料戏称：“‘长大后我就成了你’。请注意！连发型和手势都成了你。”

2020 年疫情中，我校积极准备参加第五届全国高校青年教师教学竞赛。工科组参赛教师班慧勇（中），指导教师组组长冯鹏（右 2），组员薛克宗（左 2）、朱桂萍（左 1）与李威（右 1）

我认识到，在低班学生中结合专业课教学，培养学生创新能力问题很有必要，也很有潜力。在结 5 大班后来的，我退休前最后教的两届学生中，又共有两篇小论文在《力学与实践》上发表。其中一位学生在读研以后，还牢牢记着我鼓励他们的话，**“这些小论文是你们以后走向国际学术论坛的开始！”**

三、正确对待，情谊深厚

除简历中所述教学奖励外，我还曾获得北京市优秀教学成果一等奖两次，二等奖一次；清华大学优秀教学成果一等奖两次，二等奖两次。对这些奖励有人轻蔑地认为“不值钱”。我听后思潮起伏，想到了我教过的学生：结 72 班的“理论力学”课代表期末曾主动给我写道，“全班同学不会忘记有一位既严厉而又教导有方的好教师曾教过结 72 全体同学”；结 8 班的一位学生在毕业后分配到深圳工作的第一个教师节，给我拍来了庆贺节日的电报，而我看到学生的名字已对不上她的容貌了。从“理论力学”课结束到她拍电报已过去了 4 年。这 4 年中，我们没有再见过面；在教务处组织的结 0 年级毕业调查中，发调查表 12 张，其中 7 张把我和我的讲课列入 5 年中“对你学习帮助最大的教师”和“教学效果最好的课程”项目。而学生毕业时，我教的“理论力学”课已结束 3 年，他们在 5 年学习中要接触 30~40 位教师；还有结 1 班同学在即将结束的“理论力学”课上，自带相机与我合影留念。她们在送给我的照片后面写道，“薛教师，您的‘理论力学’课是最精彩、最漂亮的，我们都很留恋”，等等。这些使我体会到在商品社会里，不能用金钱衡量教学工作。**学生的深情是无价之宝**。

薛老师：

您的理力课是最精彩、最漂亮的。我们非常留恋，在此感谢您啦！

与结 1 班（1991 年入学）同学在“理论力学”结课前的合影

我联想到参加学校“青教赛”工作 24 年，与参赛青年教师结下的情谊，更坚定了我热爱教学工作的一颗心。以下围绕我老伴虞献玲（清华附中生物课教师）2013 年重病住院直到去世说两件事：

其一，机械系赵景山（参加第八届（2013）市赛获理工组一等奖），当他得知我老伴重病住院后，执意要到解放军 306 医院来探视。我说：“你太忙，心意领了，别来了。”可是，忽然有一天上午我接到他的电话，说：“我已经打上车了，正往 306 开，您赶快告诉我在哪个病房吧。”最后他终于来了，我很感动。

也就在这期间的一天晚上，他来电话说，他要申请正教授职称，而自己的教学工作业绩需要我推荐介绍。他希望我次日上午写好，他来取走。我放下电话于当夜 8 点多就从六道口家中骑车赶到他办公室。由我口述，他来打字，忙到夜里 11 点多，写出了一份既实事求是，又有说服力的推荐信。而第二天一大早，我还要赶到 306 医院去照顾老伴。对此，他也感动。

其二，我老伴去世后，参加第七、八两届市赛的多位青年教师前往 306 医院吊唁。丧事后，我向他们发了感谢信。计算机系马昱春（参加第八届（2013）市赛获理工组一等奖）回复：“刚看到您的短信。受到您的教导是我的荣幸。您不仅是恩师，也让我感到父亲般的亲切。师母也是慈祥善良的好人。”（我和老伴一起参加过计算机系在京郊组织的教学研讨活动，马昱春见过她，后来马昱春还来过我家看望。）“您一定保重身体。**您的辛勤付出，不止让我们参赛教师受益，更多的是传播给我们学生的思维和正能量。**我代表我的学生感谢您。”

这样感人的故事有十几个，也包括我和几位青年教师之间相互有了困难和问题，能在一起出主意，说心里话的。青年教师的这份心、这份情，给了我力量，让我正确对待一些负面言论。

同样给了我力量的是校工会和教务处领导的工作精神和信任使用，以及校领导的亲切关怀和鼓励引导。

1996年，北京市教育工会主持组织了北京高校首届“青教赛”。当校工会准备积极贯彻参加比赛时，遇到了校内思想认识上的抵制，有人认为，“教学比赛就是讲课表演”，致使清华没能参加这次比赛。从第二届市赛开始，校工会与教务处一起坚决组织青年教师参赛。23年来，积累了**一套我校举办和参加“青教赛”的有效做法，这套做法的指导思想是：“以赛为教，以赛为育，以赛为建”，比赛意义与培养意义相互推促，培养意义重于比赛意义。其具体内容是，使“青教赛”成为：以主要在教学内容，也在教学方法和艺术上挖掘和提炼“教学创新点”（新成果、新见解、新材料、新设计）为备赛总要求，以反复解剖“麻雀”（校赛前办工作坊，校赛中坚持现场点评，市赛、国赛前强力培训，赛后抓总结与辐射）为工作模式，以跨专业、跨学科的教学大交流为工作特征的教学训练营（后5个字为郑力副校长语[①]）；以“课比天大，春风化雨”为比赛精神（杨斌副校长语），使参赛教师和指导教师共同成长，优秀参赛教师在赛后又成为指导教师的育人大熔炉；落实落地“思政课程与课程思政”（亦即“三位一体”），至少能拿出几十个微课典型材料，在校内外均都走在前列的践行引领点；在学校建设“双一流”中，教师怎样处理教学与科研关系？首要就是营造重视教学、热爱教学的，又在比赛讲课内容上体现出高水平科研与高水平教学相互带动的风气导向标。**

参赛青年教师在赛后反映：“经历了一场脱胎换骨的变化。从此走出了形成自己教学风格的第一步。”并在实际中，涌现出了一批在学校起骨干作用的优秀参赛青年教师。由此可见，**我校按上述做法举办和参加“青教赛”，不仅不是“讲课表演”，而且也不是一般的教学培训，“以赛促教”的提法，早已不足以概括我校的“青教赛”工作了。应该说，清华大学创新了一条“用教学比赛培养青年教师成材成人”的有**

① 郑力副校长还说：“‘青教赛’就是为初上讲台的青年教师，像刚成家那样，打造一个‘样板间’，让他们住进去以后好能够很快方便地过日子。”

效途径。正如校工会王岩主席所说的那样，“我们把‘青教赛’做成一个助力教师成长的平台。通过这个平台，让原本优秀的青年教师更优秀，站上这个平台他能脱颖而出。”这当然与校工会、教务处的努力工作密切相关，校工会冀静平作为我校“青教赛”的“大总管”功不可没。需要指出的是，近几年来取得的成绩，与学校领导直接关怀，具体扶持我校的“青教赛”工作，更密不可分。邱勇校长和陈旭书记对“青教赛”的关怀与扶持，是以往所没有过的。我作为参加我校“青教赛”工作至今仍是全程参与的人，对学校领导和部门领导的信任使用与培养锻炼感慨诸多。

2018 年 5 月 12—13 日，邱勇校长参加航院第十四届教学研讨会，薛克宗汇报发言

2018 年 9 月 14 日下午，陈旭书记、杨斌副校长与第四届全国高校青年教师教学竞赛清华参赛教师、指导教师座谈，会议由时任教务处长彭刚主持，薛克宗汇报备赛情况与讲课特点

从2013年至2020年的8年中，有3个春节学校分别委派姜胜耀副书记、袁驷原副校长、过勇副书记亲临我家，慰问探望。最近，杨斌副校长翻译了（美）约翰·汉尼斯的书《要领》。他在送给我的译书首页上写道：“您是立人达人的楷模。清华青教赛有精神，因为有您这样的前辈带领、提携、批评、鞭策。”这使我这个退休多年的老教师心中极为感动，十分温暖。

2013年春节前，姜胜耀副书记到家中慰问探望

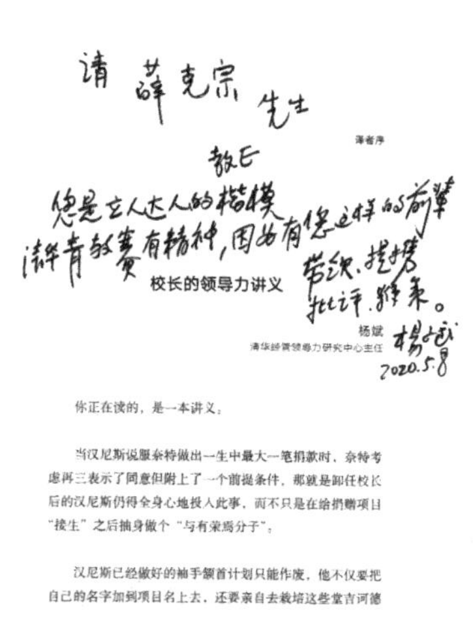

请 薛克宗 先生 教正

译者序

您是立人达人的楷模
清华青教赛有精神，因为有您这样的前辈
带领、提携
批评、鞭策。

校长的领导力讲义

杨斌
清华经管领导力研究中心主任
杨斌 2020.5.8

你正在读的，是一本讲义。

当汉尼斯说服奈特做出一生中最大一笔捐款时，奈特考虑再三表示了同意但附上了一个前提条件，那就是卸任校长后的汉尼斯仍得全身心地投入此事，而不只是在给捐赠项目“接生”之后抽身做个“与有荣焉分子”。

汉尼斯已经做好的袖手颔首计划只能作废，他不仅要把自己的名字加到项目名上去，还要亲自去栽培这些堂吉诃德

杨斌副校长赠书留言

以上两个方面，都坚定了我用教书育人的要求，努力做好“青教赛”工作。

四、喜爱教学，提高境界

由于我参加学校青教赛工作得到了培养和锻炼，这 24 年中曾受邀到校内外几十个单位讲座、评课和做教学比赛的评委活动。2015 年 12 月 25 日，计算机系举办工会特色活动——混合式教学研讨会，我受邀做交流发言。我讲完后，该系原党委书记孙茂松总结讲话：“薛教师对大学教育教学的理解是大彻大悟！”

该系原工会主席徐明星会后给我发信说：“您对教学工作、教育方法与理论的热情和执着，令我十分感动和钦佩！您的发言很透彻地分析了现有教学过程中最需要改进提高的几个方面和现象。您的报告一结束，我就对参会的系领导说，应该让所有在一线教学的教师都来听听，他也认为‘很有必要’。”徐教师还在信中深情地说：“每次您来我系做辅导、作报告，我都一边听，一边感动。到底是什么样的力量使这位老先生如此富有激情地投入其中，乐此不疲呢？到底是一个什么样的人生阅历和感悟使这位年近八十的老先生对教学理论与方法如此有见地，一针见血呢？……”

徐教师提出的问题，我要好好思考和总结。近几年，我回忆了我的教师和身边的教师，学习了多位校内外名师写的教学文章。我提出，一个教师对教学工作的态度有三重境界：职业（“饭碗”）——乐趣——迷恋。

什么是对教学工作迷恋？那就是，天天想着它，时时想着它。跟它在一起，是自己最快乐的时刻，甚至全身每个细胞都兴奋起来！

对此，我有几点感悟：

不管心里有多少不痛快的事，不管有时身体多么不适，精力多么不济，而只要站在讲台上，看到百来双渴求知识的眼睛，就顿时感到浑身来了劲，精神也抖擞起来。讲到得意之处，不免眉飞色舞，为之陶醉。

不管自己对讲课内容多么熟悉，不拿讲稿也能流利地授课，而我却常常在第二天上午有课的前一天晚上睡不踏实。经常是一觉醒来，就睡不着了，想想要讲的这段内容怎么处理更好，哪个例子是否再换个新的。这时如果是夜里一两点钟，还能吃片安眠药入睡；如果是三四点钟，就不敢吃药，只能一直迷糊到天亮了。

我老伴病重住院时，一天她对我说：“我好的时候，你在家里整天就是看啊写啊的。现在我都这样了，你来照顾我，还是看啊写啊的……”这时我正在紧张准备在学校参加第八届市赛总结会上的汇报发言。听了她说的话，我愧疚得无言应答。一边还在看着写着，一边抹一把眼泪，又抹了一把……后来，她又单独对我女儿说：“我生病这三年，你爸经过考验了。”我听到后算是得到了一点安慰。

我不能说，更不敢说，自己已经达到了这个教学境界。只是提出来与中青年教师共勉。我自己要活到老，学到老，努力到老……

做好教学工作之我见

化学系　朱文涛[①]

“文革”之后学校为了恢复正常教学秩序，把我分配到物理化学教研组从事本科生物理化学课程教学工作，迄今为止已整整40个年头。我从做助教开始，亲历了教学工作的各个环节，逐步形成了自己的教学风格，深得学生的好评和学校的认可。在历年的毕业生调查中，物理化学一直被化工系学生评为在大学期间收获最大的课程。以下我从四个方面简谈自己对如何做好教学工作的体会和看法，供新上岗的教师特别是青年教师参考。

一、重视教学，把教学工作当作自己的事业来做

学校的根本任务是培养人，教学是学校的基础性工作，做好教学工作是教师的天职。特别像清华这样的学校，生源是一批全国最优秀的中学生，单从知识水平层面来讲他们或许也是全世界最优秀的中学生。这样的好苗子在清华学习培养四年，如果学不到真才实学，如果听不到几门使他们终生难忘的课程，这将是令人痛心的事情。就教师而言，既对不起国家、学生家长和学生本人，也对不起自己的良知。有些人认为教学工作与科研争时间，把两者对立起来，把上课当成额外负担，讲课只是为了“完成学时任务”，甚至多年使用同一份考题。这就突破了做教师的底线，也在学生中造成了极坏的影响。有人说讲课是个“良心活儿”，此话虽有一定道理，但我们不应停留在这个层面上，既然我们选择了教师这个职业，就要把教学工作当作自己的事业来做，要有责任感和使命感，这是做好教学工作的前提。

与科研一样，教学也需要认真投入。一分耕耘，一分收获，当你通过努力取得出色的教学效果时，你会像获得科研成果时一样具有成就感并收获愉悦。

---

① 朱文涛（1946—　），化学系教授，1970年毕业于清华大学工程化学系。

二、对课程内容做到融会贯通

讲课不同于作科学报告，它对讲授者有更多的要求。一门课（特别是基础课），往往是一个庞大的体系，内容繁多甚至包罗万象。为了把课讲好，教师除了必须对教学内容理解深刻、组织合理以外，还要与学生有优化的交流形式。但最根本的一条是对整个课程内容要做到融会贯通，这是把课讲好的关键。对于每一个重点内容，不仅要知道它本身的来龙去脉及其与外围知识的关系，还要清楚它在整个课程中所处的位置。这样才能使自己站得高看得远，统揽全局，自如地驾驭整个课程。只有教师对知识有了深刻的理解，课才能讲得深入。对于青年教师，备课一定要下大功夫，花大气力。我们常说“一壶水”与“一桶水”的关系，意思是你要在学生面前倒出一壶水，你的肚子里必须装着一桶水，否则是无法把课讲好的。教学的方式方法固然重要，但如果没有教师对课程内容的融会贯通为前提，任何方式方法也是不可能取得良好教学效果的。

运用理论知识解决实际问题是一种能力。所以在讲课过程中要尽可能地联系科研实际和工程实际，这样做既能提高教学效果，也能激发学生的学习兴趣。

三、讲课要讲出自己的风格和特点

有人说讲课是一门艺术，此话很有道理。从内容的组织编排到讲解的具体方法都是很讲究的，终极目的是为了取得好的教学效果。在这方面，我们提倡教师之间相互学习借鉴，尤其鼓励青年教师多听经验丰富的老教师讲课从而提升自身的教学水平。但是学习别人之长不等于照搬硬套，有人甚至把别人的 PPT 课件直接拿来作为自己的讲稿，这是不可取的。任何一个教师如果按照别人的 PPT 课件来讲课，这课是不可能讲好的。所以课件一定要自己做，按照自己对知识的理解把讲授内容有逻辑地表达出来。

不同教师的讲课特点是不同的，就像不同人有不同性格一样。比如有人善于把课讲得生动，而有人却重于讲得深入。为了把课讲好，一定要坚持自己的风格和特点，千万不要为了效仿别人而犯东施效颦的错误。

四、坚持严格要求

严谨治学是清华的传统，老清华的严格要求是有名的，新中国成立后学校传承了这一优良传统。20 世纪 90 年代，当时网络虽然还不普遍，学生们曾自发地在全校范围内评选出教学要求最严格的四位教师，称他们为“四大名捕”，意思是通过他们课程的考试是不容易的。时任校长的王大中教授在全校大会上明确表示学校支持这四位教师，指出严格要求是提高质量的保证。一个学校的良好学习风气是不可能自发形成的，懒惰是一种人性，教师的严格要求是促使人改变惰性的催化剂。在学生的评教活动中，有些教师为了“迎合学生”而放松教学要求，这是不可取的。对教学坚持高标准严要求，往往会得罪一部分人（特别是学习后进的学生），但只要你诚心诚意为了学生，他们最终是会感激你的。有的教师，不论他们出于什么动机，在评定成绩时将所有选课学生的总评成绩均在 80 分甚至 85 分以上，最后落个“你好、我好、大家都好”。这样的课程，在培养人才方面的作用是值得怀疑的。

提高教师教育教学能力的若干途径

机械工程系　申永胜[①]

积数十年教育教学生涯之经验，深切感到提高教师教育教学能力的途径有三条：第一，热爱教学，自觉把教书育人作为自己的第一学术责任；第二，研究教学，努力提高自身的教育教学研究水平；第三，实践教学，在课程教学的过程中不断增强自己的执教能力。简而言之，第一条，解决动力问题；第二条，解决水平问题；第三条，解决能力问题。三者相辅相成，缺一不可。

一、热爱教学，自觉把教书育人作为第一学术责任

热爱教学，来源于正确认识教学工作在高等学校工作中的重要地位。

大学的根本使命是育人。现代大学从成立的第一天起，其使命就是培养人才。虽然随着科技发展和社会进步，教育的功能在不断拓展，从教学、科研，到科技成果转化，从新文化的创建，到国际学术交流，等等。但大学的根本使命是育人，这一条是不能变的，否则大学就不能称其为大学。这是办教育与办其他行业的根本区别所在，也是大学与科研院所的不同之处。作为教师，必须首先认识到大学“育人为本”这一亘古不变的使命。

教学工作是育人的主渠道。高等学校是培养人才的地方，提高教育教学质量是高等学校永恒的话题。要把一所大学建设成一流大学，首先要评价的就是其教学质量是否达到了一流水平。只有教学质量达到了一流水平，才能培养出大批高质量的

① 申永胜（1946—　），清华大学教授，首届国家级教学名师奖获得者。曾任清华大学专业技术职务评审委员会委员，精仪系学术委员会副主任，教育部机械基础课程教学指导委员会委员，全国机械原理研究会理事长等。作为第一获奖人，获国家级教学成果二等奖3项，全国高等学校优秀教材一等奖1项，其主持的课程被评为国家精品课程，其带领的团队入选首届国家级教学团队。

人才，中国未来才能有更大的希望。

提高人才培养质量的关键是教师。众所周知，大学有三要素，即教授、学生和课程，其中师资队伍的重要性不言而喻。清华的老校长梅贻琦先生在1931年的就职演说中曾说过：“所谓大学者，非谓有大楼之谓也，有大师之谓也。”无独有偶，在大洋彼岸的哈佛大学，其20世纪40年代的校长柯南特也有一句名言：“大学的声誉不在它的校舍和人数，而在于一代代教师的质量”。在我看来，中美这两个教育大家这两段至理名言具有异曲同工之妙，都说明师资队伍对办好一所大学是何等重要。梅贻琦校长在就职演说中还说过：“我们的智识，固有赖于教授的教导指点，就是我们的精神修养，亦全赖有教授的inspiration”（启发），更阐述了教师身上肩负的重任，也说明了教师是提高教学质量的根本保证。因此教师要把教书育人作为自己的第一学术责任。

作为工作在高等学校的教师，要以这样的思想来认识教学工作，努力增强热心教学、提高教学质量的责任感。因为要真正坚持不懈地提高教学质量，首先需要教师具有高度的责任感，而责任感来源于对教学工作在学校工作中的重要地位的认识。

“世间上百年名校无非育人，天下第一等职业还是教书。”选择教师作为志业的年轻人，应当具有使命感，视教书育人为天职，努力做个“师德高尚、知识渊博、教导有方”的教师。

二、研究教学，努力提高自身的教育教学研究水平

1. 为什么要重视教育教学研究？

高等教育是一门科学，要真正提高教学质量和水平，必须进行高等教育科学研究。没有高水平的教育教学研究成果做支撑，侈谈提高师资水平和教学质量只能是一句空话。

我认为，一项高水平的教育科学研究成果将对人才培养产生重要作用，其影响绝不亚于一项具体的科研成果。

在这里，我想举马约翰先生的例子作为说明。马先生于1914—1966年在清华大学体育部工作，先后任助教、教授。1965年，当我在清华学习时，先生任体育部主任，每天下午4点多钟全校体育锻炼时间，在西大操场和体育馆经常可以看到先生辅导学生锻炼的身影。几十年过去了，这一画面仍然是我头脑中最美好的清华记忆之一。

在繁忙的教学和社会工作之余，先生十分重视并坚持进行教育教学研究。他的教育教学论著包括《我的健康是怎样得来的》《体育运动的迁移价值》《我们对体育应有的认识》，等等。其主要研究成果有：动是健康的泉源；体育是培养完全人格的最好工具，“体育的功效，最重要的在培养人格”；体育的价值可以迁移，“体育运动的教育价值，不只限于运动场上，而且能够影响整个社会”。

马约翰先生的教育理念和教育教学研究成果影响清华几十年，使一代又一代学子从中受益终生。今天我们谈到的“为祖国健康工作五十年”和“无体育，不清华”，无一不和马先生的教育教学研究与实践有着密切的关系。

上述例子充分说明：高水平的教育教学研究成果将对人才培养产生重要作用；教学研究的丰硕成果有利于提高教师的教育教学水平，使教师在更高的起点上钻研教学，提高教学质量。

有关研究表明：与发达国家相比，中国高等教育存在差距的重要原因之一就是教育教学研究落后，因此，在我国教育中长远发展规划中强调高等学校要加强教育教学研究。

中国高等教育学会会长顾明远先生说得好：“先进理念成就优秀学校。校长不搞教育科学研究，办学就没有思路；校长没有思路，学校就没有出路。在教育上提不出问题的教师，很难有自己的思想；而迫使问题出现的最好办法，就是研究教育问题。”

鉴于此，教育教学研究能力是学科带头人和骨干教师应具备的一种基本能力，组织和带领广大教师进行教育教学研究是学科带头人的重要学术责任。

2. 如何进行教育教学研究?

就教育教学研究而言，作为工作在教育教学第一线的教师，与一般从事教育学专业的研究人员的不同之处在于，其研究内容不仅涉及教育学领域，而且涉及自己所授课程或专业领域。我们从事教育教学研究的最主要目的，是为了提高自己所授课程或专业的教学水平和质量。这既是我们进行教育教学研究工作的原始动力，也是我们研究工作的特点和优势所在。为了提高自己的教育教学研究能力，我们不仅需要学习一些教育学的一般理论，更需要紧密结合自己所授课程和专业的实际。

基于研究工作的上述特点，建议有志于进行教育教学研究的青年教师，遵循由易到难的原则，按照以下途径，循序渐进，不断扩展自己的研究范围和提高自己的研究水平：先进行自己所授课程的教学内容的研究；在此基础上，结合课程特点及其在人才培养中的定位，进行教学环节、教学方法与手段的研究和现代教育技术的应用研究；然后进行教学设计的研究；最后结合教育教学改革中所遇到的深层次问题进行更高水平的研究。

为了不断提高研究工作的水平，需要结合教育教学研究，在国内国际学术会议和核心刊物上发表高水平教育教学研究论文。这既是研究课题的总结过程，也是研究成果的升华过程。

在这里，我想举一名外语教师进行教学研究的例子作为说明。人物背景：某大学外语系英语教授，校学术委员会委员；研究领域与方向：英语教学与研究；发表的教学科研论文：《背景教学法初探》《泛读课教法的比较研究与综合运用》《英语演讲课与培养说的能力》《时限与效能——谈丰富英语听力课的教学内涵》《21 世纪大学英语教材浅议》……

之所以先后以体育教师和英语教师为例来讨论教育教学研究问题，是因为这两门课程是我国所有高校均在开设的本科基础课，也是大家非常熟悉的课程。如果教授这些课程的教师可以在教育教学研究中做出突出成绩，那么从事其他学科和课程教学的教师，只要愿意投入并且努力，就不仅可以而且应该在教育教学研究中做出自己的成绩。正所谓“入门既不难，深造也是办得到的。只要有心，只要善于学习罢了”。

3. 怎样提高研究工作的水平？

教育教学研究的一般流程如下：参加教育教学实践—发现问题—提出有研究价值的问题—研究解决方案—方案实施及效果—成果总结。

在这个过程中，发现并提出有研究价值的问题非常重要。也就是说，要取得高水平的教育教学研究成果，需要研究者具有科学的远见，需要突出研究工作的前瞻性。

下面以作者曾主持过的研究项目“机械原理立体化教材建设的研究”作为案例加以说明。

(1) 问题的提出

20 世纪 90 年代初，科学技术的发展和教学手段的现代化，对教材建设既带来冲击，也带来改革的机遇。这使我们认识到：过去那种仅靠一本文字教材进行教学的时代即将结束，研究编写一部能够最充分发挥和包容各种教学手段、最能体现教学基本要求、最讲究教学法的新型的有特色的立体化教材，是教材发展的新趋势。这种教材应将文字教材和计算机辅助教材有机地融为一体，以便有效地增加课堂信息量，进一步提高教学质量和教学效益，推动教学改革的深入发展。

为此，1994 年我们向“全国高等教育教材建设研究会”正式提出立项，在全国率先进行“机械原理立体化教材建设的研究”。

(2) 方案研究

研究工作主要从以下三方面进行。

一是明确立体化教材建设的理念。坚持教材建设必须以教育教学研究为先导和教材建设应力求与科技发展齐步的观念；在对国内外有代表性的经典教材深入研究的基础上，构建新型的立体化教材框架。

二是建立教材新体系。根据科技发展对高等工程设计人才培养的新定位和机械设计系列课程建设的总目标，对教材体系进行结构性改造，建立“以设计为主线、分析为设计服务、落脚点是机械系统方案创新设计”的我国机械原理课程教材新体系。

三是对教材内容进行重组和更新。通过多种途径对教材内容进行结构性调整、重组和更新，使其更加适合工程实际的需要和富有时代气息，为学生未来的发展打基础；正确处理“少而精”与“博而通”的关系，既体现少而精的原则，又为博而通创造前提。

(3) 方案实施与效果

经过 6 年的研究、编写和课件研制，1999 年我们出版了我国第一套机械原理立体化教材。它由文字教材《机械原理教程》《机械原理辅导与习题》和课件《机械原理多媒体教学系统》组成。

这是我国机械原理教材中唯一同时被评为“九五国家级重点教材”和“面向 21 世纪课程教材”的一套图书。光明日报（1999.11.12）和中央电视台科技之光栏目（2000.2.19）分别以“我国第一套机械原理多媒体教材问世”和“面向 21 世纪的教材革命”为题，对这套立体化教材进行了专题报道，指出它是“机械设计系列课程改革的一项重要成果，在教材体系、教学内容尤其是教学手段和方法上都有重大突破”，“在很大程度上改变了传统的教学模式，是一套真正意义上的多媒体教材”。

该教材不仅创建了我国机械原理教材的新体系，也填补了清华大学几十年没有自己机械原理教材的空白。因其体系新、内容新、方法新、质量高而成为目前国内机械原理领域的主流教材之一，为我国机械设计系列课程的改革与建设做出重要贡献，在全国机械原理教师中具有广泛影响。2001 年，在四年一届的国家级教学成果奖评选中，“机械原理立体化教材建设”荣获“国家级教学成果二等奖”，2002 年该套教材荣获“全国普通高等学校优秀教材一等奖”。

时光荏苒，从 1994 年我们首次提出立体化教材的概念至今已过去了 20 余年，这一概念不仅没有过时，而且正焕发出强大的生命力，充分体现了在教育教学研究中要有科学的远见和研究工作的前瞻性的重要意义。

教育教学研究需要不断积累，在这个过程中，不仅需要跟踪国内外发展方向，及时发现问题，提出研究课题，也需要减少功利心，坚持不懈。只要脚踏实地，坚持多年，必有作为。

三、实践教学，在课程教学的过程中增强执教能力

1. 精心进行课程的教学设计，激发学生的学习兴趣

教师的职责之一是激发学生的学习兴趣，因为兴趣是学习最好的教师。为此，教师必须根据课程的定位、特点及其在学生能力培养中的作用，认真进行课程的教学设计。

教学设计应包括三方面：教学目标与教学环节的设计；教学内容与教学媒体的设计；教学方法与教学手段的设计。当然，还包括若干具体的设计，比如，师生互动场景的设计：何时发问？问什么问题？再比如，研讨课题目与内容的设计：什么样的问题具有学术研讨价值？如何激发学生的研讨兴趣？……

教学设计的重点是根据课程的特点，精心组织教学内容，使其对学生具有吸引力。吸引力是提高课堂教学质量的前提。学生听课的积极性对教师具有很强激励作用，可大大增强教师责任感和使命感。当然，这需要教师加大投入，不断提高自身的教学水平和学术水平。

当前，在教学设计中需要注意避免两种倾向：

其一，避免多媒体教学走入误区。

根据课程特点，采用多种方法和多种媒体进行教学，是信息时代对教师的要求，这是毋庸置疑的。但问题在于不少教师对多媒体教学有一种误解，认为电子教案（PPT）就是多媒体，造成一堂课下来就是“拉洋片”。其实，多媒体（multi-media）是多种媒体的简称，还应该包括实物、模型、教具、现场等，甚至“粉笔 + 黑板”也是一种媒体，不应简单排斥。一个好教师应该研究如何根据课程特点进行教学媒

体设计，使板书、课件与其他媒体相结合，步步引导，相得益彰，力求符合学生的认知规律。

其二，避免过度依赖网络教学。

2000 年 MIT 在全球首次启动公开课程库（open course ware，OCW），2012 年 MIT 又与哈佛大学合作，开展了在线的免费开源大学课程项目（edX），这是一个网络教育的崭新平台。由于它具有前所未有的开放性、透明性和优质教育资源易得性而受到国内广大师生的欢迎，被日益广泛应用。与此同时，开始出现了过度依赖网络教学的情况。在这种情况下，我们不妨来听听在网络教学的发源地专家是如何看待这一问题的。在 2012 年 MIT 的毕业典礼上，校长苏珊·霍克菲尔德说：“虽然通过网络的力量，可以使教育资源的获得更为方便和高效，但我相信，人们面对面在一起可以学得更好，做得更好。这不仅仅是就学习的内容而言，也包括学习的动机：价值观、动力和共同目标，这些构成了生活的意义。”也是在 2012 毕业典礼上，康奈尔大学校长戴维·斯科敦谆谆告诫师生们：“希望你们在领会这些数字创新方面的力量时，也能认识到人与人面对面交流的重要性。虽然各种媒体和互联网技术可以极大地提升我们收集、共享和探究信息的能力，但人与人之间面对面的接触对完整的、有意义的生活来说是非常重要的。”两位世界一流大学的校长在同一时间节点上发出的同样声音绝非偶然，这说明，在网络时代师生面对面的教学是何等重要。

提出注意防止上述两种倾向的出发点绝非反对多媒体和网络教学，而是希望强调：无论多媒体还是网络教学都只是教学手段；任何教学手段都有其适用场合和应用范围；使用现代教学手段也必须研究教学法；手段改革不能代替方法改革；方法改革比手段改革更重要。正确之道是，积极推进信息技术与教育教学的深度融合。

作为高水平的教师，要认真进行课程的教学设计，重点是强化课堂上师生之间面对面的教学与交流。

2. 以知识为载体，注重思维方式与方法的培养

教师的职责之二是以知识为载体，讲授解决问题的思维方式和方法，因为有些知识会过时，而正确的思维方式和方法能使学生受益终生。

爱因斯坦说过：“大学教育的价值不在于记住很多事实，而是训练大脑会思考。”这句名言很好地诠释了以知识为载体，注重思维方式与方法的培养的重要性。以知识为载体，培养学生高于知识和技能的思维方式和方法以及再学习能力，是大学教

学的重要任务。课堂教学是课程教学的主渠道，传统的课堂教学以传授知识为主，但解决问题的思维方式和方法更重要。我们的很多教师仍然停留在把传授知识作为课程教学的核心，忽视了学生思维方式和方法及能力的培养。能否在传授知识的同时使学生在思维方式方法和获取知识的能力方面有所收获？有时候知识点的多少并不重要，重要的是学生受到启迪时的那种感觉。这就要求教师要以知识为载体，讲授解决问题的思维方式，体现问题的学术研究方法，而不是照本宣科的知识介绍和传授。互联网时代，正确的思维方式和方法比知识更重要。教师要在传授知识的同时，努力使学生在思维方式方法方面有所收获。

多年的教学经历使我深深体会到，教学的最高境界是：若干年后，当你今天教给学生的知识过时了，或学生把你教给他的知识忘记了，甚至当学生改行了，但你教给他的正确的思维方式和方法仍能使他受益终生。

3. 通过研究型教学，培养学生自主研究和获取知识的能力

教师的职责之三是通过研究型教学，培养学生自主研究和获取知识的能力，以适应未来不断变化的社会。

大学本科阶段，学生以学为主，不仅包括学习知识，也包括学习如何获取知识。培养学生自主研究和获取知识的能力，以适应未来不断变化的社会，这比传授知识更重要。

所有清华人都会记得猎枪与干粮的故事。从我做学生的大学时代到我做教师的整个职业生涯，这个故事一直伴随着我，给我以启迪，成为我重要的清华记忆之一，那就是“授人以鱼不如授人以渔”。

为了培养学生自主研究和获取知识的能力，我们在课程教学中增设了研究型实验和项目训练，使课程更具挑战性。

关于研究型实验：让学生通过自学和查阅有关文献，自行设计实验方案，自行搭接实验装置，自己进行实验，观察实验现象，发现问题并分析产生问题的原因，提出相应对策，最后撰写研究报告并进行答辩。

关于项目 (project) 训练：分析课程在学生能力培养中的作用，根据课程教学过程设计若干组项目训练题目，一部分题目要求学生一个人独立完成，另一部分题目要求学生 3~4 人一组合作完成。这些题目为对该课程有兴趣且学有余力的同学设置，作为课程免试环节。申请免试的学生在规定的期限完成这些项目且成绩合格者，可

不参加期末考试，有创见者可得优秀。

研究型实验和项目训练的设立使课程更具挑战性，学生通过挑战自我和在做中学，培养了自主研究和获取知识的能力。

4. 寓育人于教书之中，重视价值塑造

教师的职责之四是通过多种渠道和方式培养学生如何做人、做事、做学问。大学的根本使命是育人，教书育人是教师的天职，教师要自觉地把教书育人作为自己的第一学术责任。

教书育人绝不是一句空话，育人更不是令人生厌的空洞说教。教师要通过多种渠道和方式寓育人于教书之中，努力做到润物细无声，注重价值塑造，培养学生如何做人、做事、做学问。

这里不妨举一个例子。2002 年我在网上查阅资料时，偶然发现一篇英文短文 *Plagiarism in America*，作者是在北大做访问学者的哈佛法学博士。文章从 2001 年 12 月发生在美国堪萨斯州、被 CNN 电视网和《纽约时报》头版报道、引起全美争论的中学生抄袭剽窃事件谈起，讲到“什么叫剽窃？为什么剽窃在美国被认为是严重的罪过，而在中国却并非如此？”并由此得出结论：“借用”他人的作品（无论是句子还是已经充分阐述了的思想）并将其转到自己名下被视为严重的罪过，是一种知识领域的盗窃罪。

我觉得这篇英文短文对学风教育很有意义，就下载后隐去标题打印出来发给同学们，推荐大家课后阅读。短文在同学中引起极大兴趣和强烈反响，他们在读后感里从各个角度谈了自己的看法，对端正学风起到了良好作用。事有凑巧，不久，清华就开展了全校性的学术道德和学风建设活动。从那时开始，我们就将其作为“保留节目”，在课程设置的科技小论文撰写环节，将这篇英文短文以“撰写小论文必读”的形式，与“小论文题目”及“科技论文撰写规范”一起在网络学堂发布，对规范学术道德起到了潜移默化的作用。

这个例子说明，只要你能够留意，可以利用一切机会教学生做人的道理，而不只是怎样做学问。

四、结束语

致青年教师：

“外人对自己的培养固然可以起到一些作用，但归根结底还要看自己的修炼。别人只是将我们变成一块铁，我们是百炼成钢，还是消融于水，全靠自己。”

——引自《更需要在成长中自我修炼》

参考文献

[1] 申永胜，白光义，姚健．机械设计系列课程体系改革与教材建设[J]．中国大学教学，1995，2：22-24.

[2] 申永胜．关于精品课程建设中的几个问题[J]．清华大学教育研究，2005，11：119-122.

[3] 申永胜．机械原理立体化教材建设的回顾与思考[A]// 刘志鹏．富有远见意义重大——“面向21世纪课程教材”建设回顾[M]．北京：高等教育出版社，2007.

[4] 申永胜．增强教师教育教学研究能力的思考与实践[A]// 北京市教育委员会高等教育处高校名师的教学视野（第一辑）[M]．北京：首都师范大学出版社，2012.

从教材建设谈传统与发展

自动化系　华成英[①]

清华大学电子技术基础课程以其优秀的教师队伍和优秀的教材享誉我国高校同行。今年我已从教 50 年了，其中有超过 1/3 的时间不是在准备编写教材就是正在编写教材的过程中，20 年前我有幸成为《模拟电子技术基础》教材的主编之一。当 2004 年我站在“国家级教学成果奖”评审专家面前答辩，被组长戏称为清华大学电子学第三代传人[②]时，心中充满了惶恐，也深深感到肩上的责任。

一、与时俱进，薪火相传

20 世纪 70 年代后期，“文革”结束，百废待兴，虽已恢复高考，但高校主干课五花八门，内容陈旧；特别是电子类课程，落后于科技发展至少十年。时任清华大学电子学教研组主任的童诗白先生作为主编，组织编写了《模拟电子技术基础》第 1 版，开历史之先河，创建了模拟电子技术基础课程完整的内容体系。

此后，清华大学电子学教研组（后为电子技术基础教学组[③]）在电子技术发展的每个关键时刻，都进行教学改革，总结经验，更新教材，以适应新形势下人才培养的需要。从第 1 版到第 5 版先后完成了从电子管到半导体、从以大功率为主的工业电子学到以控制为核心的电子技术、从分立元件电路到集成电路、从纯硬件到软硬结合、从传统的分析和设计方法到电子设计自动化（electronic design automation,

---

① 华成英（1946—　），1970 年毕业于清华大学电机系，自动化系教授，国家级教学名师奖获得者。从教 50 年来，主要教授电子技术基础及其相关实验课。近年来主编出版的教材共 15 种，700 多万字。代表著作有：高等教育出版社出版的《模拟电子技术基础》第 3、4、5 版，《模拟电子技术基础试题库》《模拟电子技术基本教程》等。

② 第一代是童诗白教授；第二代是阎石教授，他是《数字电子技术基础》第 1~6 版的主编。

③ 体制改革撤销电子学教研组后，从事电子技术基础教学的人员成立了电子技术基础教学组，简称教学组。

EDA）的应用、从“管、路、用”[①]到“器件、电路、系统”[②]的飞跃，教材的建设史既反映了电子技术的发展过程，又记录了课程的改革历程；它们的开创性、先进性、基础性、系统性、实用性和适用性，长期对我国高等院校电子技术课程教学改革和内容体系的更新起着引领和示范作用。这套书几十年经久不衰，被誉为同类教材中的经典。

据高等教育出版社2020年统计，这五版教材总发行量约459万册，先后被586所高等院校选用它作为有关课程的教材，同时也成为同行的重要参考书。

虽然教学组参加教材编写的是少数人，但它却凝聚了几代人的心血；虽然从内容体系到叙述风格都产生了很大变化，但编写原则和指导思想却一如既往；虽然童先生已过世十余年，参编人员与第一版时已完全不同，但童先生所提倡的“乐教、奉献、钻研、集体（团队）、自律”[③]精神却没有改变；一代又一代，坚持不懈，薪火相传，打造精品。

二、新中有旧，旧中有根[④]

电子技术的发展突飞猛进，如何解决基础与发展、深度与广度、“粗”与“细”的矛盾以及“深”与“宽”的关系，始终是课程必须解决的难题。

纵观5个版本的教材，“新中有旧，旧中有根”。“新”是为适应新时代人才培养目标的需要和电子技术的新发展所做的改革，“旧”是自电子学教研组成立以来60余年沉淀下来特有的教学经验、学术基础和团队精神，“根”是电子技术基础课程始终“站在基础，面向未来”，与时俱进。而所谓“站在基础，面向未来”（或曰“立足基础，面向发展”）就是不断提炼面向“未来”的“基础”，使之既是基础又不一成不变；既保持课程“技术基础”的性质又具有前瞻性。这个“基础”应使得学生不惧怕电子技术的发展，有认识新知识的能力。

既然电子技术基础课程最为明显的特征之一就是其实践性，那么修订教材也需

---

① 清华大学电子学教研组于20世纪80年代初提出在课程和教材中要从“晶体管、晶体管电路及其应用”组织内容。

② 清华大学电子技术基础教学组于21世纪初在国家级精品课建设中提出在课程和教材中要从“半导体器件、电子电路及电子系统”组织内容。

③ 童诗白先生在《如何成为一个合格的讲员》文章中所提倡的教师应具备的五种精神。

④ 这里作者借用茅威涛女士谈越剧改革之语。

要“实践在先”。它包含两层含义，一是教师应始终致力于电子技术中新器件、新方法、新发展的科学研究，二是教师应始终将上述研究的成果总结提高并应用于面向学生的教学实践。

多年教材建设的实践已形成编写过程的成熟经验：在科学研究的基础上首先将新内容引入实验教学，让学生从实践中认识它们，研究学生在学习中遇到的主要问题以及重点、难点和知识的增长点；进而，将实验中的复杂问题去粗取精，总结新知识和方法，并上升到理论，引入课堂教学；最后提炼精华，将代表发展的“基础”归纳，以最佳叙述方式写入教材。

正是延续多年的上述做法，教材总是随着时代发展而变化，脚踏实地，成果丰硕。

面对网络技术的飞速发展，教学的新型模式迅速普及。我们于 2014 年在“学堂在线”上开设了“模拟电子技术基础”课程，获得同行的高度评价，于 2017 年被评为首届国家级精品在线课程。与此同时，我和我的同事们总结新型教学模式的特点，精炼教学内容，研究不同内容最恰当的表述方式，又紧张地投入新教材《模拟电子技术基本教程》的策划、编写和制作之中，并于 2020 年 5 月出版，以多种媒体的新形态出现在读者面前。

三、开蒙教育，培养方法

很多学生称模拟电子技术基础课程为“魔电”，以形容其难。那么，究竟“魔”在哪里，难在哪里呢？“模电”之“难”，表现在它的工程性和实践性。

在学习电子技术基础课程之前，大多数学生习惯数学分析的思维方法，习惯严谨地推导和计算；不习惯工程问题的定性分析，不习惯从系统角度认识问题，不习惯没有“唯一解”，不习惯“没有最好只有最合适”，不知“有一利必有一弊”，不会全面辩证地看问题，等等；更缺乏实验实践经历。课程特点与学生的思维习惯所产生的矛盾成为急需解决的重要问题。

工程是什么？“工程是以现有技术为基础，来解决实际问题”，可见工程与实践密不可分；“工程就是取舍和妥协的艺术，就是近似的科学、近似的艺术、近似的折中”，这与学生认识事物“非黑即白”的思维方法格格不入。故而我称电子技术基础课是理工科学生面对“工程”的开蒙或启蒙课程。由此我们制定了“应使学生在掌握基础知识的同时，形成科学的思维方式，建立系统观念、工程观念、实践观念、科技进步观念”的教学方针，并贯穿于教材的编写中，力图教会学生像电子学专家那样思考电子技术中的问题。

在教材修订中，面对电子技术的新发展重新提炼模拟电子技术的基础知识，以元器件—电子电路—电子系统为主线，使学生从系统高度认识基本电路，将基本电路的需求、功能、背景和应用结合起来；从设计角度讲述基本电路，再现“器件、电路的获得过程”和科学探索过程，使学生虽然学的多是“间接知识”，但在教学过程中有“新发现”的感觉和自信心；从结构特点理解基本电路，以便掌握其精髓和“根本”，从而能够举一反三；从具体电子电路应用的局限性引导学生寻找反例，并获得构造新电路的思路。只有学生有正确的思想方法、足够的学习能力和广博的知识面，才可能有所创新。

我们希望，学生毕业很多年之后，虽然课程的具体内容遗忘了不少，但是由此形成的思想方法能受益终生。

四、守住初心，耐住寂寞

随着体制的变革，电子学教研组消失，电工电子实验中心成立；面临人员解散、理论教学与实验教学分离的局面，清华大学电子技术基础教学组毅然成立，它坚持教研组几十年的光荣传统，坚持不间断的教学讨论制度，坚持以主讲教师为核心的教学设计制度，坚持理论教学与实验教学融为一体的教学模式，坚持总结电子技术的新发展和人才培养新需求的教材更新，营造着奋发向上的环境，一步一个脚印，困难但坚实地前进着。

教学工作不能立竿见影，是“于无声处”的默默积累，多与名利无缘。在如今喧嚣的社会、名利的诱惑、同行的攀比中，能够潜心研究教学理论，分析教学规律，致力于不搭花架子的教学改革，是教学组的追求。纵观历史，前辈们做出榜样，他们衷肠不负，初心不改，耐住寂寞，终生不悔。我们相信只有教师保持着“纯洁的心灵”与“纯粹的（无功利）目的”，才能使学生健康成长，才能培养出大量能够潜心致力于科学研究、攻克技术难关的优秀人才。

我敬佩那些坚持在教学第一线的电子学第四代、第五代传人们，他们发扬传统，勇于创新，坚定不移地前进着，他们是清华大学的栋梁！

朝花夕拾

——教学实践中的一些感受

数学系　文志英[①]

谈到教学，在目前阶段必然涉及教改。教改的核心问题涉及为什么要改？改什么？怎么改？有什么样的一般规律与特殊规律？

教改自近现代以来一直为各国所重视，具体可以参阅中世纪欧洲、法国大革命（颁布的教育法令，巴黎综合理工大学与巴黎高等师范学院的建立，社会需要与课程设置）、沙皇俄国、20 世纪 60 年代西欧的教改，70 年代苏联的教改资料。自新中国成立以来，我国也经过几次大的教改，目前的教改更是引起全社会的关注。

笔者在长期数学课程教学实践中有一些感受和思考，在此对一些大家关心的问题做一些探讨和分析。本文所讨论的是数学教学，特别是数学基础课的教学。每个学科都有自身的特点，因此有些观点可能仅囿于数学。另外我面对的是清华大学本科生，讨论的是对优秀学生的培养，因此也有其特殊之处。

一、教与学的基本方式

在教学中，要充分发挥教师与学生两方面的积极性与主动性。教学过程中，教师无疑应起主导作用，教学创造性有多个方面，但重点体现在课堂教学。

（1）授课的主要方式：①基础课的教学应以讲授为主，这是课堂教学传授知识的主要方式。②每次课程要讲清楚下面几个主要环节：本次课程做什么（主要问题）？为什么做（背景，同时和以前课程呼应）？怎么做（思想和方法）？可以做到什么

① 文志英（1946—　），1981 年获武汉大学硕士学位，1986 年获南巴黎大学数学博士学位，1991 年获法国指导研究资格。曾获教育部科技成果二等奖和自然科学一等奖；国家教学成果一等奖；宝钢优秀教师特等奖；国家人事部、教育部联合颁发的优秀回国人员奖。曾担任多届国家奖励委员会、国家学位委员会、自然科学基金委评议组成员。

程度（目前的知识）？还有什么做不到（为以后的课程做铺垫）？由此形成一条有的放矢的主线，特别是要使学生能了解此次课程的要点，复习也有一个清晰的提纲。学生将来做研究时会看到这也是做研究的5个主要环节。③对于困难问题，重在讲清解决问题的思想、方法和技巧。细节可以留待习题课或是学生自己课下看教材掌握。④授课重在逐步培养学生的思维能力，提高数学素养，培养念书的能力。

为达到课堂授课的效果，所配合的其他一些方式将在后面提及。

（2）教学的创造性：①教师授课的**创造性主要体现在课堂的一线教学实践。**②教学过程中根据学生的反应及时掌握学生理解程度，适时调整自己的课堂教学。**③讲出课堂外的东西，这里面有很大的创造空间。**优秀的学生自己有能力看懂教材，如果教师照本宣科，学生收获有限。下面是一个典型的例子：由于标准教材按逻辑次序编写，一般注重问题的逻辑过程，很少分析问题的认识过程，而这两个过程往往是颠倒的，教师应当在教学中“颠倒”过来。例如测度论中的σ-代数，教材只给出定义，学生学完（甚至有些教师教完）都不知道这个定义是如何产生的，从而在认识这个重要概念时有很大缺陷。另一个例子是一般教材不谈及泰勒展开的本质，课堂教学可以从用最简单的函数代替复杂函数，要求损失最小展开来讲述。

（3）教学方式不应只有一个模式，应容许“多元化”。教师在长期的教学实践中都会找到适合个人的方式，逐步形成自己的教学风格和特点。同样，某个学校和某个院系也可以形成自身的传统。

（4）启发式不应演化为提问式，教师应重在引导，使得一些问题的解决水到渠成，同时针对一些重要问题留下足够的思考空间。

二、教学

核心是因材施教，还有循序渐进、温故知新等基本规律有丰富的内涵，在一线教学实践中可以表现出丰富的创造性。

1. 基本特点

讲清最基本的内容，发现人才并被数学学科吸引。学生将来的发展不限于数学，但本科教育期间必须学好数学基础课程和部分专业课程。数学学科“演绎”“抽象”“严格”等特点在大学数学的学习中有突出体现，也是学生开始学习时面临的困难。学生从中学到大学的数学学习有三个重要转折：从具体到抽象、从静止到运动、按题型分类解题到技巧的多元化。完成这些转折，不同的学生一般要一年到两年。教师在一、二年级的教学中要引导学生很好地完成这个转变。

清华学生都是按“国家队”要求招收进来的，因此要按国家队的要求“新联”，教学中要考虑与此匹配的高度、强度和难度。

2. 授课的一些具体问题

（1）数学系学生本科毕业后一般有三个去向：继续基础数学的学习和研究；应用数学的学习和研究以及应用；转入其他学科。最终以数学为职业（研究与教学）的学生占总毕业生的百分比为 7%~10%。这类学生在本科以后还有机会在不同阶段进一步系统学习数学，但其他两类学生一般不会有这样的机会。因此在本科学习阶段，不管将来是否以数学为职业，应在本科期间加强基础数学的学习，这样才能显示出在数学方面的优势。数学系课程的配置在前三年也应以基础课为主，在四年级再开设一些有应用背景的课程。强调真正的应用要在具体问题的研究中解决，因此“数学基础越强，建模与解决问题的能力越强”。近十年已经工作的非数学专业的学生大量反馈，希望本科教学中进一步增强基础数学的内容。

（2）在清华大学面对的是优秀学生，授课强度可以为前 1/3 学生设立，这些学生基本可以在课堂上跟上，中间 1/3 学生能理解课程内容和线索，要在课后复习完成一些细节，后 1/3 的学生听课会有困难，需要在课后花大量时间复习及通过大量习题课跟上。要用发展的观点看学生，学生在学习过程中会有变化和转化。

（3）关于技巧：①数学中的常规技巧要熟练到使用时信手拈来，因此学习巩固如同“练马步”；②特殊技巧要一招一式学习，掌握后成为常规技巧；③教师授课时要有选择，学生会的或者容易理解的应尽量不讲或少讲（例如一个不等式的推导有十步，可能只需要讲一两步），重点讲学生理解困难或是**以为理解了但实际没有理解的内容。**

（4）最基础的课程（如数学分析）讲一分，教师要有十分甚至十二分的积累，应由有研究经历和丰富教学经验的资深教授担任。一般基础课讲一分，教师至少要有七分积累，至少由副教授讲授。其他如研究生公共课、专业课都要有较高积累，前沿讨论课 1∶1 就可以。

（5）一些非数学学科（如物理、信息、力学、电子等）在一、二年级的内容和强度应尽量和数学学科一致。

3. 授课的一些要求

（1）基本要求。课堂教学是教学的主战场，是教学过程的最重要环节，教学是否成功也由此体现。好的教学应要求下面几点：①**脱稿讲授**。教师对要讲授的内容烂熟于心，课题上更能运用自如，也能提升学生信心。这个看似对教师要求很高，但在法国已成为一个有200年的传统。②**数学基础课不提倡用PPT，尽量不用双语教学，**即使使用也应当是辅助作用。

（2）注入式与启发式。课堂教学应以教师讲授为主。启发式画龙点睛，融入注入式（“注入式”指通过讲授传授知识，名称待商榷）。启发式不是提问式，而是提示线索、思想，把握方向与感觉；注入式在有限时间与空间里传授知识，重技巧（特别是常规技巧）与训练。不提倡预习，提倡复习。重点是讲清学生困难之处或概念中的陷阱。下面是一些典型的例子：数学分析大厦的基础、极限概念、测度与刚性、指数函数与初等函数、“微分与积分”的关系。好的课堂教学应当使不同水平的学生有不同层次的收获。好的课程的一个检测指标是“听课的学生觉得值得，不听课的学生会感到损失”。

（3）一些重要的概念需要多次学习和应用，经过长期的重复和积累才能有较深刻的认识和理解（如同在木胚上上清漆，一两遍看不到变化，四五遍之后不但颜色出来了，而且贴紧了）。对这样的内容，教师应当注意在不同地方不同层次重复，温故知新，逐渐积累。

（4）实施因材施教必须建立在对听课学生有足够的了解的基础上，应当和学生有多种途径与方式直接接触和间接接触。

（5）调动学生积极性，如让学生整理补充材料上网交流，鼓励学生对课程提出批评和建议。

4. 助教与习题课

（1）习题课内容：①正课内容补充；②答疑；③讲授例题；④组织学生讨论问题和习题；⑤批改作业；⑥了解正课的教学效果，及时反馈给主讲教师，以便于对正课的调整和改进。

（2）作用：一台再成功的手术，如果术后没有好的护理，手术效果将大为降低。助教可以视为护理的作用，其重要性由此可见。

（3）助教挑选：挑选优秀研究生和清华高年级优秀本科生。

（4）好的助教机制是培养优秀教师的很好方式。

5. 关于考试

考试是检验教学效果的重要指标和参考，由此要难易得当，能反映不同学生的水平和整体水平。考题兼顾不同学生水平，有区分度，高分要求苛刻。有条件的增加口试。

三、教材

1. 教材的作用

（1）“标准”教材具有普适性，如遵照中小学教材大纲、课标编写的教材，面对所有的中小学学生，因此有“标准”的统一内容与要求，它可以视为教学的“指挥棒”。

（2）大学因专业差别和特点以及学生水平的差异，可以设定相应的基本要求，但不宜设定统一的标准。因此可以有教材，但不应有“标准”教材。教师根据授课对象可以有足够的空间，自己确定教学内容与深度，因此讲义作为教材是一种合适的方式，使用更为灵活，随时可以根据授课情形修改（即使有成熟高质量教材的情形，讲义仍然是非常有效的方式）。在有讲义的情况下，各类教材可以作为学生的参考书起重要辅助作用。

（3）好的教材可以让教学起到好的效果，但不能单纯依赖教材，还是应依靠教授发挥作用。设想若教材能起根本作用，将大家认为好的教材人手一本，是否就能解决问题?

2. 教材的创新性

（1）本科生教材，特别是基础课教材，基本理论与内容已经成熟，很难在最基本的内容上创新。国际上已不乏高水平教材分析教材（例如数学分析方面，Coursa、Osgood、辛钦、菲赫尔金科尔茨、Dixmiere、卓里奇等人的教材都是公认的高水平教材，并且各有特色），因此创新空间小。为了写出适合我国具体情形的高水平教材，要充分了解我们自身的特点，在长期教学实践的基础上反复修改和提炼上形成，忌速成，忌标新立异。亨利·嘉当（Henry Cartan，国际顶尖数学家和教育学家）一生仅写过两本教材，相应的课程讲授过二十余次，讲义和教学卡片装满几个大柜子。对于清华大学学生，教材不仅应体现出高观点、高强度和高难度，更加重要的是教材结构系统合理、选材得当、叙述严格简明、技巧与抽象高度融合，用现代观点和视角看待经典内容、各部分前后呼应融为一体、难点剖析直观清晰、例题中有适当的物理和应用背景，习题配置和正文同步，并且它值得优秀的学生多次阅读，每次阅读有新的收获。这些都可以成为一本高质量教材的创新点，国内尚无此水平的教材。

（2）研究生教材要反映领域的最新成果，一方面给学生坚实的理论基础，另一方面能迅速到达学科前沿，创新空间大。国际上已有很多优秀教材，我国也有一些不错的教材。

（3）学科与对象不同，内容、难度等方面可以有很大变化。

3. 教师与教材

（1）患无优秀教师，不患无教材。若教师力度不够，好的教材优势发挥不出来；优秀教师对教学内容了如指掌、融会贯通，即使没有好教材，也能完成教学要求。教师选择教材的原则应根据教学目标因材施教。高质量教材可以使优秀教师如虎添翼，在此基础上的讲义更能发挥作用。

（2）优秀学生的普遍体会是高水平教材值得课后认真和重复阅读，每次都有新的收获，特别是培养自学能力，这个能力是学生特别需要的。

（3）逻辑不清、错误百出的教材对学生的危害极大。

四、教改的一些建议

下面是我建议学校和职能部门在体制与制度上保证和加强的一些措施。

为国家培养优秀人才是高校最主要和最重要的任务，教学是培养过程最重要环节。与科研相比较，教学更为重要，学校要树立这个观念并加以强调。忌急功近利，要营造环境并形成传统和风格。

1. 教师水平

（1）一、二年级基础课（如数学分析、线性代数）是整个本科生教学中重中之重，应由有研究经历的资深教授担任，由主讲教师挑选助教组织课程团队。教材可以由主讲教师撰写讲义，如果没有合适的教材，可以选用国际上成熟的原版教材（这些年来数学系在此方面有很好的实践和积累）。

（2）要求任教教师有较高的研究水平。授课首先要求讲清基础内容。何为基础？做研究会有较深的感觉。例如，有教师在讲授极限课程时，总结了数十种求极限的具体方法，但在具体问题上用不上。有研究经验的教师会重点介绍求极限的估计技巧和泰勒展开的各种变形。

（3）教师应当有能力教本科所有基础课程，基础课程应当轮换教学（应当避免由一个教师长期只上一门课程），专业课程教师可以自己挑选。

（4）提倡授课方式的多元化，不强调“标准”的授课模式，每个教师在教学实践中会逐步形成适合自身特点的授课风格，从而发挥自身优势。

（5）日常教学以达到教学目标为主，有很大灵活性，不提倡按示范性教学模式达到“尽善尽美”（示范性教学模式虽然观赏性极强，但所花费的准备时间过长，因此在日常教学中并不适用）。

2. 青年教师培养

（1）建立青年教师旁听资深教师的基础课教学、参加教研活动的制度，青年教师应有基础课助教的经历。

（2）除了重点教自己本方向的课程外，争取在10—15年时间内将数学系所有课程教一遍，这样将对数学体系有整体感觉，有助于教学水平提高。

（3）要求青年教师授课写讲义或详细提纲。

（4）定期听资深教师讲授课程，能全程听一门基础课会有很大帮助。

3. 教研活动

（1）以主讲教师组织课程助手（如果有）和助教建立稳定的教研活动制度，每次授课后讨论课程进度、课程内容和产生的问题、一些内容的讲授方法和改进、安排习题课内容、助教反馈习题课情形等。每次讨论活动最好有记录以便总结。

（2）对青年教师的听课最好有针对性，目的在于帮助提高他们的教学水平。青年教师授课出现的问题一般有两种情形：一是缺乏授课经验，但在以后的教学中可以克服，对此不必苛求；二是本身基础不足、表达上有严重困难、对教学的重要性认识不足等，对这一类问题应当认真对待。

4. 加强助教与习题课

（1）基础课的助教应按小班（不超过30人）设置，对于大课（助教超过3人时），设一“助教头”，由有经验的副教授担任，指导助教的工作，在确认助教已做好充分准备后才能上习题课讲台。

（2）基础课正课和习题课的配置应达到 1∶1.

（3）助教职责：见前面“助教与习题课”部分。

（4）设立对助教的奖励措施，特别是奖项（例如**设立类似于“南丁格尔”奖的奖项**）。

5. 关于学生评价

（1）听课学生水平不齐，打分标准不一致，有很强的个人因素。囿于知识水平和对数学的认识，学生评价并不能准确判断课程优劣。**因此学生对课程评价只应视为对教师授课水平的参考。**

（2）学生评价若出现特别差的要引起注意，要调查原因区别对待，如对教学态度极不负责所致应有相应措施。

（3）学生毕业后，研究能力和对数学认识逐步提高，自己任教后会和以前学过的课程比较，也有机会接触到学习过同类课程的其他高校的学生，数年以后（甚至8—10 年），会对以前学过的课程有更为准确的评价。建议**建立“毕业生对课程评估追踪调查机制”，**请毕业生评价以前上过的课程。

6. 教材建设

（1）重要的基础课和研究生课程，国际上都有高水平和成熟的教材，这些教材的一个重要特点是均为高水平数学家在多年的一线教学基础上写成的，而且经过不断修改（有的书有近十次改进版本，堪称千锤百炼）。自 2000 年以来，清华数学系一直使用这些教材并取得很好效果。国内至今尚无一本可以达到国际高水平的教材。但由于教学体制、传统、学生与教师情形的差异，我们急需适合我国国情的有自身特点的高水平教材。

（2）一本经得住时间考验的优秀教材要经过多轮教学实践的考验以及在此基础上的反复锤炼，仅靠人海战术依靠指标、数量不容易达到上述目标。对于主管部门，要有心挖掘、要有耐心、要长期支持。

（3）针对我国的具体情形，除了教材建设外，与教材配套的辅导教材也是非常重要的。由于篇幅、整体安排和逻辑体系等要求所限，许多对概念、定理的深入理解，后面隐含的意义，重点难点的分析，补充例题和习题等内容都不易编入教材，而这些对使用教材的主讲教师、助教和学生都非常重要。目前尚未见到高水平的辅导教材，建议对这一类辅导教材给予重视和支持。

7. 关于文科数学教学的一些建议

（1）文科数学课程不应以单纯传授近现代数学知识为主，建议从数学发展的历史看待数学学科在人类发展、科学和人文、社会科学中的作用。

（2）数学伴随人类文明的发展共存，对它的理解和认识以及欣赏是非常重要的。目前文科数学课程教学基本上还是传授高等数学内容，只是课程的深度和强度低于理工科，而且授课模式也差不多。但这样的课程使学生收效甚小，甚至很快遗忘。一是因为这样的内容与他们专业联系甚少；二是没有理解和感受的东西遗忘起来自然很快。

（3）重新设置课程的目标和内容，特别是课程不应以传授数学知识为目的；课程应增强对数学的感觉和认识；讲述数学的发展如何对人类文明和科学技术中起作用；授课可以以数学的重要发展为线索展开；这样的课程要讲好十分不容易，对教师的要求很高：一是要有广泛的社会科学的知识面；二是对数学最重要的内容要有深入的理解，并了解这些内容与其他学科的联系；三是对数学要有整体的观念。

（4）文科数学应列为必修课。

（5）对经济、金融数学等对数学有一点要求的专业可以选修相应的课程，也可以专门为这类学生开设专门的课程，但应当以应用为主。对数学有兴趣的学生可以自己选修感兴趣的理工科数学课程。

8. 要有稳定的数学秩序

（1）每门课的大纲和要求应认真讨论，可以在基础内容外预设部分教师自选空间，教师课前应在选课网上告知学生。大纲确定后不要轻易改动。

（2）为保持连续性，一门课程授课期间不要轻易更换教师。

（3）职能部门的政策要力求保持稳定的教学秩序，不宜频繁改动，即使需要改动不要太大、太快。

传承创新犹如一条红线

——我所见识的清华素质教育和通识教育

人文学院外文系 / 新雅书院　曹莉[①]

自 1987 年入职清华从事教育教学工作以来，我先后参与了 20 世纪末和 21 世纪初几次校级层面的教育教学改革，其中参与较多的是中外文化综合班、文化素质教育、新雅书院。在此过程中，见证了清华办学传统在不同历史时期的转型和发展。

尽管从 20 世纪 80 年代前期，清华就开始重视对学生素质的教育，但 90 年代受到“人人下海，全民经商”风潮的冲击和影响，大学校园也未能幸免。90 年代中后期，一批高等教育的工作者针对大学教育的时弊，开始思考如何回归大学的本真。一时间，各种探索和实验，如雨后春笋，层出不穷。1999 年前后，在时任教务长吴敏生教授的推动和支持下，由时任中文系系主任徐葆耕教授牵头，清华校友、原西北大学校长、历史学家张岂之教师担任顾问，清华大学设立了改革开放以来第一个文科实验班——中外文化综合班（俗称“中西合璧班”）。该班旨在传承发扬清华中西、古今、文理会通传统，突出新世纪文科人才培养的交叉性、学术性和开放性，培养中西融会、古今贯通的文科人才。我当时在外文系主管本科和研究生教学工作和学科建设，应邀代表外文系参与规划和落实该班外文部分的课程设置。我们围绕中国与西方、传统与现代两个坐标精心设置中西交叉的文史哲课程，并先后请来一批校内外名师给学生们上小班课。著名学者季羡林、何兆武、张岂之、徐葆耕、蓝棣之、乐黛云、许渊冲、赵一凡、方琰等都曾亲临讲堂，面授机宜。学生在教师的带领下，研读经典，问鼎学术，讨论问题，砥砺思想，一时间清华校园内悄然涌动起一股重

---

① 曹莉（1960—　），剑桥大学博士，外文系长聘教授。历任校务委员会委员、人文学院学术委员会委员、外文系副系主任，国家大学生文化素质教育基地副主任兼办公室主任，新雅书院通识教育试验区项目主任等。现任新雅书院副院长，首届新雅书院教学委员会主任，欧美文学研究中心主任。2018 年获“大学素质教育优秀推动者”称号。

振清华文科、培育中西合璧人才的热流。从 1999 年到 2004 年，中外文化综合班一共招收 6 届学生，在继承和发扬清华“中西融会、古今贯通”的育人传统方面做出了宝贵的尝试，一部分毕业生后来陆续走上了学术和兴业的重要岗位[①]。很可惜，这个试图续接清华人文薪火的文科实验班后来在人员、主张和方法的快速交替和变化之中未能坚持下去[②]。“中西融汇、古今会通、文理渗透、综合创新”的清华办学理想和实践仍在途中[③]。

1999 年前后清华文科迅速发展，人才引进突飞猛进。与此同时，素质教育、通识教育被提上议事日程。20 世纪 90 年代中期，针对中国高等教育重理轻文，过分强调专业教育，忽视人文教育和大学生综合素质培养的现状，教育部高教司在华中理工大学（现易名为华中科技大学）主持召开了“高等学校加强大学生文化素质教育试点院校第一次工作会议”，由此拉开了中国高校开展文化素质教育的序幕，“提高学生的文化素质、提高教师的文化素养，提高学校的文化品位”成为开展文化素质教育的基本宗旨。随着各高校根据自身条件和特点开展以课堂教学为主渠道的文化素质教育，文史哲和自然科学的基本知识与思维方法、艺术和审美的基本修养、中外优秀文化成果的学习和借鉴，成为大学生文化素质教育的核心内容。

1999 年年初，教育部批准清华大学正式成立国家大学生文化素质教育基地，由原校党委副书记、主管文科的胡显章教授担任基地主任。在 2000—2001 年第 21 次教育工作讨论会期间，文化素质教育受到学校领导的高度重视，在理念与实践上对加强素质教育和通识教育达成共识，形成了“在通识教育基础上的宽口径专业教育”的培养思路。在当时总课程学分从 170 学分压缩至 140 学分的情况下，文化素质教育课程由 5 学分增加到 13 学分，为实现通识教育基础上的宽口径专业教育奠定了初步的基础[④]。

---

① 现在新雅书院任教并负责学生工作的张伟特（海德堡大学哲学博士）、中文系/新雅书院青年教师袁先欣都曾是“中西合璧班”的学生，其他同学如钟雨柔、殷之光先后在剑桥大学、哥伦比亚大学获得博士学位，现在国外名校任教。另有詹君，百度人工智能阿波罗计划提出者；王琛，潍柴集团董事长助理等。

② 参见徐达 2006—2007 年度 SRT 项目结题报告“中外文化综合办发展历史资料总结”（综合班班主任赵丽明教授指导，获优秀项目一等奖）。

③ 本文应邀写于 2018 年，此次定稿之时，恰逢传来学校在国家“强基计划”的推动下决定新成立日新书院等五大书院，清华文科人才培养格局有望突破结构性瓶颈，踏上新的征程。

④ 参见曹莉、李树勤、郑力，《新时期文化素质教育在清华的探索与发展》，《新清华》增刊 2015，2。

改革开放40年间，清华的文化素质教育自20世纪80年代起经历了从无到有、从小到大的发展历程，这期间素质教育、通识教育的每一次进步都来之不易。2004年春季学期我从剑桥大学回国，正赶上给“中西合璧班”最后一届学生讲授必修课程“综合英语”，我带着在剑桥大学四年尚未褪尽的兴学热情，在课堂上反复强调人文学科和人文心智的重要性，引导同学们把外国语言文学当成一门真正意义上的人文学科来对待，在学生心中激起一种当时并不多见的浪漫想象。初春时节，我应胡显章、徐葆耕二位老领导之约，开始参与文化素质教育和通识教育的组织和推动工作，主要负责“新人文讲座”和核心课程建设。那段时间文化素质教育成为工作的重心。

由于历史的原因，20世纪50年代院系调整之后，清华原本丰厚的文理通识资源和土壤严重流失，这使得后发于专业教育的通识教育，尤其是人文通识教育无论在体制机制还是在资源结构方面先天不足，人文学科和人文教育的历史性断层一时难以弥合，由此形成的盐碱地效应和屏蔽式影响并未因文科院系在20世纪80—90年代的逐步复建而在一夜之间自行消失。清华几十年所特有的学科格局（工科主导，文科附属）、思维定势和文化土壤不可避免地影响和制约着人们的价值取向和行为选择。工科老大的优势和局限同时并存。

2005年，徐葆耕教师一句“文化素质教育课程建设迫在眉睫”掀开了通识教育课程建设的新篇章。我奉命起草并落实“文化素质教育核心课程计划”。在此之前，由人文学院胡显章、徐葆耕、孙明君、程钢和教务处汪惠等教师开辟建设的文化素质教育课程体系已初具规模，即将出台的核心课程计划意在克服课程的粗放经营，凑足学分的现象，走核心化、精致化、规范化之路，强调课程的文化植根性和认知挑战度。今天大家所说的“挤水”“硬课”从彼时开始，一直伴随着通识课程建设和改革的始终。2005—2006年，我指导十余位来自学校多个院系的本科生做了“世界一流大学的通识教育”SRT课题，对欧美和东亚几所名校的通识教育理念和结构做了初步的梳理和辨析，获得优秀成果一等奖。2006年，经过一年多的酝酿和准备，“核心课程计划”正式出台，时间和名称与当下走在全国通识教育前列的复旦大学不约而同。“核心课程计划”以构筑宽厚的人文、科学基础为基本出发点，集中建设一批突出文理基础、文化内涵、方法论意义、跨学科意识和全球视野的高质量通识课程；在教学过程方法上首次提出阅读经典、小班讨论、名师上课、助教导修的基本原则和操作方法①。

① 参见这期间清华大学各院系各学期的本科培养方案、教学计划和教学手册。

2006 年秋季学期，首批核心课程 23 门如期公布，主讲教授大多为文史哲艺科等学科的带头人和教学骨干。来自各个院系的校内一大批资深教授和骨干教师如钱易、秦佑国、徐葆耕、蓝棣之、赵丽明、汪晖、孙明君、王中忱、张玲霞、杨明、格非、李伯重、彭林、张国刚、秦晖、刘晓峰、王晓毅、廖名春、程钢、方朝晖、彭刚、刘国忠、黄振萍、万俊人、贝淡宁、王晓朝、胡伟希、陈为蓬、卢风、朱东华、肖巍、肖鹰、阎学通、景军、樊富珉、胡鞍钢、钟笑寒、张明楷、赵晓力、陈永国、罗选民、孙赛茵、尹鸿、范红、吴倬、邹广文、韦正翔、王传利、何建宇、尚刚、张夫也、李睦、张敢、杨舰、刘兵、吕建强、林叶青、罗薇、卢达溶、汤彬、蔡宁生、谢金星、白峰杉、王巍、蔡文鹏等先后开设文化素质教育核心课程；校外知名学者如张信刚、甘阳、林炎志、王步高、陈怡、袁鹤翔、阮伟等也先后应邀任校开设核心课程，助力清华通识教育。经过大家的共同努力，2—3 年后，核心课程由原初的 20 余门发展到百余门，学分要求也从最初的 4 学分上升到 8 学分，覆盖全校各个院系，为今天“重构”和“加强”通识教育课程体系，开展并落实大类培养提供了不可或缺的示范和基础。

同年 4 月，由文化素质教育基地胡显章、徐葆耕、李树勤、白峰杉等几任领导先后推动，我主要负责，蔡文鹏、张晓秋、吴艳菊等基地同事协助校内外同行共同支持举办的“清华大学新人文讲座”正式开讲。当时校内的讲座不像今天这样种类繁多，运行手段也没有今天这样数字化、技术化，朴实庄重的图书馆报告厅是那个年代最令人心仪的人文殿堂，著名学者的精彩演讲对同学们是最大的吸引。首个系列“大学理念与人文精神”，定下了新人文讲座的核心基调，其他各系列的主题如“文明的冲突与梦想”“生态文明与美丽中国”“文学艺术的瞬间与永恒”“文化传承与创新”等都努力紧扣大学和社会发展的脉搏，对广大学生进行具有时代风貌的指引和启蒙。“新人文讲座”至今已举办 19 个主题系列，四百余场，参与者和受益者之多堪称校内讲座之冠，为营造特定时期的大学人文气氛，提升学生的人文科学素养，激发会通和创新意识，推动素质教育和通识教育发挥了应有的作用[①]。这期间，胡显章、徐葆耕、李树勤等领导的工作作风和胸襟视野，让我和周围的同事们深切地感受到清华老一辈教育工作者所特有的情怀、才华和担当。

---

① “新人文讲座”是徐葆耕教师 1998 年主持的“周六人文讲座”的更新和延续，2005 年 4 月在大学图书馆逸夫馆报告厅开讲，盛况空前。2008 年，在素质教育基地常务副主任李树勤教师和袁驷副校长的推动下，“新人文讲座”作为必修环节列入全校本科生培养方案，2015 年改为选修。从 2006 年始，清华大学出版社陆续出版了《新人文讲座》文集，共十辑。

2013年，清华的文化素质教育和通识教育走到一个新的转折关头。一方面核心课程建设走过最初几年的高峰期之后，遭遇高水平的课程资源有限、“水课”逐步抬头的发展瓶颈，急需出台新的解决方案；另一方面，学校领导和教务处更加重视通识教育的顶层设计，通识教育体系建设被列入全校教学改革的议事日程。同年9月19日，我根据文化素质教育基地和教务处的意见，起草了“清华大学文化素质教育通识课程改革提升建议草案（讨论稿）”，从课程体系设计和制度设计两个层面提出了平台建设、体系重构和课程分类建设的建议。12月3日我应教务处长郑力教师之约草拟了“通识教育在今日清华的意义与目标”的简明草案，提出“通识教育的改革按照分步发展、以点带面的原则稳步推进，在重建和改造现有通识课程的同时，积极探索全面实施通识教育的平台和方法。拟在学堂班和部分工科院系先行试点推行‘清华大学部分院系通识教育课程计划（暂名）’”，新雅书院（通识教育试验区）应运而生。2014年春季学期，我又陆续起草了“文明与价值”课程建设纲要（讨论草案）“清华大学文化素质/通识教育小班课程建设草案”“关于设立清华大学通识教育实验区（班）暨住宿学院的规划草案（讨论稿）”等相关文件。2013年9月—2014年9月，恰逢历时一年的全校第24次教育工作讨论会召开，通识教育是主要议题之一。这是继2000—2001年第21次教育工作讨论会上提出“通识教育基础上的宽口径专业教育”之后，第一次将通识教育提上全校工作的议事日程。在第24次教育工作讨论会闭幕总结会上，陈吉宁校长明确提出了“建立以通识教育为基础、通专融合的本科教育体系”的改革目标。至此，从20世纪80—90年代由胡显章、徐葆耕等高等教育前辈主要推动的清华文化素质教育，经由王大中、贺美英、顾秉林、陈希、胡和平、袁驷等几任校领导的支持和认可，经过文化素质教育基地、教务处、经管学院、钱学森力学班等院系部处的共同努力，终于在21世纪第二个十年与通识教育形成机制和结构上的合流，清华本科教育的新篇章呼之欲出[①]。

2014年6—8月间，在教务处郑力处长的带领下，我们邀请中山大学博雅学院的甘阳院长做顾问，开始筹备建立通识教育试验区。酝酿后期，学校领导决定以成立本科书院的方式定位通识教育试验区的改革和创新。于是，我们先后走访了建筑

① 2009年前后，经管学院院长钱颖一教师、钱学森力学班首席教授郑泉水教师率先在全校启动了本单位的通识教育课程改革，我应二位教师之邀参与了讨论和策划。经管和钱班的先行作用，在一定程度上促进了全校的通识教育改革，并从侧面为新雅书院的诞生提供了必要的氛围和土壤。

学院、法学院、生命科学学院和钱学森力学班等对通识教育有热情、有想法的院系，交谈之中，大家对在本科人才培养过程中加强通识教育的想法高度认同。2014 年 9 月 27 日，新雅书院（通识教育试验区）挂牌成立，聘任甘阳为学术总监，我为项目主任，郑力担任工作组组长。揭牌仪式上，陈吉宁校长、史宗恺副书记到场讲话并为首届新雅书院导师委员会委员颁发证书。胡显章、李树勤、施一公、郑泉水、李睦、汪晖、格非等新老领导和同事到场祝贺勉励。我建议以“新雅”二字命名书院，得到校长和同事们的称许。

2014 年秋季学期，新雅书院（通识教育试验区）开始在上述四院系试行二次招生并实行专业混住，新一轮的通识教育和本科教育教学改革就此拉开序幕。以“渊博雅正、器识为先、追求卓越、传承创新”为宗旨，以跨学科学习、跨文明思考、跨专业交流为导向，以书院特有的学术生态和养成教育为支撑，新雅书院朝着开展通识教育、促进文理相长、推动通专融合，加强学科交叉的方向大踏步前进，各方面工作可谓日新月异。

2016 年 5 月，鉴于新雅书院前两年在通识课程建设和养成教育体制建设方面取得的显著成效，学校批准新雅书院进入实体化运行，并直接面向全国统招，文理兼收。学生入学时不分专业，首先接受以人文社科和数理基础为核心的小班通识教育，一年后学生可自由选择清华大学任何专业（美术专业除外）以及两个特设交叉专业（智能工程与创意设计 CDIE、政治经济与哲学 PPE）。至此，通识教育、专业教育、养成教育在新雅书院逐步进入各尽其效、相得益彰的发展阶段。在短短的两三年时间内，在历任校领导和校内各相关院系多位教师以及新雅历届学生的共同支持和努力下，新雅书院迅速成为全国文理优秀考生心向往之的文理住宿制本科学院，从 2016 年起至今，新雅书院高考生源连续几年名列全校全国前茅。这期间，邱勇校长、陈旭书记、杨斌副校长、史宗恺副书记、李一兵副书记、彭刚副校长、王希勤副校长等先后光临新雅书院，或调研座谈，或做报告讲座指导书院的各项工作。“由新而雅”“常新常雅”成为新雅童年时期的彩虹梦。

新雅取得的初步成效主要得益于两个方面，一个是“课”，一个是“人”。在“课”的方面，我们始终重视教学内容和教学过程建设，在三年左右的时间里建设和改造了 30 余门通识课程和数十门交叉专业课程，得到师生的广泛赞誉和认可，成为清华本科课程改革和模式创新的标杆。在“人”的方面，新雅学生不俗的求知精神和学习态度，他们对新雅教育理念和模式的认同和投入形成了开展具有挑战性的通识教育和交叉型的专业教育的必要氛围和土壤；而在书院发展、课程建设和教学相长过程中逐步凝聚起来的一批认同新雅教育理念和实践，乐教不倦，甘于奉献的教师和导师则共同撑起了新雅教育教学改革创新的一片蓝天。如果“课”与“人”是新雅得以建立和发展的必要条件，那么“视野”和“实干”则是新雅持续发展的充分条件。这在课程设置、课堂教学、国际化培养、社会实践和学生工作等方面都有具体体现。从每一门课的课名、课程内容和教学过程的具体设计，到出国交流、学生工作和书院活动的每一个环节，我们始终坚持从细节入手，不回避问题，不蜻蜓点水，不走马观花，最大限度地追求高度和卓越，努力构建文理交叉、通专融合、学科交叉、自觉养成的育人环境和教育生态。特别值得一提的是，书院学生工作在翁贺凯、张伟特二位学工负责人的带领下，到位给力——新雅书院得以稳步发展，持续成为全国高中生心仪的本科学院，与学院学生工作的号召力和影响力是分不开的。

为具有较大综合发展潜力的学生提供优质的文理通识教育和跨学科专业教育，培养文理基础雄厚、跨学科学习和创新能力突出、志向远大、文理兼修、中外会通的精英人才，是新雅成立初期确立的办学方向。为此，我们常跟学生讲，来到新雅，就意味着接受挑战；新雅人若要有更大的担当，不仅要在通识课程、专业学习方面同时胜出，还要在道德理想、生活目标、社会责任等方面有大的思考和追求。从 2014 级第一届学生开始，同学们在教师的指导和朋辈的启发下，从认识大学、认识自我出发，极富创意地参与了对于“新雅”的理解和诠释。“锐意其新，茹涵其雅”“东西一视文理同察”“清华新雅，兼怀天下”——2016 级学生陈潇宁同学创作的《新雅序曲》表达了新雅师生对于新雅办学方向的共同期许和追求[①]。不被“器”所困，深刻理解人文与科学、文化与社会、中国与世界、通识和专业、自我与他人之间的联动和制约关系，努力成长为有理想、有见识、有担当的“大气”之材，正在成为新雅人的集体共识。可以说，新雅的每一个进步，无一不是新雅师生共同探索、互相启发、互相成全、不断充实的结果。

2017 年 10 月，我在接受《光明日报》记者采访时表示，新雅的奋斗目标既不是牛津剑桥，也不是哈佛耶鲁，而是清华新雅。新雅书院是从通识教育出发的，但她并未止步于通识教育。今日和未来之新雅，不仅是通识教育的摇篮，她的更大意义在于：文理通识、通专并举、学科交叉、推陈出新，努力培养具有远大抱负、人文

① 对新雅最为生动具体的诠释和评价来自历届同学，参见陈潇宁《新雅序曲》、新雅微信公号 2017 年 6 月间的微信推送《志合者不以山海为远》《在新雅，师生是同行的伴侣》。

心智、科学精神和专业能力的一流人才[①]。

如果2014年新雅书院的成立意味着清华本科人才培养模式改革创新的一次初步试水，那么2020年成立的致理、未央、探微、行健、日新等五大书院，虽然起源并服务于“强基计划”，但却为新雅成立之初所憧憬的在未来时机成熟的时候在清华大学建立一所世界一流的本科学院带来了可能和希望。五大书院的成立是继新雅之后又一次具有历史意义的传承创新。

传承与创新，如车之两轮，鸟之双翼；没有传承，便谈不上创新，而没有创新，则何谈传承？回顾既往，感触良多。从中外文化综合班，到文化素质教育，再到新雅书院和五大书院，不忘初心，牢记使命，坚持不懈地传承创新犹如一条红线，贯穿始终。在此过程中，所有先入为主、概念出发、自以为是的成见和偏见都应该加以松泡和摒弃；未来属于视野开阔，脚踏实地，无私无畏的开拓者和实干家，这无论是对于一所大学，还是一所学院，无论是过去，还是现在和将来，莫不如此。

---

① 参见《光明日报》2017年11月7日《通识教育的清华经验——对话清华大学新雅书院副院长曹莉》。

清华工程训练的传承与创新

基础工业训练中心　李双寿①

我国高校工程训练起源于传统的面向工科专业的金工实习，二者之间既有广泛的内在联系，又有深刻的内涵变化。工程训练的核心特征就在于其实践性，是高等工程实践教育的重要组成部分。随着我国高等工程教育改革的发展，工程训练的教育理念、教育功能以及训练模式、内容和体系等方面也在发生深刻的变化。清华大学基础工业训练中心（以下简称训练中心）一直是清华大学校内最重要的工程实践教学基地。训练中心的稳步发展见证了我校对学生工程实践能力培养的一贯重视，以及在国内工程实践教育的引领作用。

一、清华大学工程训练的发展

1. 基础工业训练中心时间简史

传承是对旧事物或是传统事物中的优良事物进行继承。作为清华大学最重要的公共性实践教学平台，训练中心承载着各院系不同层次教育项目对工程实践创新育人的期待，也寄托着大家对严谨训练真刀真枪实践的清华风格传承的期待。

表 1 梳理了不同历史时期随着我国制造业以及工程教育的发展，清华大学校内工程实践基地名称及其承担实践课程和教学目标的演变。可见，工程训练的内涵有一个发展的过程，从注重技能的培养到重视动手解决问题的能力提升以及扎实肯干吃苦耐劳的精神养成。但是，不管随着时代变迁课程名称、教学目标、教学内容不

① 李双寿（1968—　），在清华大学机械工程系获学士、硕士和博士学位。1994 年至今在基础工业训练中心从事机械制造领域的教学与研究工作。现任中心主任，兼任教育部工程训练教指委副主任等。主持科技部重点研发计划、国家自然科学基金以及国家双创示范基地重点工程等项目，获国家级、北京市和校级教学成果奖数十项。

断变化，一直传承着“行胜于言”“真刀真枪”的工匠精神，一直遵循着具融入创客文化的“价值塑造、能力培养、知识传授”的三位一体育人理念。

表 1　清华大学工程训练的演变

<table>
<tr><th>年份</th><th>基地名称</th><th>主要课程及其教学目标</th><th>中国制造业的演变</th><th>中国工程教育的演变</th></tr>
<tr><td>1922</td><td>清华大学建校 11 年后，建设土木工程馆的手工教室（手工厂房），后改称工艺馆</td><td>“手工课”。系专为教授工程学学生，以备教授实习之用</td><td rowspan="2">1920 年现代工业总资本比 1913 年增长 60%，制造业增长 67%。之后到 1936 年，中国工业发展达到近代高峰，制造业资本比 1920 年增长了 2.4 倍，同时在包括五大部门棉纺、棉织、铁矿、煤矿、铁在内的重要行业的机械化程度有了较大提高。此阶段的制造业仍然存在手工劳动大量存在、生产资料薄弱、工业资本规模都较小的问题</td><td rowspan="5">中国近代工程教育始于晚清洋务运动兴办的各种西式学堂。1906 年清政府颁布了教育宗旨，其中“尚实”提出“夫学所以可贵者，惟其能见诸实用也”，要求教学“勖之以实行，课之以实行；其他格致、画图、手工皆当视为重要科目，以期发达实科学派……”。
民国建立之初，确立了“注重道德教育，以实利教育、军国民教育辅之，更以美感教育完成其道德”的教育宗旨，于 1913 年在课程体系上引入了一些先进国家工科学校的新课程，使得中国高等工程教育制度向现代化迈出了新的一步。1922 年，中国学校教育制度由仿日转向仿美，在高等教育中放宽了设置大学的条件，这就从制度上为工程教育发展创造了有利条件，由此带来工程教育的兴勃。1929 年，规定“大学及专门教育，必须注重实用科学，充实学科内容，养成专门知识技能”，使得 20 世纪 30 年代后直至抗日战争时期，理工农医等实科教育在规模和速度上有了大幅度的发展和提升。但是，在实施过程中，由于工程类院校数量和招生规模迅速大规模扩张，出现了培养的技术人才与国民经济发展的规模和结构不协调、不匹配的问题</td></tr>
<tr><td>1925</td><td>学校设立大学部，同时建设手工工场，之后称为木工厂、金木工厂（下设金工场、锻工场、铸工场和木工场）。1932 年，归机械工程系领导</td><td>“机械技艺课”。在使学者习知机器作用之原理，进行课堂研究外，并有各种工厂参观，了解近代机器的运作，实际工作略分木工、泥工、电工等；使学生具有将来研究各种工程之相当准备</td></tr>
<tr><td>1936</td><td>金木工厂，设金、铸、锻、木 4 个工厂</td><td rowspan="3">“金木工实习”。以造就各项专门人才为目的，注意各类机械的制造及装卸、试验及比较等，均施与充分的训练</td><td rowspan="3">1937—1948 年，完成了第一次全国性的工业布局。这一阶段国营工业主要在兵器和相关重工业发展速度较快，取代上一阶段的私营工业占据主要地位。轻工业领域也有了鼓励私营工业的政策。“战后”工业恢复期间，重工业由于资金短缺、生产压缩、战后交通、通货膨胀等原因恢复速度较慢，而服装、饮食、印刷、纺织等轻工业的增长率达到 2 倍以上</td></tr>
<tr><td>1937</td><td>随着清华大学南迁，改称机械实习厂</td></tr>
<tr><td>1946</td><td>随着清华大学迁回北京，改称金工厂</td></tr>
</table>

续表

<table>
<tr><th>年份</th><th>基地名称</th><th>主要课程及其教学目标</th><th>中国制造业的演变</th><th>中国工程教育的演变</th></tr>
<tr><td>1952</td><td>院系合并，改称实习工厂</td><td>“金工实习”。通过实习学习机械制造过程（木模、铸、锻、焊、车、铣刨、磨、钳等工种）的基本知识，为学生学习金属工艺学课程打下感性认识的基础，培训一定的操作能力。1956 年， 金工实习结合水泵零件等实际产品生产展开</td><td>1949—1978 年，新中国单纯依靠国家力量、实行计划经济和优先发展重工业的重要工业时期。1949—1957 年，“一五”计划、156 项重点项目建设等项目遍布国防工业、机械工业、电子工业、化学工业等各个方面，且 97% 都为重工业。同时考虑到当时备战的需要，这些项目主要配置在东北地区、中部地区和西部地区。随着基本建设的展开，内地的工业得到了快速的发展，促进了内地的经济建设和城市建设</td><td>新中国成立至“文革”前的 17 年，工业化道路的选择与教育改造调整。高等教育发展与社会主义建设之间的矛盾日渐显著，尤其是工程教育的发展已经不适应国家工业化发展的战略要求。在此背景下，在按照苏联模式，以“以培养工业建设人才和师资为重点，发展专门学院，整顿和加强综合大学”的重大措施的实施，在改造建立哈尔滨工业大学的先期试点的基础上，全国范围内的高等教育院系调整工作全面铺开，并随之进行教学体系改革</td></tr>
<tr><td>1958</td><td>综合机械厂</td><td>“生产劳动”。学生以“长工班”的模式，参加劳动锻炼，在劳动中学习</td><td rowspan="2">1957—1966 年，“大跃进”“人民公社”时期，工业上有了“以钢为纲”的口号，导致轻工业和重工业比例失调，而且重工业内部也失调严重，钢铁行业脱离其他部门急速发展</td><td rowspan="2">1957—1965 年，中国高等教育开始摆脱苏联模式，进入独立自主地探索社会主义教育的时期。这一时期的高等教育和工程教育的发展表现在两个方面：一是教育与生产劳动相结合的人才培养模式改革；二是教育规模和发展速度的超常规扩张。1961 年，按照“高教六十条”的要求，召开高等工业学校教学工作会议，讨论了如何切实提高高等工业学校教学质量的根本措施，对教学计划、教材教学大纲也进行审议修订，纠正了“教育革命”中的某些错误做法，工程教育的发展逐步进入正轨</td></tr>
<tr><td>1961</td><td>综合机械厂划归科学生产处</td><td>“金工实习”。教学实习要尽可能结合实际产品生产来进行；基本要求为转变思想，学习知识，培训技能</td></tr>
</table>

续表

年份	基地名称	主要课程及其教学目标	中国制造业的演变	中国工程教育的演变
1968	与设备制造厂合并，改称机械设备厂	“学工劳动”。让学生参加生产实践，进行劳动锻炼	1966—1978年，大三线建设与产业布局调整。把当时集中在大城市和沿海地区的工厂部分设备搬到三线去。西部地区成为一个以重工业为主体的、门类比较齐全的战略后方基地。当时的中西部地区的工业生产增长速度高于沿海地区，使中国的工业地区分布形成新格局。客观地讲，“文革”时期，国家基础工业和国防工业得到了一定的发展，在科学和工程技术方面，取得了核技术、人造卫星、运载火箭等尖端科学技术和大型工程的丰硕成果	“文革”时期工程教育的激进变革，呈现出这一特殊时期的特殊历史特点。“文革”时期的“教育改革”是在以“革命运动”的方式彻底摧毁“文革”前17年教育的基础上进行的。1966年，毛泽东提出了在全国各行业都要办成亦工、亦农、亦文、亦武的革命化“共产主义大学校”。此后全国各地，都纷纷建设名称各异的“五七大学”，其教学科目和内容一般包括学农、学军、学工等。工科专业设置和招生也延续了优先发展重工业为主的工业化道路的特点，而在“备战、备荒、为人民”方针的指导下，涉及国防和重工业需要的专业得到平稳的发展
1970	与冶金系、精仪系机制专业、动农系（部分）合并，改称汽车厂			
1972	机械厂			
1975	与机械系、精仪系机制专业合并，改称机械系厂			
1977	厂系分开，恢复机械厂，分出设备仪器厂			
1978	机械厂。在全国高校率先恢复金属工艺学教研组	“金工实习”。学习知识，培养能力，培养思想作风	1979—1996年，改革开放后的制造业快速繁荣。从1980年开始，农业、轻工业、重工业的均衡发展战略得到重视，外资和国外市场得到积极利用。1988年之后的十年，沿海地区的开放程度逐渐升高，个体经济在政策上得到鼓励支持，向市场经济改革转型的号召使得民营、外资企业在制造业中的地位逐渐升高，它们促进了轻工业和高科技产业的发展，使服装、医药、视频、电子信息、汽车制造、航空航天制造业飞速发展，中国制造业在国际分工中逐渐占有一席之地	改革开放30年，工程教育跨越式发展。1985年前的首要任务是“拨乱反正”，恢复和整顿教育教学秩序。按照调整改革工作的方针，该时期实施了一系列改革高等教育的措施，工程教育的培养目标、结构、规模等方面都有了新的发展变化，奠定了改革开放以来工程教育发展的基本格局。1980年，教育部提出“高等工业学校应当培养德、智、体全面发展的高级工程技术人才”，继承了1962年的工程师训练和1964年的德智体共同发展的思想，由原来的培养工程师转变成了获得工程师的基本训练，突出了扎实基础、专业内容少而精的思想。

续表

年份	基地名称	主要课程及其教学目标	中国制造业的演变	中国工程教育的演变
1985	机械厂和风光仪器厂。在全国率先成立电子工艺实习教研组，创建电子实践教学基地	“金工实习，电子工艺实习，工程操作技术选修课”等系列课程。通过教学实习，在教师和工人的传授和辅导下，使学生学习基本工艺知识，掌握基本操作技能，接受基本的思想作风教育		1985 年召开第一次全国教育工作会议和《中共中央关于教育体制改革的决议》，高等教育开始了以体制和结构改革为主要内容，建立为社会主义现代化建设服务、与经济体制改革相配套的教育体系的发展阶段，工程教育的发展呈现新的面貌。教育部采取各种措施推进高等教育教学改革，工程教育改革始终是其中最活跃、成果也最显著的部分。2003 年，教育部启动“高等学校教学质量和教学改革工程”，在推动人才培养模式多样化、促进创新教育、推进教学内容更新和课程整合、加强实践训练环节等方面取得了成效。2010 年启动的“卓越工程师教育培养计划”是国家教育部贯彻落实《国家中长期教育改革和发展规划纲要（2010—2020 年）》和《国家中长期人才发展规划纲要（2010—2020 年）》的重大改革项目，也是促进我国由工程教育大国迈向工程教育强国的重大举措旨在培养造就一大批创新能力强、适应经济社会发展需要的高质量各类型工程技术人才，为国家走新型工业化发展道路、建设创新型国家和人才强国战略服务，对促进高等教育面向社会需求培养人才，全面提高工程教育人才培养质量具有十分重要的示范和引导
1996	金工教研室、电子工教研组、机械厂和科教仪器厂联合组建基础工业训练中心，归产业集团管理		1997 年之后是我国新型工业化道路的探索形成阶段，“坚持以信息化带动工业化，以工业化促进信息化，走出一条科技含量高、经济效益好、资源消耗低、环境污染少、人力资源优势得到充分发挥的新型工业化路子”。中国成为全球制造业的基地，制造业的规模和产量都膨胀迅猛，使中国有上百类产品在全球居首位，制造业占 GDP 的比重达到 40% 以上。此阶段的快速增长仍然是以投资为导向的，且制造业对外依存度很高，区域布局方面东南沿海的制造业发展在这一阶段远远超过了东北、西部等地区	
1998	入选《世界银行贷款－中国高等教育发展项目》中十一个工程训练中心建设项目			
2006	获评国家级综合性工程训练实验教学示范中心	“金工实习、电子工艺实习、实验室科研探究、工业系统概论”等系列课程。理工与人文社会学科相贯通，		

续表

<table>
<tr><th>年份</th><th>基地名称</th><th>主要课程及其教学目标</th><th>中国制造业的演变</th><th>中国工程教育的演变</th></tr>
<tr><td>2009</td><td>训练中心实体化，为机械学院组成单位，统筹规划、具体实施全校工程实践教学和相关科研工作</td><td>知识、素质、能力协调发展，着重培养学生的工程实践能力、综合素质和创新精神。2004、2009 年，机械制造实习和实验室科研探究课程先后获评国家级精品课程</td><td></td><td></td></tr>
<tr><td>2014</td><td>获评数字化制造国家级虚拟仿真实验教学示范中心</td><td rowspan="2">融工程能力训练、工程素质培养、技术创新创业教育于一体的课程体系。学生主体、创客驱动、跨界融合，知识传授、能力培养和价值塑造协调发展</td><td rowspan="2">我国面临国际产业分工格局的重塑，国家为了抓住历史机遇，制定了制造业强国战略纲领《中国制造2025》，指导中国制造业转变发展模式，引领世界制造业发展</td><td rowspan="2">2013 年，中国科协作为预备成员加入《华盛顿协议》，2016 年转正。通过中国科协所属中国工程教育专业认证协会认证的中国大陆工程专业本科学位将得到美、英、澳等所有该协议正式成员的承认。这有利于提高我国工程教育质量、促进我国按照国际标准培养工程师、提高工程技术人才的培养质量，是推进我国工程师资格国际互认的基础和关键，对于我国工程技术领域应对国际竞争、走向世界具有重要意义</td></tr>
<tr><td>2016</td><td>整体迁入李兆基科技大楼，借此契机建设跨学科创客实践平台清华 iCenter</td></tr>
</table>

2. 基础工业训练中心发展现状

近年来，清华大学基础工业训练中心引来了新的发展契机，着力打造清华 iCenter，落实以学生学习与发展成效为核心的教育质量观，切实推动学生价值观塑造和升华，培育科学批判精神和创新精神，强化实践能力和创新创业能力培养。基于“i”的内涵“工业级(industry)、学科交叉 (interdisciplinary)、创新型 (innovation)、国际化 (international) 和以学生为主体（I）”，挖掘内涵、拓展外延，聚合学校相关创新教育资源，率先在我国高校建设创客交叉融合空间，打造跨学科创客实践平台，探索融传授知识与文化、培养能力与提高素质为一体的富有时代特征的训练模式，适应新经济对未来人才的能力需求。在清华大学创建世界一流研究型大学思想的指导下，训练中心转变发展理念，形成了融工程教育、通识教育、创新创业教育以及社会服务于一体的功能定位，如图 1 所示。

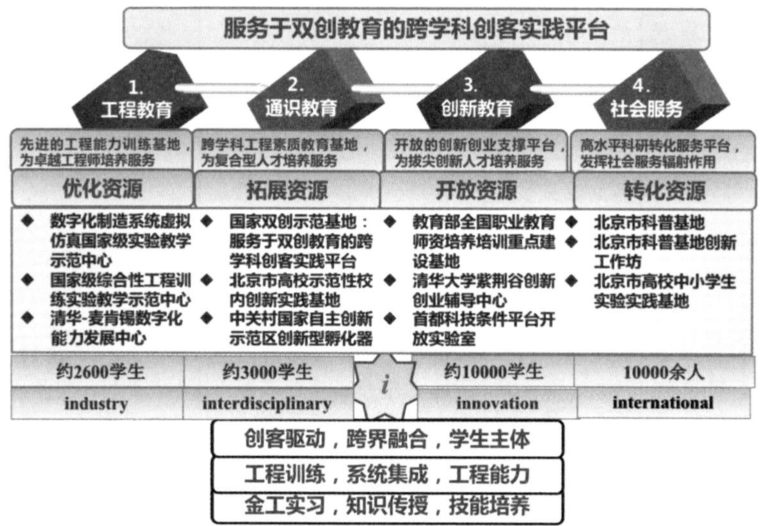

图 1　训练中心跨学科创客实践平台的建设

（1）工程能力训练基地，为卓越工程师培养服务。近年来结合工程技术评审委员会（accreditation board for engineering and technology，ABET）认证中评价学生学习成效的 11 项能力指标，对工程训练系列课程教学大纲和教案进行了系统化改进。在课程中引入 CDIO（conceive，design，implement，operate）教学模式，重点推行“基于问题、基于项目、基于案例”的教学方法和学习方法，加强综合性实践项目设计和应用；在“传授制造工程知识，培养工程实践能力，提高综合素质（包括工程素质），进而培养创新精神与创新能力”的教学理念下，进一步从强调教学过程转变为强调学生学习成效，强调实现培养目标的持续改进。

（2）工程文化素质教育基地，为复合型人才培养服务。致力于工程文化素质课程建设，成为我校理、工、人文社科与艺术等学科交叉融合的重要结合点。制造工程体验课程采用项目导引训练教学模式，创业认识与实践课程让学生体验产品创意设计、创新制作和创业生产的全过程，实验室科研探究课程以真实的科研实验室为课堂。这些课程共同构建出多学科交叉融合的课程教学体系。

（3）创新创业教育支撑平台，为拔尖创新人才培养服务。打造开放的“三创（创意、创新、创业）”活动支撑服务平台，通过优化整合相关资源，完善创新实践教学体系，以志趣为导引，以创新实践活动为手段，理工、人文、社会学科相融合，知识传授、能力培养和价值塑造协调发展，为拔尖创新人才培养服务。训练中心创建了面上普及、重点提高和综合创新、课内外结合、理论与实践结合、因材施教的分层次创新创业教育实践教学体系。

（4）高水平科研转化服务平台，发挥社会服务辐射作用，围绕清华大学教学、科研、服务的三大任务，拓展科研加工服务和教育培训等工作，保持中心的可持续发展。

二、我国工程实践教育与工程训练发展浅析

1. 工程实践教育的发展

在影响工程教育发展的诸多因素中，工业化的程度尤其是推动或制约工程教育的重要环节。一个国家的工业化既孵化、促进了工程教育又受到工程教育对它的促进。历史证明，工程教育是国家技术和经济社会长远发展的重要基础，是国家综合实力日益强大的重要保障。现代工程教育以“大工程”的概念为特征，以前沿性、系统性、交融性为重要标志。随着现代工程问题的日趋复杂化，工程师在拥有良好的科学技术知识与数学能力的基础上，还必须拥有必要的政治、经济、文化、法律等学科的知识与实践经验。现代工程的这种发展态势，使得大学按单一学科分类组织教学的传统受到挑战，现代工程教育必须打破传统上以单一学科为架构的人才培养模式，走一种内涵交叉发展的道路，以保证培养的人才具备跨学科与知识融合的能力。

工程实践是工程教育的重要环节，通常是指工程专业的学生在现场的实习，需要把自己所学专业知识用于实践，以此来巩固提高自己的知识水平和实践动手能力，力求通过实践来解决工程问题。贯穿工程教育史的一对主要矛盾是理论和实践之间的关系问题，侧重理论抑或突出实践便构成了工程教育演化的两端。20 世纪 80 年代后，工程范式占据主流，注重工程综合，科学与技术、技术与非技术融为一体，还工程以本来面目，强调工程教育的实践性、整体性和创造性。经过多年的发展，形成了现代工程教育的两种模式：一是以美国主导的《华盛顿协议》为代表的工程教育互认体系，其成员主要来自英语国家，旨在形成完全统一的教育模式，偏重于培

养工程学学位；二是以德国和法国为代表的欧洲大陆工程教育互认体系，受其传统的文化多样性的影响，采取了灵活的态度，包容了多种教育模式，偏重于培养工程师学位。

不同时代工程知识的形态发生了多次变化，工程实践教育的内容和形式也不尽相同。古代工程知识带有经验属性，主要是指手工操作、技艺和实践等主体性直接体验，因此早期的工程实践重视现场操作和工作组织的实际问题，即以学徒制为平台在工科院校内普遍推开。这种技术导向的工程教育一开始便以培养学生的工程实践能力、满足经济社会发展对实用型人才和应用技术的大量需求为教育指向。19 世纪下半叶，工程科学作为“应用科学”一种新的理论形态，同时也是作为工程知识的一种工具形态而出现，继而在传统的、普遍的“重学轻术”思想下，科学主义大行其道，工程学科不得不“偏向”科学，依仗科学和基础研究提升学科的社会地位、构筑工程实践的理论原则。20 世纪 70 年代以后，工程知识多元化演变，一是工程知识能够跨越各个工程领域传播，二是无论在什么地方都能被使用。而新的工程形象则凸显任务的复杂性，包括项目的组织和沟通交流、专业咨询的角色、处理全新设计的能力、社会问题的需要。

由于历史的原因，我国常规工程实践教育只是在知识、技能和思想作风方面对学生进行训练。而现代工程实践则是面对发展中的现代制造技术，对学生进行知识、能力、素质和创新意识的全面训练。《国家中长期教育改革和发展规划纲要（2010—2020 年）》提出关于进一步加强新形势下高校实践育人工作的若干意见，指出需进一步加强高校实践育人工作，对于不断增强学生服务国家服务人民的社会责任感、勇于探索的创新精神、善于解决问题的实践能力，具有不可替代的重要作用。2013 年，教育部、中国工程院联合印发《卓越工程师教育培养计划通用标准》，其中对本科工程型人才的培养提出了 11 条通用标准。2016 年，中国科协成为《华盛顿协议》的正式会员，这有利于提高我国工程教育质量、促进我国按照国际标准培养工程师、提高工程技术人才的培养质量，是推进我国工程师资格国际互认的基础和关键，对于我国工程技术领域应对国际竞争、走向世界具有重要意义。

2. 工程训练的发展

新中国成立后很长一段时间，我国本科阶段高等工程教育期间要进行 3 次校外实习（即认识实习、生产实习和毕业实习）和 1 次校内实习（金工实习）。这 4 次实习就是除课程实验、课程设计、毕业设计之外的实践性教学环节。而自 1977 年以来，由于多种原因，3 次校外实习已不再完整，并基本简化为 1 次，校内实习内容和质量很难得到保证。

工程训练源自高校金工实习，与工程实践概念密切相关。工程训练与金工实习，二者之间既有广泛的内在联系，又有深刻的内涵变化，主要体现在教育理念、教学规模和专业覆盖面以及训练内容和体系等方面。工程训练主要指在我国高校建立的工程训练中心进行的工程实践。训练中心拥有丰富的工程实践教学资源，学生通过一系列的工程训练教学安排，学习各种制造工艺知识，掌握各种制造工艺方法，还可以培养严谨的科学作风和增强综合素质。与此同时，还给学生提供一系列独立设计、制作和综合训练的机会，为学生实现创意、走向工程架起了一座桥梁。作为工科高校里面向各专业实施工程素质教育和工程实践教学的大平台，工程训练中心适应中国的国情，一定程度上缓解了近些年来存在的大学生培养质量不高的矛盾，有可能适应未来中国工业技术和社会经济进一步快速发展的需要。

我国高校工程训练的发展经历了以下阶段：

第一阶段：1998 年以前，传统金工实习向大工程背景下的工程训练转变的探索阶段。20 世纪 90 年代初，从英美工程教育界发出了“教育回归工程”“工程回归实践”“关注工科大学生工程实践能力培养”的呼声，在全球引起积极响应。香港理工大学工业中心、东南大学“工业发展与培训中心”、南京航空航天大学“工程技术培训中心”和清华大学基础工业训练中心等，从不同的角度和方面，率先探索校内综合性工程实践教学基地的建设，为后来的全国范围内工程训练中心的大发展提供了重要经验。

第二阶段：1998—2003 年，综合性工程训练中心布点示范阶段。1998 年年初，教育部启动了《世界银行贷款 - 中国高等教育发展项目》，史无前例地投入 6000 万美元到 26 所高校本科实验教学中心的建设中。在文理工医等各学科的 110 个建设项目中，包括了 11 个工程训练中心项目。清华大学、北京航空航天大学等 11 个高校的工程实践教学基地作为教育部工程训练中心建设的示范布点。这是基于对我国工程实践教育的认识：“工科学生应该对典型工业产品的结构、设计、制造有一个基本的、完整的体验和认识。这种体验和认识对理解、学习和从事现代社会的任何一种高级技术工作都是必需的基础。这种基础在发展中国家高中阶段不可能自然获得，在中国、在大学低年级也不可能通过校外认识实习获得，需要通过校内工程训练中心的教学获得”。

第三阶段：2004—2010年，全面快速发展阶段。2003年，教育部启动“高等学校教学质量和教学改革工程”，从国家、地方到各学校，对工程训练中心建设的重视程度和经费投入力度都有显著提高，在推动人才培养模式多样化、促进创新教育、推进教学内容更新和课程整合、加强实践训练环节等方面取得了显著成效。作为综合性工程实践教学新模式载体的工程训练中心的建设也由此进入了快速发展时期。全国547所理工科院校大多数都建立了工程训练中心，作为学校主要的工程实践实训基地，面向更多的理工科专业，并且大多都成为所在高校内规模最大的校级实验教学中心。“十一五”期间，全国共评建出国家级工程训练示范中心33个，省级工程训练示范中心100多个，以期发挥引领示范作用，带动全国工程训练教学的改革和实验室建设。在工程训练中心建设中，获评国家级教学成果奖7项（包括清华大学“国内领先的工程训练中心建设”项目）、国家级优秀教学团队5个（包括清华大学工程训练系列课程教学团队）、国家级精品课程18门（包括清华大学机械制造实习、实验室科研探究课程）、国家级教学名师3名（包括清华大学傅水根教授）、省级教学名师17人（包括清华大学傅水根教授、卢达溶教授）。这些空前的成果标志着以培养学生实践能力为主的工程训练实验教学成为一种工科大类教学资源，已由过去不被重视的教学辅助地位走入重要的教学主流层面，这是中国高等工程教育发展进程中的一个重要的历史性变化。

第四阶段：2011—2016年，内涵建设和质量提升阶段。《国家中长期教育改革和发展规划纲要（2010—2020年）》提出关于进一步加强新形势下高校实践育人工作的若干意见。2013年，教育部、中国工程院联合印发《卓越工程师教育培养计划通用标准》，其中对本科工程型人才的培养提出了11条通用标准。工程训练中心已经不仅服务于课程教学，并已从工程实践教学迈入工程实践教育的大领域，成为高等工程教育的重要组成部分，进入高校人才培养模式的整体视野。工程训练内涵更丰富，内容更综合。不仅包括通常的现场实习，也包括了对各种工程意识的培养（责任、安全、质量、团队、环保、市场、竞争、管理、经济、社会、法律等），对创新意识的孕育、对创新能力的训练，对有关知识、素质、能力的协调养成，以及对多学科知识相互融合和贯通的体验与训练等。工程训练中心是一个较大规模的教学组织，对于培养学生的动手实践能力和科技创新能力而言，拥有独特的硬件和软件资源优势。在许多建设良好的学校里，工程训练中心都成为大学生课外科技创新实践的主要的训练和活动基地，成为大学生完成发明创造和竞赛作品制作的第一场所。

第五阶段：2017 年至今，助推工程教育改革阶段。中国科协成为《华盛顿协议》的正式会员，我国将按照国际标准培养工程师。我国制定了制造业强国战略纲领《中国制造 2025》，指导中国制造业转变发展模式，引领世界制造业发展。这将大大有利于提高我国工程训练教育质量，促进提高工程技术人才的培养质量，从而助推工程教育改革。经过多年的演变，工程训练拓展成一种实践教育方式，其理念与国际工程教育体系在很大程度上是吻合的。

三、结语

（1）工程训练的核心特征就在于其实践性，是高等工程实践教育的重要组成部分。工程训练中心已成为工科类高校中教学规模最大、学生受众人数最多的实践教学基地，已经成为我国高等工程实践教育的重要教育资源。工程训练符合教育发展规律，具有中国特色，已成为我国高校本科培养过程中不可或缺的重要的工程实践教学环节。

（2）随着我国高等工程教育改革的发展，工程训练的教育理念、教育功能、教育模式、教育体系等方面也在发生深刻的变革。工程训练具有通识性基础工程实践教学特征，面向本科各专业学生，给大学生以工程实践的教育、工业制造的了解、工业文化的体验，是培养学生实践能力和创新意识的重要教育环节。

（3）工程训练应该继续传承行胜于言、真刀真枪的工匠精神，以及融入创客文化的价值塑造、能力培养、知识传授三位一体的培养目标；在当前工程界倡导回归工程实践，工程教育呈现前沿性、系统性、交融性等重要标志的“大工程”特征下，工程训练应该不断创新，探索融工程教育、通识教育和创新创业教育于一体的功能定位。

参考文献

[1] 中国工程院教育委员会．中国工程教育发展报告 2013 [M]. 北京：高等教育出版社，2015.

[2] 王孙禺，刘继青．中国工程教育：国家现代化进程中的发展史 [M]. 北京：社会科学文献出版社，2013.

[3] 刘阳，程正则．国外高等工程教育回归工程实践的内涵与趋势 [J]. 湖北科技学院学报，2014，34（3）：104-107.

[4] 周伟，李俭川．国外高等工程教育的改革动态及启示 [J]. 高等教育研究学报，2012，35（4）：45-47.

[5] 姜锡华．高校工厂的实践与认识 [J]. 中国教育技术装备，2006.

[6] 李双寿．建设培养卓越工程师和复合型、创新性人才的工程训练中心 [A] // 袁驷，郑力．创新教育模式，激发学术志趣，提高培养质量——清华大学第 24 次教育工作讨论会文集 [M]. 北京：清华大学出版社，2015.

[7] 李双寿，杨建新，王德宇，等．高校众创空间建设实践——以清华大学 i.Center 为例 [J]. 现代教育技术，2015，5：5-11.

第三篇 课程与创新

改革教学　创新教学

——三校10余年“材料力学”课程教学改革实践与体会

清华大学航天航空学院　范钦珊[①]　殷雅俊

南京航空航天大学　唐静静　孙　伟　王　单　李栋栋

北京工业大学　张亦良　王　晶

清华大学的材料力学（含工程力学）课程教学改革，从20世纪80年代开始，当时从因材施教的角度提出“分层次”教学，同时开展启发式教学。改革的措施以及成果，均已见于当时的相关报刊，在校内外都有一定的影响。

自1996年开始，三校作为教育部“面向21世纪力学课程教学内容与体系改革”项目的牵头单位和参与单位，都做了大量卓有成效的工作，取得了包括教材建设在内的一系列成果，大大推动了我国“材料力学”课程教学改革与新世纪教材建设。

10多年来，本文第一作者，先后在三校全时讲授材料力学与工程力学，合作编写相关教材，开展课程教学改革，培训青年教师；范钦珊和和王晶还合作开设了4年的新生研讨课——世纪工程。2018年在南京航空航天大学由唐静静牵头与组织，与孙伟、王单、李栋栋等组成团队在钱伟长班和冯如班开展材料力学研究型教学。

---

① 范钦珊（1937—　），清华大学教授，博士生导师；南京航空航天大学钱伟长讲座教授；首届国家级教学名师奖获得者。享受国务院特殊津贴。长期从事“非线性屈曲理论与应用”“结构疲劳寿命”“兆瓦级风力发电机叶片设计技术与设计方法”“生物力学”等方面的研究。获国家科技进步二等奖1项；全国优秀科技图书奖1项；省部级科技进步一等奖1项，二等奖2项；全国高校自然科学二等奖1项；国家发明专利1项。从事“材料力学”“工程力学”等本科生教学工作。曾经为10000多名本科生全程讲授“材料力学”和“工程力学”。出版教材、专著与译著30余部。获国家级优秀教学成果一等奖一项，二等奖2项；北京市优秀教学成果一等奖3项；全国优秀教材一等奖1项，二等奖2项；国家精品教材1项。

可以说，这是一个没有实名但实际存在的校际教学团队，一个相当大的教学团队。

10 多年三校的合作者重视教学、热爱教学、研究教学、改革教学、创新教学，全身心地进行材料力学与工程力学研究型教学改革与实践，本文所阐述的都是这 10 多年来这个大团队共同的成果。

概括地讲，我们的课程教学理念是：**传授知识，养成能力，激发智慧，培育英才**。基于这一理念，我们明确了课程教学改革的思路是：**注重基础，挖掘深度，适度扩展，面向未来**。以下是我们改革与实践的体会。

一、改革教学，创新教学，首先要在教学内容上下功夫

课程教学内容首先要有**吸引力**，有了吸引力，才能激发学生的学习志趣。满篇、满堂的抽象概念和繁琐的公式的推导，没有多少学生甚至没有学生喜欢，何来学习志趣。

概念和公式推导当然都需要。关键是怎样从一般的实际问题以及工程问题引出概念？怎样吸引学生参与数学分析与公式推导的过程中？

我们在教学内容改革方面下了一些功夫：主要是从“问题”出发，引导学生尽快进入教学状态。

例如，材料力学中关于应力分析，涉及一些平面图形的几何性质，都是一些积分定义以及坐标变换运算，枯燥地讲授这些数学定义与运算，学生都不感兴趣，效果当然不会好。现在，我们通过“一张打印纸的思考”提出问题：为什么一张打印纸平着立不起来，而弯曲一定的弧度后就可以立起来？还提出：“为什么高层建筑的横断面大都是正多边形，而且都是中空的？”并且通过应力与内力之间的分力与合力关系，引导学生认识到应力分析离不开截面图形的几何性质，工程实际问题也离不开几何性质。然后再讲授几何性质，情形就不一样了，课堂效果非常好。

为了引导学生逐步地从定式思维转变为开放式思维，教学内容不仅要有吸引力，而且需要有一定的**批判性**和**挑战性**。

所谓批判性和挑战性就是不满足于书本知识，不满足于已有的结论，甚至还要对某些结论进行质疑。

例如，关于叠加法，一般的材料力学书上只有两句话：线性的可以叠加，非线性不可以叠加。但是，线性的为什么可以叠加？非线性为什么不可以叠加？没有说。

我们首先通过线性与非线性问题的图形，引导学生认识到线性为什么可以叠加，非线性为什么不可以叠加。并且通过实际案例加以验证。在这一基础上提出：**非线性一定不可以叠加吗**？引导学生通过具体的案例论述非线性在一定的条件下也是可以叠加的，其核心问题是参与叠加的元素是否相互独立。

又例如，正问题的解答唯一，反问题的解答不唯一，只有在一定的约束条件下，解答才唯一。这些问题，通过一定数量的训练之后，我们又提出新的问题：反问题，没有约束条件，解答一定不唯一吗？同样通过启发引导学生自己去寻找案例，找到合理的结论。

批判性和挑战性还体现在对于某些所谓传统的方法加以改造。

绘制内力图，是公认的“材料力学的看家本领”，也是考核材料力学教学质量的一个重要方面，大家在这方面都要花比较多的课时和精力，结果还不尽如人意。

传统的确定内力和绘制内力图的方法，需要经过“取隔离体、画受力图，分段求内力、画内力图”等多道程序，过程复杂、繁琐。这种方法没有人会喜欢，不仅学生不喜欢，我们自己都不喜欢。因此，这类方法必须革新。

我们在教学中，基本上推倒了传统的方法。

首先引导学生根据构件的受力（包括载荷与约束力）进行总体定性分析：确定要不要分段、分几段。然后根据内力与外力之间的微分关系，根据外加载荷确定各段内力图的大致形状。最后，采用力系简化的方法，在各段中确定 1~2 个点的内力数值，即可画出所需要的内力图。

这样做的结果，一是压缩了课时，过去花在内力图上课时为 10 课时左右，现在 6 个课时可以全部搞定。二是教学效果好，学生喜欢，教师高兴。

以轴力图为例，过去讲课包括举例，需要 1~2 个课时，采用新的方法，30 分钟解决问题。2017 年王晶在北工大的一个普通班做测试：请学生自己设计一道直杆承受多个轴向载荷，画出轴力图（分段不限，载荷不限）。全班 30 人参与，要求 3 分钟之内完成。结果，全对的 25 人，错误的 5 人。全对的同学中有 15 人在 1 分钟内完成，3 人在 30 秒内完成，只有 6 人用时超过 1.5 分钟。杆上最多的有 6 个力，轴力图分 5 段。2018 年，我们在南京航空航天大学钱伟长班和冯如班测试，也是请学生自主设计问题并画轴力图，全班 47 人全部参与。结果，画出 4~6 段轴力图的 32 人，3 段的 12 人，低于 3 段的 3 人，所画轴力图全部正确。

二、改革教学，创新教学，必须下决心改革过时的教学模式

用学生的话说，陈旧的教学模式就是“讲课—做题—期末考”，就是“教师讲，学生听”。“如果碰上离不开书本的教师，我们要不打瞌睡，要不就玩微信。”

我们对上述教学模式的改革包括两个方面：**一是大课实行启发式教学、引导学生参与；二是开设研讨课。**

大课的启发式教学包括“设问”“引导”“参与”几个环节，将原来被动式的教学转变为主动式教学，将学习的主动权交给学生。

“应力状态分析”是材料力学中理论性很强的一章，也是最抽象的一章。在讲授这一章时，我们首先通过拉伸和扭转的试验破坏现象以及工程实际构件强度破坏实例，提出：什么是应力状态？为什么要研究应力状态？以及怎样描述应力状态？进而通过力学模型的平衡分析，使学生认识到：同一截面上的各点的应力，一般各不相同；过同一点不同方向面的应力一般也不相同。很自然地就引出了应力状态的概念：过一点所有方向面上应力的集合。所谓应力状态分析就是就是确定一点任意方向面上的应力。

接着，引导学生认识分析任意方向面上的基本方法：平衡的方法。分析过程之前引导学生讨论 3 个问题：平衡的对象是什么？参加平衡的量是什么？确定任意方向面上未知应力的平衡方程是什么？

在此基础上，引导学生参与列写平衡方程：平衡方程中的每一项都是学生经过思考写出的。最后得到的任意方向面上的应力表达式都是方向面的方向角的函数。

最后，还要引导学生对结果进行分析讨论：从分析结果，可以得到什么重要结论？一方面引导学生回到应力状态的概念；同时引导学生体会到，同一点的应力状态在不同的坐标系中有不同的描述形式。

采用这样的教学方式，学生的学习热情很高，课堂气氛非常活跃。一位同学写道：“上了这么多年的学，我第一次看到教师原来可以这么教书，作为学生的我们可以这么学知识。这样的课堂上没有人玩手机，偶尔有人打盹，坐在身边的同学也会提醒他。”

这样的课堂教学方法的关键是“设问”——就是设计好的问题，不仅能够引起学生的兴趣，而且能够引起学生积极思考，主动参与教学过程。

为了引导学生逐步转变思维方式与学习方式，我们突破以前习题课与讨论课的

框框，在 64 课时中拿出 14 课时开设研讨课，其中 4 课时为研讨准备，10 课时为课堂研讨。

每一堂研讨课都有研讨主题，每一个主题中都有 1 个或几个研讨问题。将研讨主题以及研讨问题，集成“研讨课导引”，提前 1~2 周向学生公布。学生可以组队和单独选择研讨问题。准备研讨课报告期间，组织个别答疑或集体答疑，集体答疑占用课内学时。对于没有被学生选择的研讨问题，任课教师利用集体答疑时间参与研讨。

研讨问题大致分为以下几类：

第 1 类为教学内容的深度分析。从细小问题入手，挖掘深度。例如直杆弯曲后，轴线曲率与弯矩的关系，有曲率就有弯矩，反之亦然。研讨的问题是，悬臂梁在自由端处集中力作用下，固定端处有没有位移？有没有变形？通过这个问题的研讨不仅加深对弯矩与曲率之间关系的认识，而且厘清了变形与位移两个不同概念的区别和联系。

第 2 类为教学内容的扩展分析。例如在梁的位移分析中都不考虑剪力的影响。但在学习群讨论时，有同学提出，剪力怎样影响位移？实际问题中怎样处理剪力的影响。于是，我们将“剪力对弯曲位移的影响”列入研讨问题，并且给出了应用虚力原理的研讨思路。

第 3 类为理论分析的不同思路与分析过程。例如，正应力通用公式分析推导方法不只一种，课上我们只能讲一种，其他的分析思路和推导过程留作研讨问题。

第 4 类为正误辨析。例如，关于静定结构定义的充分与必要性，静定结构的未知力个数等于独立的平衡方程数。当平衡方程数等于未知约束力个数时，结构一定是静定的吗？通过这一问题的研讨，不仅分清了正确与错误，而且涉及自由度以及完全约束与非完全约束等问题。

第 5 类为反问题。在材料力学中，静定结构，已知载荷可以确定内力，此为正问题，解答唯一；已知内力图要确定载荷即为反问题，解答不唯一。应力状态和应力圆也有正问题和反问题。通过反问题的研讨，不仅可以正确认识和理解反问题，而且可以加深对于正问题的理解。

第 6 类为工程应用的综合问题。工程中的强度、刚度和稳定性问题往往都是综合的。例如剪切挤压强度计算，过去一般仅仅限于简单的连接件。我们在研讨问题中将工程中弯曲、扭转问题与剪切问题综合起来。这样的研讨有利于学生养成综合处理工程问题的能力。

研讨课的形式和研讨问题对学生很有吸引力，他们认真准备，走上讲台报告自己的研讨成果，在知识和能力方面都有不少收获。

例如，在讲截面图形几何性质时，曾经提过“一张打印纸的思考”，那只是定性分析。在第 2 次研讨课时，我们提出“一张打印纸的思考的再思考”，这次要求进行定量计算，确定打印纸卷曲后横截面的形心、形心主惯性矩。有 3 组同学参与这个问题的研讨，其中有采用积分运算的；有采用数值模拟的。在第 5 次研讨课时，我们又提出新的研讨问题“一张打印纸的深度思考”，研究打印纸在自重作用下，卷曲后不丧失稳定性时，所需要的卷曲弧度（曲率）。那位在第 2 次研讨时采用积分运算的同学采用虚位移原理给出了结果，他很有成就感。

研讨课上教师也参与研讨，但是学生有时也会提出一些新的问题，教师当时也回答不了，那就放在大班研讨。例如，关于静定结构定义的充分与必要性的研讨中，教师举了 3 根杆悬挂一刚性梁的例子，3 个未知约束力，3 个平衡方程，不仅不是静定的，而且不是结构，是一种几何可变的机构，属于不完全约束。最后教师加了一句话：“这样的问题再加多少根都是不完全约束。”下课后，一个学生问教师：“我在刚性梁的下方加一根杆，还是不完全约束吗？”一下子把教师问住了。下一堂课，教师在全班提出这个问题，请大家一起研讨，并且表扬这位同学，全班为之鼓掌。两位同学对这个问题有兴趣，他们查阅土木工程的有关文献，掌握了瞬时几何可变机构的概念，并得到结论：当下方的杆与上方的杆平行时，是不完全约束；但在某种因素（例如水平载荷）作用下偏离竖直位置时，约束力将会产生水平分量，从而变成完全约束。因此，可以说这是瞬时几何可变结构。

下面是几位学生关于研讨课的感言。

- 材料力学打破了传统理工科教学理论加习题的教学模式，减少了习题讲解的时间，把这种自学能完成的工作留给了我们自己，而把宝贵的课堂时间用在思维的启发、交流和锻炼上。研讨课的教学模式就是这种教学理念的体现，通过解决一个问题，发现其他的问题，然后解决这些问题，最后得到自己的结论。实际问题远比理论知识复杂得多，不可能单凭课本上的知识就能解决，还需要我们拥有超越课本的技能和能力。解决研讨问题时，发现问题、查阅文献、解决问题、形成报告的过程也早已超出课本的限制，而这些方面的锻炼也是不可能通过课本就能得到的。（张凯）

- 每一堂研讨课的题目都十分有难度，都会花很长的时间和同学讨论，然后思考总结汇报，这就相当于把前一段学的知识给系统化的理解吃透了，而且听同学的汇报也会有新思路、新收获，所以研讨课很有价值。(严嘉慧)
- 几节研讨课让教师和同学一起在讨论中研究问题，锻炼了发散性思维，激发同学们的学习兴趣。(许钧崴)
- 研讨课这种形式更是一种大胆的创新，把课堂交给学生，不仅提高了学生的知识水平，更培养了撰写文章、查阅文献的能力。这在传统的教学课堂上是完全学不到的。而且很多时候，研讨课查阅的资料都不一定和本学科相关。(赵晓宁)
- 每节研讨课都能让我绞尽脑汁苦思冥想，研讨课的题目很具有挑战性和思考的价值，只有把基本概念吃透了才能很好地应对研讨题，同时通过研讨课可以听到别的同学对于同一个问题的不同的见解与解题思路，能让思维更开放，而不是局限于自己的框架内。有些同学借用 MATLAB、ANSYS 等软件来分析题目也让我大开眼界，还有的同学为了研讨一道题翻阅了弹性力学等课外的书籍。(叶致凡)
- 从每一次的研讨，课后的查找资料，得出结论的喜悦感都是令人难忘的。而且研讨问题推导的过程，也是对自己思维能力的一次锻炼。(沈达文)
- 另一个令我颇有感触的是学生间就研讨问题的相互切磋。每次研讨课总会有同学为大家呈现出异常精彩的讲解。在一次次思路和演讲能力的相互比较之下，大家互相学习，积极讨论，激励着每个同学不断进步。(张傲)
- 每次研讨课，都让我想起古希腊的柏拉图学院，学术的严谨与思维的碰撞在小小的教室里擦出别样的火花。这让学术研究不再成为一个人的事情，而是一种可以分享、交流的事业，这是学术的精神，这是科学的精神。(刘峙轩)
- 在研讨课上，许多同学也利用各种方面的知识去解决现实问题，在这个过程中学习到了许多其他方面的知识，也开拓了眼界。我认为，研讨课是材料力学课上最精彩的一部分。在研讨课上，我见识到了不同同学对问题的看法，也了解到了许多种不同的思考方法。(朱文璁)

- 在研讨过程中，我们需要发现问题、解决问题、展示方法，而不是拘泥于课本。这是研究性质的学习，需要我们激发智慧，自主地通过讨论研讨、搜集资料、查阅论文等方式去学习。我认为，自主的探究比被动的学习更使人印象深刻。(张森豪)

三、改革教学，创新教学，需要改革考试考核方法

改革教学，创新教学，必须改革传统的、死板的考试考核方法。改革考试考核方法与改革教学内容和过时的教学模式一脉相承，考核方式与考核内容都要遵循“重视基础，挖掘深度，激发智慧”的原则。

十多年来三校材料力学主要考核学生灵活应用基本概念和基本理论的能力、分析和解决问题的综合能力以及创新思维能力。我们通过 4 个方面综合评价学生学习成绩。

一是资格考试——考试内容为平时作业，方式为闭卷。在总成绩中记入 60 分。资格考试的目的，是确保课程基本要求的教学质量；加强学风建设，遏制抄袭作业现象。

二是水平考试——主要考查能力，占总成绩 40%。其内容不在难度，重在基本教学内容的深度，考题没有繁琐的公式推导和数字运算，重在灵活应用与创新思维。例如，在清华的一次期末考试中，有一道 4 次静不定问题：求 6 根杆的受力，汇交力系只有 2 个独立的平衡方程，还需要 4 个补充方程。按照定式思维，不仅繁琐而且费时。考试结束后，一个同学懊恼地说：那道题 1 个小时都没做出来；旁边的一位同学说：我只用了不到 5 分钟。他利用对称性分析，6 根杆变成 3 根杆；再利用反对称性分析，中间杆不受力，最后变成 2 根杆，没有列写方程就搞定。

2018 年南航冯如班和钱伟长班的期末一道静不定试题，外力既不是对称也不是反对称，如果用力法正则方程可以解出结果，但至少需要半小时。但是大约有 2/3 的学生经过思考琢磨出外力(包括载荷与约束力)是中心对称的，从而很快得到正确的结果，干净利落。还有学生将外力化解为对称与反对称的叠加，同样得到了简单、满意的结果。

三是随堂测试——为了鼓励学生参与课程教学，参与讨论，积极思维，每堂课最后都有 5 分钟的随堂测试，重在基本概念。答题正确的计点数，累计 10 点得 1 分，计入总成绩。随堂测试不仅提高了课堂教学效率，而且在新的层面上实现了师生互动。

四是研讨报告记成绩——根据研讨报告的工作量和创新点记点数，与随堂测试一样积点成分，记入总成绩。

考试考核方法首先解决了平时过程中学生抄作业现象严重的问题，在保证及格率的同时又能够使优秀的学生脱颖而出。另外，平时的随堂测试成绩折算成积点，直接作为加分加到期末成绩中。这样的做法大大地激发了学生课堂思维的活跃性，同时保证了教学的效果。这样的考核方式也是对传统的“一考定输赢”式的考核方法提出了新的挑战。

北京工业大学王晶主讲机电专业卓越工程师班的材料力学，期末考试采用与清华大学相关专业同样的试题，结果不及格率为 0，优秀率为 16.6%。

南京航空航天大学钱伟长班和冯如班全体 47 名学生，不及格率为 0，优秀率为 65.95%。

这种考试考核方法与研讨课一样，得到广大学生的热烈响应。

- 教师并没有把考试作为为难学生的手段，相反，教师用别样的考核方式激发了同学们的学习兴趣。这次水平考试可以说跟我参加过的所有考试都不同，教师提倡用简单高效的方式解决问题，完全打破了传统考试中所谓规范性和解题模式的限制。如果方法得当，五分钟就能解决问题，反之则会事倍功半。
- 水平考试真的就是考验水平的，说是开卷考试，其实根本用不到书，就像教师所说，考的是脑子。
- 虽然水平考试没考好，但我觉得水平考试确实是有深度、有思想的。
- 有人常说，书越看越薄，再越看越厚，我想，资格考试或许就是考验我们有没有把书看薄，水平考试就是考验我们有没有把书看厚，学习应该就是在这样的一薄一厚中逐渐启迪我们的智慧吧。
- 无论最后的那一场资格考试和水平考试我所得的成绩如何，我都感觉到了它与其他传统考核的区别，在激励我们动脑思考的同时还让我们感受到动脑思考的趣味之处。
- 考试下来，我发现考的基本全是思维，方向对了，基本答案就不远了，方向不对，可能要花大量时间在试错法和计算上。这场考试让我真正理解了

"术"和"道"的含义，并且让我敢于坚持自己的分析结果。感谢教学团队为我们付出的心血和这珍贵的最后一课。

- 这次考试之后我会对我不懂的进行再次分析，对自己没有掌握的内容再次复习，希望能够对我以后更加有用。

四、改革教学，创新教学，关键在教师

教育和教学活动中，学生是主体，教师是主导。改革教学创新教学的主动权在教师手中。怎样利用这种主动权？怎样积极发挥好主动权的作用？三校参与材料力学教学改革的教师的体会是：

首先，必须重视教学、热爱教学。

重视教学、热爱教学，不仅因为这是我们的职业，而是要意识到这是一种担当、一种应尽的责任——人才培养的责任。

重视教学、热爱教学，就是肯于投入，当然不是全部时间用在教学上，但在规定的教学工作量的时间内，要全身心地投入。

重视教学、热爱教学，就是要与教学维系着一份特殊的情感，将教学视为一种与我们一生相伴的事业——立德树人。

其次，要熟悉教学内容，研究教学内容。

熟悉教学内容就是熟悉课程的知识点与知识体系，准确把握重点和难点以及化解难点的办法。用自己的语言加以组织、编排和表达（文字表达与语言表达）。

研究教学内容就是要研究教学内容深层次内涵，包括：与教学内容相关的学科最新进展；对教材中某些不完善、不准确甚至错误的论述或表述，加以纠正或完善；超越现有教学内容，以及跨界、跨学科的内容，等等。

例如，我国高铁采用的无缝长轨技术怎样解决热胀冷缩问题的？这一技术如何解决路轨的屈曲问题？怎样将相关的内容引入材料力学教学中？

又例如，在介绍刚度问题时，讲到桥梁在风载作用下发生驰振，必须应用流体力学中的涡街的概念以及由涡街引起的涡激振动。

再次，要研究教学方法。

一类是与教学内容有关的教学方法：讲好导引，开好头——问题是什么？问题的性质是什么？分析和解决问题的方法是什么？与已经讲过的内容之间的联系和区别

是什么？形成系统的知识体系；处理好讲授内容的布局，把握好全局、局部和细节之间的关系——先见森林后见树木。

另一类是与课堂教学进程有关的教学方法：这一类教学方法与课堂教学进程密切相关，对于提高抬头率、解决冷场问题至关重要。开好头，起好步，立规矩，树学风；不要唱独角戏，多给学生一点思考的机会、提问题的机会。鼓励学生参与教学进程，参与结果的讨论——从所得到的结果中看到了什么？体会到了什么；接触学生、了解学生——困难学生和优秀学生。给困难学生具体指导和帮助，给优秀学生提供展示自己的机会。

总之，掌控教学进程，活跃课堂的学术氛围，关键是需要设计能够引起学生兴趣，并且愿意思考、也能够思考的问题。有了好的问题，经过教师的启发、引导，师生互动，课堂一定会活跃起来。所以，教师在课前需要花比较多的精力设计问题，这应该是备课的重要内容之一。

改革教学，创新教学，关键是教师，教师的关键在于回归教学。这当然需要国家政策的引导，需要学校具体措施的保障。

五、改革教学，创新教学，重在教学团队建设

双一流建设需要一流的本科教育；一流的本科教育需要一流的课程教学；一流的课程教学需要一流的教学团队。只有一流的教学团队才能做到“改革教学，创新教学”。

1. 双一流建设需要一流的教学团队

从某种意义上讲，教学工作是一种集体行为。

一是课程教学是几代人连续接力、传承的过程，没有一个人能够脱离前人的教学思想和教学方法，完成好个人的课程教学工作。每一个优秀的教师，都要在传承的基础上，通过自己的积累和创新，形成自己的教学思想和教学体系。

二是个人的知识领域都是非常有限的，学术经历也是有限的。而课程教学要达到高水平，绝对不能限于课程本身，必须涉及很多相关的领域。比如，材料力学的强度、刚度和稳定性问题涉及土木、机械、航空、航天、电力、核能等诸多工程。如果能够将这些工程的鲜活的案例或者事故案例与材料力学有机、紧密结合，不仅可以提高学生的学习兴趣，而且有利于深入理解和掌握材料力学的基本概念，有利

于学生超越书本，提高课程教学的学术水平。这些不是几个人所能完成的。

三是随着时代的进步、科学技术的不断发展，课程教学面临诸多挑战。例如，进入人工智能时代，我们的课程怎么教？教材怎么写？ APP 怎么创建？这些问题更不是几个人所能解决的，必须依靠团队。

解决这些问题，当然要依靠国家和学校的组织、领导和政策。但是对于课程而言，还要依靠优秀的教学团队。

2. 一流教学团队的建设机制

（1）组成机制——建设一流的教学团队，不是、也不应该恢复到原来的教研室机制。首先是团队人员的组成上做到：坚持教学与科研融和；坚持基础与专业融和；相对固定队伍与相对流动队伍融和；学术水平与教学水平兼备。

（2）青年教师实战培训机制——“实战培训”就是让新教师入职后先跟优秀的主讲教师当 1—2 年的“真正的助教”（非指职称）。

跟大班听课、在主讲教师的指导下设计并组织小班讨论课，与主讲教师一起为学生答疑，要求他们将布置给学生的作业自己先做一遍；批改学生作业并采集学生完成作业的有关信息，回馈给主讲教师。

通过“实战培训”,“逼”着青年教师认真研究教学内容，挖掘教学内容深度;“逼”着他们接触学生、了解学生。

“实战培训”也要采用导师制，导师在课前要讨论、要跟班听课、课后要讲评。

经过 1—2 年的实战培训后，再通过 3—5 年独立的教学第一线的锤炼，逐步形成个性化的教学体系与教学风格，同时在科学研究中逐步形成自己的学科发展方向，成为教学水平与学术水平兼备的教学团队的中坚力量——优秀的主讲教师。

（3）学术研讨机制——坚持学术研讨，促进学术水平与教学水平共同提高。我们的研讨机制包括：“就事论事式”的研讨，一周一次或两周一次，主要讨论课堂教学中错误的概念，或是不准确的表述；系统专门问题的研讨，不定期进行，主要针对教学内容和教学方法的改革进行讨论；针对教学过程中的共同性问题进行专门研讨，例如互动过程中的冷场现象及其改进措施，等等。

六、改革教学，创新教学，永远在路上

面临新时代国家对培养创新人才的需求，面临人工智能技术飞速发展，我们的

课程应该怎么教？学生应该这么学？教材应该怎么写？相关的教育教学资源从哪里来？等等，这一系列问题是每一门课程、每一位从事教育教学的教师所必须思考，而且也是必须解决的。

前路漫漫，我们还要努力，还要思考，还要实践。相信会有晴朗的天空。

建筑设计课∈通识教育课

建筑学院　朱文一[①]

1948 年，也就是整整 70 年前，梁思成先生在清华大学的一次演讲中，呼吁要扭转教育中重理轻文的“半个人的时代”。吴良镛先生强调“科学求真、人文求善、艺术求美”三位一体的人才培养理念。今天，强调培养独立思考能力、对不同学科有认识且能将不同知识融会贯通，最终培养出完整人格的通识教育理念越来越得到共识。而“哪些课程是通识课程？通识课程有哪些特征？如何布局通识课程？”等问题至今仍然是争论不休的教育议题。

我是清华大学建筑学院教师，多年从事建筑设计课堂教学、理论研究和创作实践以及教学管理工作；目前还担任清华大学国家级精品课建筑设计课的课程负责人、兼任全国高等学校建筑学专业教育评估委员会主任等职务。我认为，建筑学专业课程中至少有一门课程应该属于通识课程，甚至是通识课程中的基础通识课。这就是一直处在边缘的、所谓小众的、略带神秘感的建筑设计课。这门课不仅具备一般通识课程所有的特征，如互动性、领悟性等；而且还有比通识课程还要融通的特点，如实践性、空间性等。

第一是互动性。通识课程强调课堂上教与学的互动，教师与学生的互动。建筑设计课十分注重教师与学生互动。教与学互动要求小班上课，师生比比现有要求高。建筑设计课的课堂特别是本科低年级的课堂要求一名教师指导 10 名学生，每次课堂教学时间为 4 节课，也就是半天时间。上课方式是教师通过指导每一个学生的设计作业，现场修改图纸、改进设计方案，与这名学生和其他 9 名学生互动的方式，完成课堂教学。平均每名学生的直接指导时间为 24 分钟，集体互动时间则为 4 小时，

---

① 朱文一（1963—　），现任清华大学建筑学院教授，院学术委员会主任，中国科学技术协会第九次全国代表大会全国委员，国家“万人计划”教学名师；他曾赴哈佛大学建筑学院任访问学者，曾任清华大学建筑学院院长，兼任中国高等学校建筑学专业教育评估委员会主任等职务；他还担任《城市设计》主编，朱文一工作室主创建筑师。

共 240 分钟。在指导过程中，教师需要根据 10 名学生在课前完成的 10 个不同的设计构思和方案，提出 10 种不同的设计改进思路和手法。针对本科建筑设计课，一般按照每周隔 2 天安排留出学生做设计时间的方式，安排两次课，每周一、四或周二、五。每周 2 次课，也就是 2 个半天的课程，不仅考验教师的设计水平，要求教师具有更加丰富的建筑设计经验，同时也对教师的体力提出很高的要求。10 名学生在如此鲜活的指导过程中领悟设计之道。这样的方式突破了一般的“教人”方式，是一种比一般通识教育还要深入的师生互动的“育人”之道。不同于一般意义上的通识教育课程，建筑设计课体现的互动性可以为学生提供更加深入的交流平台。

第二是领悟性。通识教育要求培养学生具有独立思考的能力、理解事物的能力、领悟世界的能力。建筑设计课强调学生自己“领悟”设计的规律和设计的真谛。建筑设计作业没有标准答案，要求学生根据自己对设计题目的理解，提出自己的设计理念并最终完成自己的设计方案。三个班 90 名学生最终呈现出来的设计作业是 90 种可能性。学生在设计过程中，通过查阅和学习同类建筑设计案例、通过现场考察和分析设计地段，在设计图纸和模型的数百次推敲和改进中，将自己的设计理念落实、转变为建筑设计方案。其中，科学与艺术结合、理工与人文交织，知识性的信息通过建筑设计这样的平台变成了学生领悟设计原理的过程；教与学变成了既有教师教授，也有学生自学的过程；富有建筑设计经验的教师领悟的建筑之道也由此传授给学生。学生通过 8 周时间的课程学习，逐步领悟建筑设计之道。通过自己完成全过程的设计方案，学生给出自己所理解的设计题目的答案，是建筑设计课与知识类考试型课程唯一答案的最大区别。可以认为，建筑设计课完整体现了当代通识教育课程所提倡的思考能力培养的特点。

第三是实践性。动手能力的培养是建筑设计课的基本要求。从一年级开始，就要求学生学习制图、绘图，做模型等设计技能，训练他们脑、眼、手协同一致的能力。这是建筑设计课实践性体现的一个方面。建筑设计课一般要求学生实地考察并分析设计地段及其周边状况，同时还要求实地参观和体验同类型的建筑空间。设计场地多为城市中真实存在的地方，这是建筑设计课实践性体现的另一个方面。本科高年级建筑设计课则具有现实针对性，如设计场地往往选择在城市中错综复杂、问题突出、矛盾焦点的地方。这要求学生深入了解地段及其周边的历史、社会、经济状况，以及地段所在城市的规划管理规定等信息。再如有关建造的建筑设计课。这要求学生深入学习实际的建筑材料的物理特性及其空间体验的状况。学生在真实的建造过程中获得建筑设计经验，提升其动手能力。总结起来，不同于暑期实践类课程的实践性，作为建筑学主干课的建筑设计课的实践性体现在课程内容的设置中、课程授课的方式中。当代通识教育课程中，加强动手能力的培养应该是学生综合素质养成的重要环节。而建筑设计课具有的实践性特征与之契合。

第四是空间性。建筑设计课最核心的是设计专用教室（studio），类似于中文的“作坊”或“工作室”。这不是“专业教室”，而是“专用教室”。需要指出的是，英语的“studio”一词既指设计专用教室，也指设计课本身；在建筑学语境中可以理解为“设计课・堂”的意思。由此可见，建筑设计课本身就具有强烈的空间意味。设计专用教室的布局通常是以每个学生为单元设置的空间，由作图或放置计算机的桌面和高脚凳、用于存放图纸或实体模型的储藏架或储藏柜等组成，占据 2~3 平方米 / 人。同时，设计专用教室中更多地出现了配有显示屏的、类似会议室的交流空间，既为低年级学生提供了宽敞的模型制作场地，也为师生课程内外的讨论提供了空间。这是建筑院系学生使用频率最高的空间。学生的大部分时间都在这里度过，因为建筑设计课要求的设计作业需要占用大部分课余时间。他们在此进行建筑专业的学习研究和交流探讨，包括设计绘图、模型制作、小组讨论等。由于没有标准答案，学生对设计课作业的追求是“没有最好，只有更好”。不少学生在提交设计作业前的最后时刻还在不断地改进设计方案，由此需通宵在设计专用教室“熬图”，形成了设计专用教室“灯火通明”的景象。设计专用教室还是建筑院系学生的课外活动空间。学生在设计之余，在此休闲、游戏、举办班级活动等。因此，设计专用教室是一处具有强烈归属感的场所，一个让学生留下了难忘记忆的地方。这样的具有强烈空间性的设计专用教室体现了建筑设计课比很多通识课程还要融通的特色。

目前，通识教育的课程仍然有文理之分，有文科类通识课、理科类通识课、艺术类通识课，相对缺少将三者结合的通识课程。而建筑设计课是将文科、理科和艺术融会贯通的课程。这样的课程应该存在于通识教育课中。在此，建议在大学本科低年级阶段，增加一门建筑设计课作为通识教育课。大学本科所有学生要求上一堂 8 周时间的建筑设计课。当然，这要求为学生提供 8 周的建筑设计专用教室。设计题目可以是“我的宿舍”“我的咖啡厅”“我的书店”等贴近学生日常学习和生活的建筑空间设计。课程期间可以安排中外建筑历史、建筑美学讲座各一次，使学生对我们所处人居环境的历史、现状和未来发展有一个初步的了解。通过自己亲自做建筑设计，学生不仅可以体验理、文、艺学科融通的过程，还可以初步建立美好家园人人有责的观念，进而更加形象地理解美丽中国的奋斗目标。

最后，衷心希望“建筑设计课∈通识教育课”的理念能够实现。

“综合设计基础”概述

美术学院　柳冠中[①]

“设计基础”是整个设计学科的立足基点，是基础的基础；设计基础是整合形态基础、机能原理、材料基础、结构基础、工艺基础等课程知识与专业设计课程的有效途径；另外设计基础还是“钥匙”课程，其设计思维方法的训练贯穿于造型设计练习的始终，也是发现、分析、判断、解决问题能力训练的过程，是专业设计程序与方法训练的预习，是掌握系统论素质的准备，是理解工业化社会机制概念的实践，是培养“知识结构整合”想象力的起跑点，是运用创造力，对工业化进行可持续性调整的实验。

综合设计基础是从理解形态的本源入手，因地制宜，因材施教，把这些基础不断融入四学年全部课程中，让学生牢牢掌握造型基础——“形式”永远是为实现“目的”而在组织协调材料、结构、技术、工艺之间关系的组成，而不是装饰与构成游戏。希望学生实在一些，不要学表面功夫，要学“元”设计，弄清本原，扎实学习基础。

学生要学习研究造型的原理和要素，理解形态存在的理由、形态之间的逻辑关系、形态的语义与寓意等，掌握造型要素之间互制、互动、共生的辩证关系；运用因材制用、因地制宜、因势利导的形态构成原则；注重人造形态的生态性、可持续性；实现不同“目的”（功能）之结构应实“事”求是地重构造型诸要素，以整合成新系统，创造新需求，开发“新物种”。在认识“限制”中，重组造型诸要素，实现知识结构的创新，这正是设计的本质、设计思维的意义。运用科学与艺术的原理，培养正确的思维方法，从发现问题、分析问题、归纳问题、判断问题过程中培养联想能力，

① 柳冠中（1943—　），清华大学首批文科资深教授、博士生导师，中国工业设计协会荣誉副会长兼专家工作委员会主任，清华大学美术学院设计战略与原型创新研究所所长，中国光华龙腾奖委员会主席。创立了“方式设计说”“共生美学”“事理学”“产业创新”学说等理论，也在国际该专业学术界产生了积极影响，成为中国设计学科的学术带头人。

以及运用原理、材料、构造、工艺、视觉等要素，掌握协调诸多矛盾与限制，从而提出造型创意，掌握实事求是地综合解决问题的能力。

设计要求将构成设计的要素——材料、结构、工艺、技术、细节等与形态、力学、心理、美学等原理结合起来，这与纯感觉的形态创造是有本质的区别的。这样在“限制”下的、学习型、研究型、实践型的基础训练，无疑是遵循“因材制用”“因地制宜”“因势利导”“适可而止”“过犹不及”等中国传统哲学思想的精髓，符合“科学发展观”“可持续发展”的思想，也是实事求是的科学方法。这对培养学生创新能力，尤其对艺术设计学科创新特征的知识结构整合的创新能力训练十分必要。只有这样培养的学生才能得到创造性的解决问题的思维方法，得到在程序中应用举一反三的实践，得到“眼、手、脑、心”综合训练的经历，得到在生活中扩延知识的能力，养成研究的习惯，以便顺畅进入专业设计阶段。

我们常说的“形态”，其中“形”是三维的，它包括形状、尺寸、比例、材质、结构，等等；我们说“态”是什么？态已经不是形了，它表示了人的心理反馈，是多维性的！它能体现出你的感觉、认知和情感，而我们现在这个社会转型要往前走，它就不是四维的，它是多维的，它的形态是千变万化的，是由于人和社会交互的方式不同、沟通的方式不同、合作的方式不同而会产生无穷无尽的形式，而这是我们要思考的。

“有目的的造型”是设计者必须恪守的原则。造型是一种语言，它传达了“无言的服务，无声的命令”，既是个性的显示，又融于统一的整体。这能使我们的“人为自然”既能丰富多彩又简洁和谐。世界是硕大无垠的，万物是五彩斑斓的，但又由于“分子”“基因”作为其基本因素，以排列组合成无穷无尽的系统，适应了这既具统一性，也呈多样化的大千世界。

学生一开始接触形态就是个完整的概念，不是把形态和色彩、工艺、结构分开来说……设计基础不是单独讲构成或造型，是要跟材料、工艺、构造、技术整合在一起的。我们不讲功能和形式，因为功能和形式是分不开的。国内讲功能形式是从包豪斯设计精神传入消费主义的美国后的理解而翻译过来的，功能决定形式也好，形式追随功能也好，实际上很容易误导，所以我们讲整体。分析的“分”不是为了分，是为了整合，讲整体的关系。

设计师拿来一个新材料不是随便都可以用的，要对那个新材料的性能进行分析和调整，例如用在体育馆可能是一个参数，但是用在家居中可能就是另外一种参数。而这对材料生产领域就提出了难题，一个材料出来了，要考虑它的承重问题，它的连接问题，乃至成本，以及一系列的问题。所以材料发展和设计的发展是相辅相成的。材料的使命是满足设计师选择的要求，但设计师的理念是要依据社会的总体评价标准的，这种需要是正向的反馈。相同材料使用在不同的环境下就需要改变材料的性质。比如过去木材在潮湿外因条件下耐腐性不好，就诞生了防腐木。为了节约木材资源现在出现了人造板，这就是一种需求导向，也是一种创新。那么我们的建材生产企业为什么不可以主动一点呢？建材企业可以多研究一下建筑，多研究一下结构，多研究一下生活，那么就会发现材料的一些问题，就可以主动为建筑服务。

形态比例和尺度的问题是从“形”——技巧层面上提出的，没有去了解这些形态的背景。罗马万神庙的尺度是做什么的？那是供奉神的！肯定尺度要大，要夸张神的伟大。欧洲古典建筑是以神为本，不惜工本的。金字塔、古埃及神庙，这些建筑的比例失调，显出了人的渺小，神的伟大。这些归结为都是神的尺度。

柯布西耶讲究人的尺度，一定跟“人”要接近，但是受当时的宗教建筑——教堂观念的影响，仍然会衍生出现代主义初期的公共建筑，但也贯穿了文艺复兴的痕迹，尺度向人接近了许多。

威尼斯总督宫，已经到了文艺复兴的萌芽了，第一层是柱子，第二层是回廊、柱廊，第三层是贴着马赛克和大理石，有窗子的墙面。这三层在远处看非常清楚，横向的水平分割，不是纵向的夸大神的尺度。它更加像现代的建筑，不像崇拜神的古代建筑。没有那么威严、奢华，开始回归到人的尺度，这个尺度是纪念人，是社会人的尺度。

包豪斯设计学院、“白房子”（Weissenhaus）就是住宅，依据的是人的尺度。盖里的建筑是纪念碑的尺度，是他自己的尺度，他根本没有强调人的尺度。他要夸耀自己，显示自己。他可能讲究了城市的尺度，自己的尺度，但并不是人的尺度。我并不迷信盖里，他可能是建筑师出身但是过于炫耀自己了，做品牌去了。

包括天安门，长安街那不是人的尺度，是国家的尺度。现如今很多大学校园没有利用人的尺度，大宽马路的设计，让学生感觉和校园没有什么特别关系，学生要么在宿舍，要么在教室，几乎没有什么沟通和交流的空间。西方在文艺复兴之后，一直强调的是人的尺度。而我们一直强调体现权力、国家形象、城市地标，可那并不是人的尺度。

对于尺度问题，设计师都值得深思，再举个例子，家里 10 间房子，两层楼，又有游泳池，你可曾想过家庭成员有多少？一个游泳池一天要用多少水？一天游几次？

水暴露在雾霾天气之下，脏不脏？你换不换水？要从人的尺度着想，并不是尺寸，要从社会的公平、人的心理和生理去着想。

比如皇帝宝座的尺度，它是摆派的。宝座上不能歪着躺着，必须正襟危坐，摆正了体现威严。高高在上，这是帝王尺度。再比如，老板不愿意约下属到家里谈话，下班不愿意见员工。老板坐在办公室里面大班台后面的老板椅上，你就不敢同他大声讲话了，这就是老板的尺度。社会对人的认同，一切要从设计本源出发。

设计师不应该钻到技巧上，不能用单一的黄金比例考虑所有设计问题。室内要围绕人的尺度开展设计，卧室一旦比较大，但人的心理尺度不愿意把床凌空置于室内，床一定是要靠着墙，甚至要设计一个空间隔断让床靠着，这样才有依托感觉，这就是心理安全尺度。

如果一个设计师只注重技巧，而“没有以社会的人”思想，将来怎么会在历史上留下痕迹？对于社会发展、专业发展没有意义，反而把下一代带坏了。

讲了 30 年了，工业设计是什么？实际上工业设计最本质的是解决一门“关系”的学问，不是它的结果，而我们关注的都是结果，一个酷的手机，一个非常好的界面，我们都注意到元素、要素、技巧。设计到底是什么？这个问题不解决，关于设计的目标与方向问题，我们应该深入研究，也可以辩论。

工业设计并不像某位“科学家”曲解的外形设计！自古以来设计的本质一直不是能用 1.0 或 2.0 能解释的！这是用技术之刀阉割人类设计的本能和智慧，只会将设计引入歧途，成为某些人的工具。我们应建立论坛，认真而理性地正面讨论！

不能只重“养眼”，不顾“养心”。设计不能只跟随市场、满足市场，要看到这个世界真正的“需求”，从而“定义、引领、创造需求”——“提倡使用，不鼓励占有”！

工业设计这门学科在 20 世纪 70 年代传入中国时，仅从艺术造型、装饰的角度来认识，这是由于中国的经济还未完全脱离以材料或工种为主体的自然经济模式；随着中国工业化的进程和改革开放的深入，中国的经济由于第二次引进高潮，逐渐形成一个加工型的工业模式，所以以技术为主体的观念遍布工业设计界；至市场经济萌发的 90 年代初，商业促销及市场效应又使工业设计感到十分被动。而在国外，工业设计正经历着从**以形式、包装为目的向以功能为主体**的演变；还从**以技术为主体**向**以需求为主体**的演变；当前又从**以商业营销为主体**向**以环境保护为主体**的演变。人类正经历着一场“绿色革命”，设计被重新设计着……

人们已开始将工业设计的实践与认识提高到“机制”创新、生活方式设计、文化模式设计及系统设计层面上了，现在又致力于可持续发展的“集成式系统整合”的“生态社会设计”——“青山绿水”的高度上来了。“服务设计”诠释了“工业设计”最根本的宗旨是“创造人类社会健康、合理、共享、公平的生存方式”。

传统工业设计正在悄然发生转型，这将使得设计在更多领域发生作用。它有三个特征：一是**服务设计**，这是商业或者社会转向系统竞争时代的产物，设计的本质是解决需求的本质的；二是**交互设计**，伴随着一个世界转变为二个世界的进程，要建立虚拟与现实之间人工智能的交互、沟通、反馈的机制，需要建立更加有效的语言体系，交互设计充当了翻译，即将传达的核心回归到“达”的作用；三是**社会创新**，设计最重要的社会价值在于对当今已异化了的世界文明的修正，伴随着欲望的膨胀和无节制的消费，引导可持续的观念更成为设计师的责任，而不仅是商业的附庸。

工业化后，物质的丰富促进了“商业”的急剧膨胀，以至“营销”与“品牌”的神圣化！即一切为了“功利”，才催生了追逐“利润”“资源”的欺诈、掠夺、垄断、战争而不择手段，还美其名曰国家、企业战略！

工业革命开创了一个新时代，工业设计正是这个大生产时代的生产关系的革命。这个“功利化”的工业化经济的存在迅速被大众市场所拥抱，从而孕育了人类“新”的价值观——为销售、利润、资源而生产，这似乎成为当今世界一切的动力！

但是“工业设计”的客观本质——“创造人类公平地生存”，却被商业一枝独秀地异化了！

物质越丰富，人的智商就会越蜕化；

科技越发达，人的精神就会越空虚；

营养越丰富，人的生理功能就会越衰弱。

未来的社会，节奏会越来越快，各种变化的周期还会不断缩短，各种不可预料的事情越来越多，我们的精神将长期处于紧张和不安中。

“科技创新”也日益成了“商业模式”的创新的催化剂！科技与商业本不是人类社会发展的目的，但这“工具”层面的手段却异化成“以人为本”的目的！

当今科学技术的发展如火如荼，科学技术给人类带来福祉的同时也带来了潜伏的灾难。原子能可造福人类，也可毁灭地球。无人飞机、无人商店、无人银行、无人酒店……那么人去哪儿了？四体不勤的人还是人吗？人类的未来难道就退化成只有“脑袋”和“手指”吗？科技绝不是人类生存的目的，我们常常会在追求目的的途中，被手段俘虏了。

未来的制造业制造出来的“智能机器人”必须会“思考”，会“对话”，会“交流”！如果我们把“互联网＋”仅仅当成一种“工具”，而不研究“思考、交流、对话”的机制，那么制造出的“机器人”绝不是“智能化”！

勿忘“教训”啊！我们曾经把发明的“火药”当做玩赏、享乐的“鞭炮”“烟火”，而别人把它做成“杀我们的武器”！

“设计”本应是人类社会能可持续发展的智慧却被“权力”和“物欲”奴化成牟利的工具、技术和方法！

我国工业设计正在经历一个发展过程：①“工业美术”阶段——包装、美化、装饰、奢侈品；②“工业的商品经济”时期——广告、时尚、爆品等品牌“促销”牟利的手段；③“以生态、社会为本”的境界——绿色、服务、分享。

作为一种社会化创新，需要打破以“小而全”的产品制造体系，加强分工合作、提倡“隐形冠军”（为何全日本只有1个螺丝钉厂）的“产业链的社会化”——“产业创新”与“社会创新”。工业设计将以可持续发展的理念、整合性系统设计思维以及协同创新的方式服务于人类社会。

我们应该明白，“工业设计”的根本目的——“创造性地解决问题”，一是解决今天的问题，二是提出未来的愿景。

1987年我提出：《四品说》——《共生美学观》。制造、流通、使用、回收——产品、商品、用品、废品。而设计必须将我们的设计统一在全社会的产业链中，才能可持续发展。研究“需求”最重要——需求不是want，而是need。

不能把握“需求”的商业模式、营销策略、产品设计都是无本之木、无源之水。要从生活中发掘生存的“原型”，研究其抽象意义。我常说不是仅关注“怎么做”，重要的是“做什么”。

工业设计的本质是整合、集成，不是最后一道工序，而是全程序的设计评价与事前干预，似乎我们到现在还不甚明白设计的这个本质。

我国工业设计的落后，迫使我们必须先从认识上抓住设计的目的、目标是什么这个问题，然后才能知道如何培养学生具备良好的设计心理素质，使学生懂得仅靠技术纯熟是不能使设计走向成功的。我们的研究方向就是把设计当作一门科学来认识、来实践，而不是仅靠经验或感觉去行事，这就要求我们系统地研究设计目的与人类行为是由于在不同人、不同环境、不同条件下所形成的互补关系，进一步理解技术、工艺、原理、形态、生产方式是可以被选择的，是可以重新组合的这一新观念。

这一新观念为工业设计走我国自己的道路提供了一个科学的、实事求是的、可行的路标，它将对我国的经济发展起到革命性的促进作用。它将引导企业产品结构的调整，逐步创建新工业门类和“产业结构创新”，影响人们的健康消费及生活方式的合理转化，并形成新的习俗、文化、道德——“中国方案”。

中国的未来怎么办？人才培养最重要。培养什么样的人才？在学校里面教什么？是教知识还是教技巧呢，还是教“权威”的东西？是教时尚的东西，还是教最基础的科学的观念和思维方法？对基础的认识又会有争论，什么叫基础？过去的基础就是基本功，基本功好像是“曲不离口，拳不离手”。不够的！那只是表达基础的形式而已。对基础的认识，是以目标而言的。

基础的涵义在变，这样在目标需求的比较中思考，就发现：除了目标系统变化外，最起决定因素的是外因发生了变化，当然对基础的要求就不一样。知识经济时代对人才的需求，对基础的要求已不同以往了，我们必须清醒地认识到这一点，仅靠技巧、技术是不成的，而需人文科学的基础和方法，以便使技术人才去关心、研究有关社会、环境、文化乃至人的知识，这正是过去科技人才最欠缺的领域。

会写一手好毛笔字、会用计算机、会做计算，那不叫基础，那仅仅是基础的一小部分，而更重要的是组织知识的能力，那就是要学会掌握科学的方法为明确的目标系统去服务的能力基础。而这个方法就是系统方法论——“事理科学”。

这个时代，学习看似越来越方便，每个人都能随时随地获取各种知识。而实际上，越是在这个“知识”可以信手拈来的时代，我们越学不到真正的知识——没有“结构的知识”。因为人都被欲望蒙蔽了双眼，与其说人们看似越来越崇拜知识，不如说是崇拜成功的“捷径”。

工业设计着重培养学生认识问题、发现问题、判断问题、限定问题、解决问题的能力以及综合评价、组织计划的能力，强调在系统理论指导下，将矛盾、问题建立目标体系，并充分利用现有的条件，将“限制”当作“机会”，创造性地提出系统、综合性地解决目标体系中错综复杂的问题。研究“限制”——事物所处的“外部因素”是实现设计“目标”的前提，也是迈向成功的方向指南。以物种进化为例，生物在进化过程中不断通过“进化”或“突变”来提升对自然环境的“适应度”。不能适应“外因”的物种就会被淘汰，而能改变“内因”的物种才会存活下来。

所以“内因”从来不是主要原因！不管你在哪个行业，颠覆不是从内部出现的，而是从外部推动的，内因并不是最主要的原因。医药界的创新和发展，并不是医药界推动的。搜索引擎的创新，也不是从搜索开始的。

自然界或社会的变化是必然的，任何物种或人造物若不能适应这“外因”的变化，只能被淘汰；但为了顺应“外因”，改变“内因”就成了唯一的选择，这就是“物竞天择”的道理。这正是中国哲学的思想——人法地、地法天、天法道、道法自然。“师法造化、物竞天择、适可而止”即“实事求是”这个科学原理。

要适应“外因”，就是设计思维创新的方法！也是当代设计基础教育的责任，必须使学生能够认识事物发展的规律，才有可能主动地创新。

设计是一种“适应性”的选择。设计活动总是在某些特定的限制下进行的，在某一时代，某一地域文脉，特定技术条件，甚至人们思想观念的局限下，设计活动表现为一种为适应外部环境（外因）而采取的有限合理的选择。设计合理性其实就表现在对环境的适应性，是当时条件下的最佳选择。

学习、认识、研究并建立这个“实事求是”的思维的过程，就是在“观察、分析、归纳、联想、创造、评价”的基础上的“事理学”的“目标系统法”。

传承中国传统文化精神的“哲学观”，学习、认识、研究实现“人类命运共同体”目标的“外因”——限制（物欲）下的《中国方案》，是个尊重科学“实事求是”的思维的过程。

这就是设计的“思维逻辑”！

机场，不可以成为国际化的社交平台吗？

书店，还只是卖书吗？

酒店，就只是用来睡觉的吗？

餐厅，就只是用来填饱肚子的吗？

美容业，就只是要折腾那张脸吗？

银行等候区不可以是画廊、展厅？

感觉——看山是“山”；

感知——看山不是“山”；

感悟——看“山”还是山。

14 亿或 70 亿人的需求是“物欲”之“山”，还是对可持续人类社会的本质“需求”之“山”？

世界上最需要迭代的不是“产品”，而是战略与人才——“认知”的“智慧”——观念。教育的未来就在于此！

我们的“目标”——中华民族复兴。其“目标系统”——中国国情与世界形势——“外因”下的“中国方案”和“人类命运共同体”。国家战略系统：中国社会结构转型升级不能完全靠“市场经济”（内因）来构建，而是要依靠国家发展战略引导。“外因”——国家要大力加强工业设计认知思维方法、战略型产业结构建设、基础科研体系和未来人才培养工作。“人心红利”就是国家的战略和人才。着力探索“提倡使用、不鼓励占有”的“服务设计”，创造还未曾有过的“生存方式”，走中国自己的发展之路——“中国方案——人类命运共同体”。

教学并非仅仅为了传授设计的常识和制作的技能，而是在课程中建构一个能引发同学们积极思维的实践气氛环境，为学生架设一个知识再生的“新结构”，有效地培养和训练学生，使他们在今后的设计实践中能表现出较强的分析能力；发现问题的能力和动手能力；解决难点的能力和设计创造的持续发展的能力。

把专业教学与社会现实紧密相连，课题不是来自异想天开的想当然，而是面向实际，练就发现问题和解决问题的自主学习能力，因而这里的设计教学不提倡盲目地追新求异，绝不以获奖、发论文、搞挣钱项目为教学质量评价标准。

教学，重在培养学生自我学习的能力，锻炼学生解决实际问题的能力。学生就要凭着兴趣、能力及团队合作，用一年的时间完成一个完整、全过程的作品设计和制作，从学习原理到亲手制作，教师不再单单是教，而更重要的是作为“教练”全盘规划、设想方向并带领训练，而具体实施全部由学生自己完成。教学要求自己动脑，自己动手，教师只是辅助，一切要靠自己搞定。学生选定一课题，从各个角度如选题、科学原理、技术条件、功能、使用方式、废品处理、营销、各种报告、表达等一直研究到有一个完整的概念、过程和结果为止。

教育必须遵循着先学做人再学技能的规律，奉行着爱的信念，鄙视短见的名利；做人，并踏踏实实做事，求真求实，尊重规律。教育学生们都要自觉、自信、自强，能以主人翁姿态从事学习、坚持研究、勤奋动手劳作、维护团队，热爱集体的学风得到良性循环，时下，我们的教育往往过多注重专业，而忽略了学生基本人格、基本道德、基本情感的养成，以至于有些学生对生命、对世事越来越冷淡、冷漠甚至冷酷。我们要培养学生“面对一丛野菊花而怦然心动的情怀”。这种情怀就是在乎沙滩上每一条小鱼的生命的男孩儿所拥有的情怀。

教育的最终目的，不是传授已有的东西，而是要把人的创造力量诱导出来，将生命感、价值感唤醒。唤醒，才是一种教育的手段。在眼下的教育大环境下，喜欢发问且用质疑、批判的眼光看世界的人们更显得弥足珍贵，批判性思维是一种创造性思维。

我们一直强调教育规律、教育方法，在方法引导下的知识传授就可以再生知识、补充知识、整合知识、创造知识。强调方法要以某一课题作为载体，我们经常强调你会“纸”的设计，就应该会钢板、塑料板的设计，这是工业设计系教育的最大特点。

我们主张“知行合一”。认识是对知识的反馈，实践是对能力的评价；而我们设计的目的不仅仅是要让学生和设计师将认识的道理转化为实践的能力，还要培养年轻设计师们发掘知识、自主获取知识，甚至整合已知的知识，创造新知识的能力。这就是自主研究的能力，然后将研究、拓展的新知识应用于实践。没有“知”的“行”是漫无目的的，会误入歧途的，而“行”又可以催化、升华我们的“知”。在设计研究与实践之间的关系上，一般的观点认为研究提供知识，而实践使用知识。但这样的观点人为地拉大了二者之间的鸿沟。现实的情况表明，研究不仅仅提供知识，研究本身也是一种设计，在解决实际问题。

设计不是凭感觉，不是凭天才，不是凭凑巧，而是有一套程序方法。像管理一样有程序的合理性，才有结果的合理性。过去师傅带徒弟的方法，凭感觉，可能会出一两个优秀人才，但是大部分人悟不出来。设计程序就保障有时间去研究一个新事物，事物之间是有规律的，虽然表面功能不一样，但基本上有几点是不会变的。实际上这是一种研究当中的学习，学的是思维方法与能力而不是技巧的传授。

现在回想我的恩师潘昌侯先生讲的专业课，我得到的是最基础的东西：怎么去做事情、怎么去思考问题。这样你的技巧才能发挥作用。我们经常被别人整合，来参观的、办展的络绎不绝，我们在为社会默默地做贡献。来的外宾很多，迎来送往，国外有个项目我们和他们合作，我们感觉很荣耀。实际上我们的知识和教学资源被他们整合了，都是为他们的课题服务，真正我们提出课题去整合别人的没有。这就是组织能力和超前能力的缺失。中国现在市场这么大，有机会，但没人思考这类题目，思考以后，也没有这样的经济实力，各方面的制度又跟不上。和我们国家的工业引进一样，没有自主的东西，这个时间不能太长。就像制造业一样，别人用的是我们的廉价劳动力，知识界现在也是这样，被别人整合，为别人的成果服务。咱们学院现在最关键的问题就是整合力量。

最后，我想与大家分享的一些思考要点：

“设计”是一种发展价值观。

注重需求目标系统而不是功能；

注重事而不是物；

注重物的外部因素而不是内部因素；

注重结构关系而不是元素；

注重整体而不是局部；

注重过程而不是状态；

注重理解而不是解释；

注重祈使而不是叙述；

注重设计师与用户的“主体间性”。

坚守底线，勇攀高峰

——在基础课中进行“三位一体”人才培养

电机系　于歆杰[①]

第 25 次教育工作讨论会的主题是“践行‘三位一体’教育理念，全面建设一流人才培养模式”，这既是对 4 年前第 24 次教育工作讨论会重要成果的继承与发展，更是开启了新时代教育教学改革的新征程。

电路原理是电类专业本科生必修的第一门电类专业的核心课程，量大面广，非常重要。清华大学开设的电路原理是国家级精品课、国家级精品资源共享课和国家级精品在线开放课。自 2006 年以来，该课程的教改成果获北京市教学成果一等奖、二等奖各 1 次，清华大学教学成果特等奖 1 次、一等奖 2 次、二等奖 1 次，清华大学优秀教材一等奖 1 次，清华大学优秀教学软件一等奖 2 次。

之所以能够在本科基础课教学中取得上述成绩，是因为电路原理教学组历来重视传承与创新，在充分继承教学组严谨、扎实的优秀教学传统的基础上，主动适应产业与社会发展以及学生学习习惯的转变，持续开展前沿深入的教学学术研究工作。自 2006 年以来，教学组 3 次获得清华大学优秀集体，主要授课教师中 2 人获北京市教学名师奖、3 人获宝钢优秀教师奖、1 人获清华大学新百年教学成就奖、3 人获清华大学“清韵烛光”杯我最喜爱的教师。

下面结合电路原理教学组的体会，谈谈如何传承和发扬清华优秀的教学传统和经验。

---

① 于歆杰（1973—　），清华大学电机系教授、党委书记，电路原理课程负责人，现任教育部高校在线教学国际平台与课程建设专家顾问组副组长，教育部高等学校工科基础课程教指委秘书长、教学信息化与教学方法创新教指委委员，教育部在线教育研究中心智慧教学实验室主任，清华大学在线教学指导专家组组长。

一、坚守底线，在关乎课程质量的关键环节上坚持从严要求，让电路原理成为学生敬畏的“核心硬课”

多年来，教学组一直坚持在教师选用、授课和命题等关键环节坚持底线，确保了课程多年来一直在学生心目中是一门需要花费很多时间和精力来学习、同时能够获得巨大学习收获的“硬课”。

在青年教师选拔培养方面，坚持学科背景多元化、教学意愿纯净化和教学培训规范化三个原则。电路原理的后续课程涉及电气、电子、自动化、计算机等诸多电类专业，因此教学组主动从多个研究方向邀请科研水平高的青年教师加盟。在与有意向的教师进行沟通时，教学组非常强调来电路原理教学组不仅仅能“挣工分”，更需要愿意给学生讲授基础课，并且主动为这门本科核心课程的建设做出自己的贡献。在教师培养方面，一直坚持**从全程听课、批改作业、讲授习题课、部分讲授大课、老教师指导下的全程授课到独立全程授课的培训过程。新上课教师需要用2年左右的时间方能完成该过程**，从而确保了电路原理多个课堂的授课质量整体保持较高水平。在上述三个原则的指导下，教学组的青年教师科研水平高、教学能力强，1位教师获国家自然科学基金委“杰青”项目支持，2位教师获国家自然科学基金委“优青”项目支持，2位教师获北京市青年教师教学大赛一等奖，4位教师获清华大学青年教师教学优秀奖。

在课程讲授和考试命题方面，坚持教师全程授课、每学期期中期末考试完全重新命题两个原则。电路原理课程主要在大一春季开设，学生普遍比较好学，对教师的依赖度较高，因此教学组多年来坚持每位教师全程讲授64学时，而且不调课，使得教师和学生彼此越来越熟悉，教学过程能够顺畅进行。期中和期末考试是检验学生学习成效的重要环节。为了能够确保这门课程是一门“硬课”，**教学组多年来一直坚持每学期对100%考试内容重新命题**。每次考试前，由课程负责人将命题任务分配给本学期各授课教师，负责人收到授课教师全新编制的题目后，统筹考虑，进行修改调整，形成试卷初稿，然后让2名任课教师进行完整试做，同时记录做题时间，以衡量题目的题量和难度，再经过1~2次面对面讨论后，调整形成试卷终稿。这种命题模式消除了往届试题对考试的影响，考试结果能够比较真实地反映学生对知识的掌握情况。除此之外，我们始终坚持当年的全体授课教师流水改卷，每位教师负责1~2道大题，从而保证对来自不同教学班的所有学生都能以相同的评分标准进行批改。任课教师在计算总分时，除非发现批改错误，否则不会对分数进行任何调整。这三个措施有效确保了考试的公平性和结果的可信性，进而确保了课程质量。

我们认为，对于“三位一体”中最为重要的“价值塑造”而言，需要在教学内容选择和教学方法的实施过程中体现，更重要的是通过教师自身对待基础课教学工作的实际言行，让学生在耳濡目染中形成正确的价值观和学习观，敬畏课程，敬畏学习。

二、勇攀高峰，始终站在全球电路课程发展的最前沿，让清华的电路原理成为国内外同行教师认可的“标杆课”

清华大学要建设世界一流大学，势必要提供世界一流的高等教育。如何在基础课的教学过程中体现世界一流？电路原理这类理工科基础课中绝大多数基本概念和分析方法都是由外国科学家和工程师创造发明出来的，因此这并不是一个容易回答的问题。近年来，教学组与国内外同行交流频繁，在慕课、翻转课堂、雨课堂等方面勇于创新，有效提升了电路原理课程的国内外影响力。

在教学内容方面，既同步国际进展，又突出中国贡献。电路原理教学组保持与美国麻省理工学院、斯坦福大学、加州大学伯克利分校、伊利诺伊大学厄巴纳－香槟分校、普渡大学和英国帝国理工学院电路教师的频繁交流，在教学过程中将MOSFET 和运算放大器等当代前沿电路器件引入作为基本教学内容，同时又在一阶三要素分析法、电力系统等教学内容中突出中国贡献，让学生能够与世界一流大学同频共振，并且体会和感悟中国对世界电气工程的贡献。

在教学手段方面，利用慕课和雨课堂等现代教育技术，在移动互联网时代更好地进行知识传授。教学组很早就意识到，“95 后”乃至“00 后”学生是互联网的原住民，相对深入钻研纸质教材而言，他们更倾向于以碎片化的形式获取知识。据此，**教学组于 2013 年设计、制作和运行了清华首门慕课、同时也是中国首门电路原理慕课。迄今为止，慕课已吸引全球 158 个国家和地区的 30 万余名学生学习。**在此基础上，教学组在全国最早完整应用“雨课堂”工具开展教学，将优质在线教育资源在大学实体课堂中落地应用，深受学生和国内外同行好评，该案例在牛津大学、帝国理工学院和墨尔本大学的教师培训中被反复引用。在应用前沿工具加强课堂吸引力的同时，教学组还申请并获批我国首批教育与信息技术融合的国家自然科学基金项目“用学习分析提升教学质量：基于大数据的形成性评价和动态学生画像研究”，**用学生学习行为和学习效果的教育大数据分析结果，帮助课堂教学过程从“用艺术形式传递科学知识”逐步变成“用数据分析提升课堂洞察，从而更好地用艺术形式传递科学知识”**。

在教学方法方面，针对学生的不同需求，在确保课程质量的前提下，分别实现提升课程挑战度、加强课内外师生交互、为学生提供学习灵活性等不同目的。我们很早就意识到：不同学生对电路原理课程有不同的预期。在要求所有教学班参加同卷期中和期末考试以**确保学习成效的前提下，教学组利用最新的教学方法和手段，开设了不同类型的课堂，学生可根据自己对学习成效的预期和可能的投入来进行选择**。其中 A 模式是加强版，希望通过学生较多时间的课外投入，来实现小容量班级的完全翻转课堂，在课堂时间进行充分讨论，显著提升学习成效和创新能力；B 模式是交互版，希望通过学生少量的课外投入，来实现大容量班级的部分翻转课堂，教师在课堂上能够及时获取学生反馈，实现更高效的知识传授；C 模式是迷你版，学生的学习主要在慕课平台完成，教师会在一个学期中组织 6~8 次面对面讨论，目的是为学生提供学习灵活性。这 3 种模式很好地将慕课资源、翻转课堂教学法和雨课堂工具进行了不同程度的结合，在确保课程质量的前提下，给学生多种选择，满足其不同的学习需求，从而实现因材施教。

电路原理是一门专业基础课，要想使得基础课常上常新，就必须在教师培训和教学纪律方面恪守底线，同时在教学内容方面与时俱进，在教学方法和手段方面勇于创新。只有这样，基础课才能够硬，够有挑战性，够标杆！

第四篇 实践与心得

工科专业课授课中繁与简的平衡

车辆与运载学院　周青①

工程学科的专业课，既好讲也不好讲。好讲的一面是，工科专业课一般都有明确的应用场景和对象，不需要涵盖太多的基础理论内容，不那么抽象，相对而言学生好理解课程内容。不好讲的一面是，讲深了、讲多了可能过于复杂和枯燥，学生不好抓住原理和要点；讲浅了、讲少了可能成为科普，学生很容易从网上搜集到信息，会觉得没有学到“干货”。授课的内容和形式应该是繁还是简，是粗还是细，是深还是浅，与具体知识点要达到的教学目的有关，肯定没有一个统一的方法或标准。本文以我连续讲授了16年的“汽车碰撞安全基础”课程为例，和大家分享一些这方面的授课经验。作为教学经验分享，本文讨论的对象是工科专业课，不是基础课。工科专业课一般是面向高年级本科生或研究生的。

“汽车碰撞安全基础”是清华大学汽车系48学时的研究生课程，需要该课程知识的研究生一般在入学的第一学期选修。该课程也可作为汽车专业高年级本科生的专业课。“汽车碰撞安全基础”是清华大学与德国亚琛工业大学联合培养研究生项目的指定课程，2004年秋季学期首轮开设，一直是全英文授课，每年有15~30名的研究生选修，来自汽车系、机械系、工业工程系、航天航空学院等院系。近年来，由于清华大学国际学生人数增长较快，课程的国际学生比例从十多年前的一半左右增加到近几年的三分之二左右。以2015年为例，共有26名研究生正式选课，其中中国学生6名，来自亚琛的德国研究生10名，其他国际学生10名。

“汽车碰撞安全基础”课程于2007年获得清华大学精品课程称号，后续也通过

---

① 周青（1964—　），清华大学教授，主讲“汽车碰撞安全基础”课程，研究领域为汽车安全，包括材料、结构、动力电池和人体碰撞失效机理与保护，1985年北京大学本科毕业，1994年获得麻省理工学院博士学位，1994年至2003年在美国工业界从事汽车安全研发工作，2003年起在清华大学任教。

了每隔几年一次的精品课复评审。"汽车碰撞安全基础"的中文授课版于2015年在"学堂在线"以网络公开课的形式上线，到目前为止累计选课人数超过3.7万人，学员多为汽车企业的工程师或其他学校汽车专业的本科生或研究生。

汽车碰撞安全性设计是汽车产品设计中的一个重要部分，良好的碰撞安全性能是法规、市场准入和市场竞争的基本要求，对减少道路交通事故伤亡具有重要的社会和经济意义。汽车碰撞安全技术是具有综合性和挑战性的核心技术，"汽车碰撞安全基础"课程系统地介绍了汽车碰撞安全的基本原理、设计理念和方法以及相关的前沿技术，是汽车系研究生培养环节中的一个关键组成部分。课程由4个单元15讲组成，分别介绍了汽车碰撞的运动学和动力学基础、汽车碰撞安全性评价方法、乘员约束系统的基本原理、人体与车身结构之间的相互作用、车身材料和结构在碰撞下的响应以及相关的前沿技术。

在绪论之后，课程的第2讲是关于汽车碰撞波形与乘员乘降分析的内容，是课程最核心和最基础的部分。所谓汽车碰撞波形，就是汽车碰撞过程中乘员在车里感受到的冲击减速度随时间的变化历程，其原因和机理都很简单，就是汽车前部结构在碰撞下产生了大变形和破坏，在大约0.2s这么短的时间里，汽车的运动速度从其行驶速度变成零（见图1），并有一定程度的反弹。所谓乘员乘降，就是在汽车速度很快变成零的过程里，车内的乘员如何与安全带和气囊等乘员约束系统发生作用，并完全停下来的动力学过程。

汽车碰撞波形与乘员乘降分析是整个汽车碰撞安全性设计的基础。对100~200ms的汽车碰撞过程，有很多重要的知识点和基本原理需要学生理解和掌握，所涉及的问题并不是一个简单的冲击减速度引起的车辆速度变化，进而引起车内乘员的相对速度变化以及乘员的惯性运动造成碰撞接触和损伤的问题。针对这样一个看上去简单但实际非常重要的概念，我的授课思路是，以一个实际的碰撞试验数据为例，把这样一个看似简单的过程，用6个学时的时间，一步一步地细致梳理和讲解。仅图1显示的几张幻灯片以及前后大约10张幻灯片就至少讲解了1个学时，包括该典型汽车碰撞试验的所有宏观运动学响应曲线，有减速度、速度和位移随时间的变化曲线，细致讲解曲线上每一个时间段和每一个特征对应的车辆状态、车内乘员状态以及对应的车辆前端结构的变形和破坏及相关的力学机理。

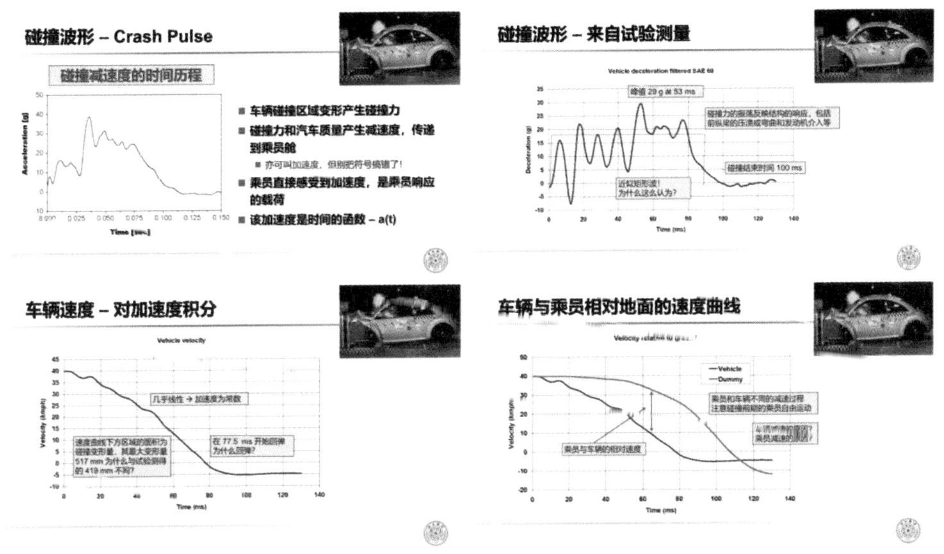

图 1　碰撞过程中车辆的运动学响应曲线、特征及对应的力学机理

这个例子是把一个看似简单的问题首先进行分解，然后对每一部分进行细致的讲解，**由简变繁**，这么做是由该知识点的重要性和基础性决定的。在课程开设的最初两三年中，我其实并不是采用这个讲法，我当时认为这个问题很简单，讲得比较简单，而且不是通过试验实例讲授，是根据一个简化力学模型推导汽车碰撞过程的运动学和动力学响应。当时觉得那样的讲法比较“理论”，但经历了最初两三轮的讲授以后，我发现学生对这个概念的理解并不像我预期的深入和准确，之后才形成了如图 1 展示的这个以实际汽车碰撞试验数据为例的讲法，并一直沿用至今。并且，为了加深学生理解的程度，设计了一个大作业，给学生另外一个不同车型的试验数据，让学生按上课讲过的过程重复一遍。课堂讲解的时候是直接展示从加速度数据到速度曲线以及位移曲线的结果，在大作业中则要求学生自己从加速度数据通过数值计算得出速度曲线，同时找出曲线上相应的特征。

课程的第 5 讲是关于汽车座椅安全带与气囊的知识。气囊是非常重要的乘员保护装置，和大众消费者一样，学生在上课之前对气囊已经有了一些感性的认知，但谁也没有真正接触过、设计过气囊，也不清楚其作用原理，所以和普通汽车消费者一样，学生已经具有的气囊知识很可能有误区。无论是安全带还是气囊，作为汽车里重要的装置，设计起来并不容易。学生如果毕业以后去汽车企业或者汽车零部件企业工作并从事汽车安全性设计的话，安全带和气囊设计是必须掌握的知识和技能。但我考虑，具体的设计技能和优化方法只是比较复杂，本身并无难度，即使学生在课上学会了这类知识性的东西，如果暂时不用的话，很快就会忘掉。而且装置技术和设计方法总在进步，以后学生如果从事这方面的工作，还是要根据企业的设计规范和流程重新学习和掌握，因此，不应该花费宝贵的课时去讲解具体的设计优化，也不需要学生课后通过作业去练习和掌握相关的设计方法。我在课上只讲气囊的工作原理以及气囊设计和应用中经常会被忽略的风险，也就是消费者对气囊作用和风险的认识误区，气囊与安全带的关系，相关技术发展的脉络是如何导致这样的关系，等等（见图 2）。

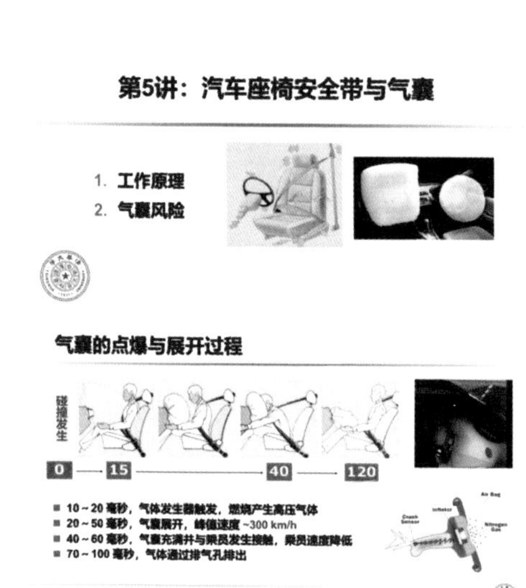

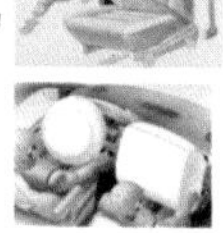

图 2　汽车气囊的碰撞保护工作原理与气囊对乘员的风险

授课中这个关于气囊的例子，是把一个比较复杂的设计问题，以原理和相对宏观的方式粗略来讲解，只把原理、重点和误区讲清楚，不需要学生学习和掌握具体的设计和优化方法。讲解时先结合之前的车身结构碰撞响应单元的学习内容，分析为什么气囊作为乘员碰撞保护手段是座椅安全带的必要补充，气囊技术是在什么样的要求、环境和历史条件下发展起来的，这样的过程导致的负面效果的原因和机理是什么，进而讨论在汽车销售环节中常见的夸大气囊功能和误导消费者的现象，并结合实际交通事故和消费者对厂家的气囊诉讼案例予以说明，再介绍为什么未来的智能乘员保护技术有可能解决这一困境的原理。在讲授和讨论过程中，也呼应了之前单元的乘员碰撞受伤机理的内容，并为后续单元的智能乘员碰撞保护技术埋下了伏笔。这样一个 3 学时的授课单元不仅使学生了解了气囊的基本原理和功能，也使学生可以站在整个乘员保护系统的高度和技术发展历史的角度，对气囊技术的由来及其正面和负面效果有一个全面的认识，知其然，也知其所以然。这一讲对学生学习产生的效果是，对学生上课之前对气囊的认知带来了一定的震动，并在讲授中加几个设计和交通事故中的故事，使学生容易记住相关的原理。和这一讲有关的作业和考试也只考查学生是否改变了原来的误区或者认知，是否从原理上理解了气囊的风险。这个讲法是，只讲整体，忽略细节，**由繁变简**。

基础课和专业基础课有比较固定的教学范式和材料积累，知识和理论的变化不快，授课效果更多是看课程的内容设置和结构是否合理，教师讲解起来是否逻辑清晰，给学生的训练量是否足够大。而工科的专业课，由于应用性强，内容和技术变化快，我觉得重要的是让学生了解和掌握不变的基本原理。授课效果更多依赖教师的科研经验和实际工程经验，能结合前沿技术和工程实际选取合适深度的授课材料，可以通过实际工程案例和故事使学生容易记住需要记住的原理。针对不断变化的知识和总在进步的技术，只进行宏观介绍，并不花过多时间去讲授，需要的话，学生可以自学或者工作以后再学。我认为，这样的教学方式也便于在传授知识和技术的同时培养学生的思维方法。

实施 OBE 时的证据困扰

化学工程系　余立新[①]

一、引言

从 2006 年开始，我逐渐接触并认同了成果导向教育（outcome-based-education，OBE）的理念，以此理念参与的主要的实践活动有两个：一是专业认证；二是校级精品课的重塑。前者是宏观层面的实践活动，后者是微观层面的实践活动。

清华大学的化学工程专业是 2006 年中国进行首批专业认证试点工作时的 8 个专业之一，2009 年和 2013 年又经历了两次复审，2015 年还通过了美国 ABET 专业认证，为我国专业认证体系的建立和加入国际认证互认的华盛顿协议做出了应有的贡献。在认证过程中，需要不断地回答学生成效（student outcome，国内专业认证时称毕业要求，我自己对这些词都不是很满意，但是还没有想到更好的表达，故下面用英文词）是否达到，并且要求用数据说话。我非常认同这个逻辑，每个专业都需要制定自己的培养目标，然后分解到通过哪些 outcome 来实现培养目标，再来论证这些 outcome 是否达到，还需要根据定量的分析来决定是否修订目标或者如何完善培养过程。

2015 年，学校教务处组织部分精品课按照 OBE 的理念重新塑造，我负责的“化工原理”课也被列入试点之列。试点时的基本要求之一就是需要各门课程在结课时提供数据来说明学生的相关 outcome 达成与否。我们平常都认为，学生的能力培养和知识传授是通过各门课程来实现的。因此从微观上看，课程既起到培养能力又起到检验成效的双重作用。

---

① 余立新（1967—　），清华大学本科、硕士和博士毕业，教授。北京市和清华大学精品课“化工原理”负责人，曾任教育部化工类专业教指委委员、全国工程教育专业认证委员会化工专业认证分委员会成员，曾获国家级和北京市教学成果奖、北京市科学技术进步奖和宝钢教育奖优秀教师奖，是清华大学学生评选的“良师益友”以及“清韵烛光”候选教师。

在这些教学实践中，我渐渐又积累了一些困扰；在与校内外教师交流时，也能感受到别的教师的类似困扰。在此文中，我将这些困扰总结出来，期望得到大家的帮助，以便更好地落实 OBE 的理念。

二、证据困扰

在我参与的专业认证实践中，需要建立两个制度：一是我们应该在什么时候做什么事；二是做任何决定时都需要数据支撑。无论是修订专业培养目标的会议，还是完善培养计划的会议，抑或是每一门课该如何提交支撑材料等事项，这些事务性的工作只要有心、细致，就不会不按时完成。但是，最难的是在这些环节中，需要定量的数据来支撑各项决策。而我现在感觉，在取得高质量的支撑数据作为证据时，仍然有不少困惑。其中最主要的两个是主观性困扰和时效性困扰。

1. 数据的主观性太强

按照化工系目前的制度设计，每一个学期结束的时候，任课教师应该提交一份课程报告。该报告中容易完成的部分是：课程大纲、先修课等基础信息，希望该课程对学生的哪些能力进行培养，这些能力培养是和本课程的哪些学习目标挂钩的，希望通过该课程对学生的哪些 outcome 进行评价，对优中差作业、测验和考试答卷的留档。

该报告中不容易完成的部分是，如何证明学生的某一项 outcome 是否达成。之所以难以高质量完成，是因为这项工作的主观性太强，强烈依赖每一位教师的教学经验。

例如，在化工专业的学生培养中，有一条学生 outcome 是“应用数学、科学和工程知识的能力”。该能力的培养主要靠化工原理（A1）、化工原理（A2）、化工热力学、传递原理、反应工程基础、生物化工基础、化工设计、化工系统工程基础和综合论文训练这 9 个环节来实现。而为了提供证据说明学生的该 outcome 达成与否，要求在化工原理（A1）、化工原理（A2）、化工热力学、传递原理、反应工程基础和生物化工基础这 6 门课中设置观测点，取得量化数据作为证据。我自己教授的化工原理（A2）便在其中。以上的决策工作是系教学委员会开会讨论决定的。这些事情只要有人组织和督促，总能“顺利”完成。此处使用加了引号的“顺利”，是因为提交一份材料总是能完成的。而难点在于证据的可靠性，下面分析取得这些数据时的困扰。

作为化工原理（A2）的负责教师，我需要在每一学期结束后，提交给教学委员会一套数据，说明有多大百分数的同学具备了这一能力。而这些事情强烈依赖任课教师自己的教学经验，具有很强的主观性。在该课中，我希望通过“避免在分离过程中发生混合”和“理解和确定最小回流比 / 最小溶剂用量”这两个教学目标来检验学生的 outcome 是否达成。于是，我就需要设计两个观测点（可以是作业题，可以是测验题，也可以是期末考试题），来观察学生是否掌握了这些概念，并具备了相应的能力。比如，在期末考试中，我观察到，有 70% 的同学掌握了这个概念，具备了相应的能力。于是便把 70% 这个数据提交给了教学委员会供分析和决策之用，而作为这个观测点的题目的出法太具有主观性了。如果明确告诉学生“请计算某种情况下的最小回流比”，90% 以上的学生可能都会算；而如果某个问题中暗含着需要计算最小回流比，那么这个百分数就会小很多，比如 60%。这样，教学委员会得到的数据的范围就会很大。

在我系的制度设计中，还需要教师根据这些数据设定下一轮教学中的改进措施。根据我自己的经验，为了减少文字工作的麻烦程度，我会倾向于得到“不必采用任何改进”的结论；而不同的原始数据都可以得到相同的结论。比如，对于上面的 90% 或者 60% 这两个数据，我可以这么看待它们。对于 90% 的那一个数据，我可以讲这个观测点设置的问题相对容易，我期待 85% 以上的同学能够回答正确，实际百分比是 90%，所以不需要采取后续措施。而对于 60% 的那一个数据，我可以讲此处设置的问题是暗含的，比较难，我仅期待 50% 的同学能够回答出来，而实际上已经有 60% 的同学能够回答出来了，所以无须后续的改进。此处，85% 和 50% 这两个作为预期标准的数据的主观性非常强，并且教师总可以根据自己的教学经验来提供“足够”的说服力，论证它们的合理性。

最终的结果是：教学委员会得到的用于分析某一 outcome 是否达成的原始数据是不同的（比如 90% 和 60%），但是结论是相同的（即通过该课反映出的 outcome 是达成了的）。因此，该委员会在使用这些原始数据做决策时，就不能仅仅看其绝对值，而现在的制度设计中却是仅用绝对值的。

2. 时效性问题

按照目前的规则设计和逻辑，需要论证学生在毕业后的若干年（3—5 年）内能够达到预期的培养目标。培养目标是通过各 outcome 来支撑的。而同学毕业后，便很难获得关于他们的后续 outcome 的高质量数据支撑，所以，最稳妥的做法是论证学生在毕业的时候，他们的该项 outcome 已经达成。而通过各课程取得的支撑数据却是在毕业前 1—3 年的数据。

作为教学委员会委员的我，在面对这些数据时就有不少的困扰。此时采取的做法可能有两种：①不同时间段取得的数据的权重应该有所区别，距离毕业越近的数据的权重应该越大；②以距离毕业时刻最近的一次数据为准来论证达成度。仍以上面提到的那一条学生 outcome“应用数学、科学和工程知识的能力”为例，距离毕业最近的观察测试是在大三下学期。用一年以前的数据论证当下的事情，总感觉有困扰。

另外，使用前一批学生的 outcome 数据来指导针对后一批学生的教学改进也是时效性问题的一个方面。

三、能否以及如何走出困扰

经过这些年的实践，感觉教育过程中支撑数据的取得和分析比起自然科学研究时的数据的取得和分析要难很多，难度的差距可能需要用数量级来衡量。目前，我还没有论证出一定能走出这些困扰，但是自己相信 OBE 这个总体的做事逻辑是对的。于是自己便能放平心态，不急于求成，也就能说服自己，也就愿意试图说服别的教师：坚持按照这个逻辑做事，至少能够保证自己总在想着教学，想着自己的学生。至于如何取得高质量的数据支撑，彻底摆脱困扰，需要我们的共同努力。

电子商务课程体系建设与实践

软件学院　覃征①

2000年年初，虽然电子商务得以飞速发展，但国内外人才培养体系尚未形成，专著和教材也十分匮乏。针对电子商务领域人才的培养问题，课题组在广泛调研的基础上，率先在国内开始电子商务课程体系和教材体系的研究与建设。从《电子商务导论》（人民邮电出版社，2000年）的第一本教材发行到2017年形成课程体系，课题组历经17年建成电子商务课程体系及知识体系。

以教材为依托的知识体系，以案例总结为依托的过程体系，以科研项目研究为依托的创新体系的电子商务课程体系，已在清华承担的“电子商务概论”国家精品课和精品资源共享课中应用，在国内大学处引领地位，引领了电子商务人才培养的模式，填补了国内电子商务领域的空白，在国内外有着广泛的影响力。

一、全方位知识体系

“电子商务概论”课程于2003年正式面向各年级本科生和研究生开设。十余年来，在课程体系建设过程中，课题组不断更新相关教材，在完善理论知识的基础上紧扣时代前沿，取得了好的教学效果。在清华大学本科生教学过程中取得了优异成绩，多次在清华大学教学评估中获得全校排名前5%的优异成绩，受到师生们的好评。

2007年，国家精品课程建设开始，由覃征教授负责的“电子商务概论”课程就在清华大学精品课程建设平台上受到了广泛的关注。以同名教材为基础的学生用书、

① 覃征（1956—　），博士，清华大学信息科学与技术国家实验室、信息科学技术学院/软件学院教授、博士生导师；教育部高等学校电子商务类专业教学指导委员会副主任，获北京市高等学校教育教学成果奖一等奖，北京名师称号。主持课程“电子商务概论”获国家级精品课，国家级精品资源共享课；出版教材《电子商务概论》（第3版）获清华大学优秀教材特等奖。

教师用书、案例教程、电子教案、多媒体课件、课程网站等资源也受到了读者、学生、社会各界人士不同程度的广泛关注。

在课程体系建设中出版了电子商务战略、移动电子商务、电子服务、电子商务文化、电子商务软件体系结构等相关教材，收到了很好的效果。诸如：高等教育出版社出版的《电子商务概论》系列著作，是目前国内唯一持续更新的电子商务专业著作，《电子商务概论》（第 6 版）是目前国内最新的电子商务教材；清华大学出版社出版的《电子商务文化概论》是国内首部从文化角度分析电子商务的著作；国际著名出版社施普林格出版社（Springer）先后出版的电子商务概论（英文版，截至 2020 年 5 月 SpringerLink 下载量达 56000 余次，居同类著作第一）、电子商务战略（英文版，截至 2020 年 5 月 SpringerLink 下载量达 24000 余次，居同类著作第一）；韩国机构 MFDS 合作出版的电子商务概论（韩文版）等。课题组结合出版的多部教材，基于基础、技术、管理、实践、案例、战略 6 个层面重构了知识体系（见图 1），既有助于课程的体系的规范化和标准化建设，又为课程内容的个性化定制提供了充足的空间，使学生系统掌握电子商务基础理论和前沿技术。

课程组在这基础上，结合课程组教师的科学研究成果和相关领域的创新，进一步完善电子商务知识体系，增添了诸如移动电子商务、面向服务体系的软件架构、电子商务文化、电子商务法律、电子商务战略等新知识内容，形成了具有清华特色的电子商务体系。从基础知识、体系结构、关键技术到案例应用，全视角地论述了电子商务的发展历程和重大技术突破及里程碑的社会影响力，在电子商务专业教学中起了示范引领作用。国内清华大学、北京大学、北京航空航天大学、北京师范大学、西安交通大学等多所重点大学采用该课程体系及教材开设本科生和研究生电子商务相关课程，对该课程体系和教材的使用情况给了很好评价。

清华大学研究生院鼓励和支持全校师生积极开展研究生教育教学改革（简称研究生教改），创新机制、优化模式，不断提高人才培养质量。课程组在创建电子商务课程体系过程中，积极参与研究生教育教学改革项目。课题“电子商务概论课程建设对研究生创新创业、学术与职业发展能力的培养方法研究”得到 2016 年春季研究生教育教学改革项目支持；课题“电子商务概论案例库建设对研究生创新创业、学术与职业发展能力的培养方法研究”，得到 2017 年春季研究生教育教学改革项目支持，课题成果综合评价优。课程组将部分研究成果整合并提炼，获得“2017 年北京市高等教育教学成果奖一等奖”。

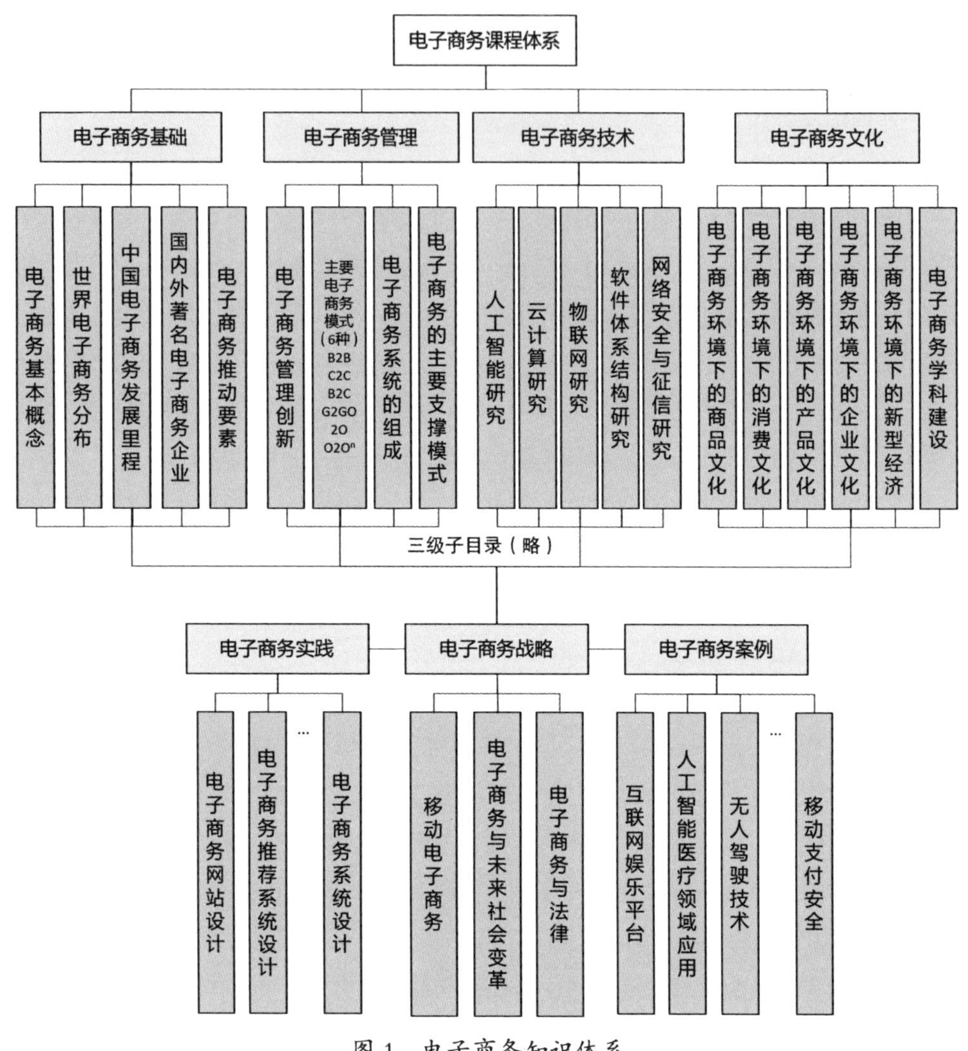

图 1　电子商务知识体系

二、多层次过程体系

在课堂教学过程中，课程组采用问题研究式教学法和主题式教学法相结合的“递进融合式”教学法规划每节课的授课内容及教学形式。课程组以电子商务知识体系为纽带，将二者融合起来，形成了独特的教学方式，将取得的新科学研究成果分类总结，建立了多层次过程体系。过程由案例进行解析，主要分成三类：前沿技术应用实践、电子商务创新模式、电子商务创新理念（见图 2）。主要有两个特点：一是以问题引领教学，教师结合学科前沿提出问题，根据问题以主题报告的形式论述相关命题，解决传统教学中学生创新性探究能力培养的难题。二是以问题引领学习，学生通过研究教师提出的问题，抓住主题建立研究思路，对于课程的学习有更深刻的理解，带动课程本身的学习和教学资源的高效利用。

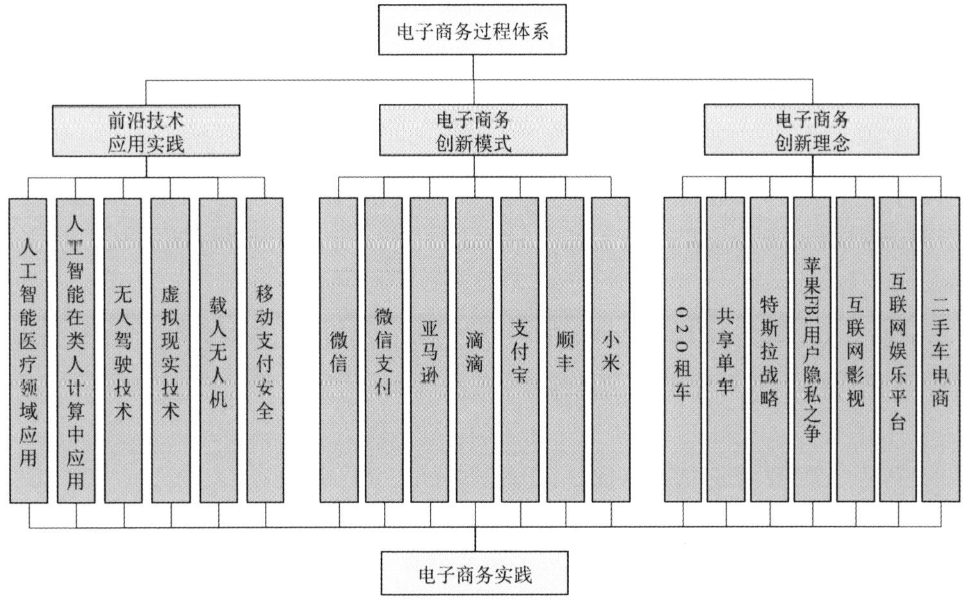

图2　电子商务过程体系

二者结合的过程中，问题的设计必须依托电子商务知识体系，紧扣交叉学科前沿，让学生有自己的思维空间，这样才能让学生有拓展自己思维的动力。同时，问题的深度和广度要和课程主题的设计相匹配。此外，主题报告的讲授需要对问题起到引领作用，选择与专业相关的一些重大理论和现实问题，主要是研究性的成果或者具有前瞻性的命题。将教材案例和科研成果相结合后形成新命题，让学生在听课的时候产生共鸣，进一步激发学生的学习兴趣。这种开创性的教学方式对教师的理论深度和广度要求更高，同时要求教师对科技前沿发展有深刻的思考和敏锐的嗅觉，以此保证学生生活中实际接触的内容和课程内容的紧密联系。当然，学生也无法仅仅通过课本知识的学习来了解电子商务的知识体系。问题的导向使得他们必须升华课本知识，带着问题从主题报告中获取资源，生成对问题的解，一步一步学会分析问题、探究问题、解决问题。

课本上的知识都是固定的，更新的速度很难跟上发展的速度。学生有能力自学课本知识，但是如何把课本知识与工程实践相结合，才是学生主动学习知识和理解课本知识的关键所在。虽然“递进融合式”教学法已经可以更好地让学生学会解决问题，但是不把学习场景放到项目中就无法营造真实的科研氛围，也很难培养学生在科研过程中的组织、交流和表现能力。实际上，“电子商务概论”课程面向全校研究生开设，除了计算机大类研究生外，还有经管类、人文类研究生来选课或者旁听。这些学生往往在专业技术方面有扎实的功底，但是对于电子商务宏观的业界生态、前沿动向不够关注，也不能很好地理解。因此教师将自己的研究成果和工程项目引入教学各个环节，通过项目导向式教学法，以研究课题与学生交流，让学生分组作业，合理应用自己擅长的技能，在完成项目的过程中获得角色认同感，建立自己的电子商务知识体系。

这种“递进融合式”和“项目导向式”教学法可以从不同层次挖掘学生的学习潜力，提升学生的科研兴趣，诠释了“科教融合”的理念。

三、跨越式创新体系

虽然目前教学手段形式日趋多样，教学资源日益丰富，但是仍有一些课程停留在“课堂讲义是书稿的复制粘贴”这种形式，课堂的讲授变成了间接地念教材。这种方式不仅让教师的能力无法最大化地发挥，久而久之，也使得学生学习浮于表面，流于形式。而且，这种“输入式”的教学与高等学校的人才培养模式格格不入。因此国内各高校纷纷推出一些方案来增强师生互动，提高课堂教学的质量。一些新的教学模式也逐渐被引入进来，比如“融渗式教学”“翻转课堂”等。但是这些方法和理念在应用到不同课程中时需要与课堂实际结合，形成自己的特色。

课程组提出的多层次过程体系因为覆盖面广，不仅需要现有知识体系的支撑，还需要更为丰富教学内容。“递进融合式”教学方法的主题需要选择与业界前沿和实际科研紧密结合的案例。课程组将与科研结合取得的新科学研究成果分类总结，创建案例，建设案例库。案例库包含“大数据”“云计算”“物联网”“人工智能”“区块链”等前沿技术的应用实践，比如“人工智能对数据安全的影响”；支付、物流、制造等行业的电子商务模式应用和创新，比如“电商平台仓储物流系统分析”；金融、科技、生活等方面的电子商务对社会生活方式和理念的变革，比如“移动支付对人们消费方式的影响”。每个案例不仅有经济、金融、技术、行业的生态背景分析，产品本身的特色，还包括技术变革和运营策略的分析。让学生能够以案例为基础，对电子商务发展前沿有清晰的认识。

而项目导向式的教学方法就需要将最新科研成果和重大案例进行合理拆分，形成多样化、层次化的案例，使学生在案例研究过程中建立电子商务系统的设计理念。建设创新的案例模式，解决课堂案例教学与科研课题一体化创新问题（见图 3）。

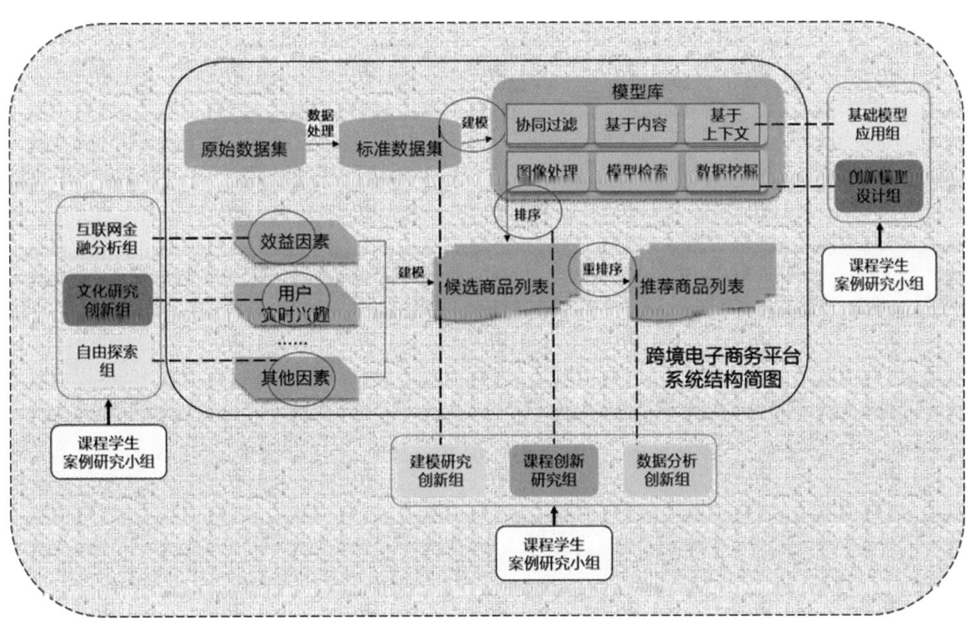

图 3　电子商务创新体系

结合电子商务课程体系建设的需求，课题组开放了研究跨境电子商务推荐系统平台，并对平台进行有效拆分，包括“数据分析子项目”“数据建模子项目”“推荐算法子项目”“金融分析子项目”“文化研究子项目”。按照此模式，建立了先进的课程教学原型平台，将已有的科学研究成果以案例库的形式在课程实践中进行重复设计，强化学生们对课程实践多样性的理解，使学生们对原有系统进行深入分析，理解其设计理念，从而得出对系统设计的新思想，对案例库中的案例进行再创造。在课堂的师生互动中，实现课程组的教学和课程体系建设相互促进共同发展的目标，达到了很好的效果。不仅如此，电子商务本身就是一个综合性的多学科体系，为此在课程的教学实施过程中会不断吸收各专业的人才进一步完善这个教学原型平台。

四、结论

电子商务已成为一门正在走向成熟的新兴学科。它的迅猛发展得益于全球经济一体化和信息技术的迅猛发展。它是一种涉及多学科的交叉新兴学科，正在建立较为完备的学科体系，不仅推动了传统学科的变革，也带动了新兴学科的兴起；不仅影响着商业、信息产业、工业、农业、教育等领域，还深刻地改变着各个国家的政治、文化和社会面貌。它所产生的创新领域，拓开了新兴学科的发展与建设，并深深地影响着未来。课程组将在已有课程体系的基础上继续探索，加强与国内外学者交流，丰富教学内容，优化教学体系，为电子商务产业持续发展做出贡献。

参考文献

[1] 覃征，徐文华．电子商务课程教学法研究与实践[J]. 中国大学教学，2008，8：40-41.

[2] 覃征，邢剑宽．软件体系结构课程教学：抽象与实践的协调与统一[J]. 中国大学教学，2009，7：14-15.

[3] 覃征，单来祥，杜晓敏．依托国家重大项目平台指导本科生毕业设计[J]. 中国大学教学，2013，12：74-76.

[4] 覃征，王国龙．软件文化课程教学法研究与实践[J]. 中国大学教学，2019，6：64-67.

[5] 覃征．电子商务概论[M]. 6版．北京：高等教育出版社，2019.

[6] 覃征．电子商务概论（英文版）[M]. 柏林：施普林格出版社，2009.

[7] 覃征．电子商务战略（英文版）[M]. 柏林：施普林格出版社，2013.

[8] 覃征．电子商务概论（韩文版）[M]. 首尔：MFDS, 2014.

[9] 覃征．电子商务文化概论[M]. 北京：清华大学出版社，2014.

[10] 覃征．移动电子商务[M]. 北京：清华大学出版社，2012.

致谢

[1] 电子商务概论课程建设对研究生创新创业、学术与职业发展能力的培养方法研究. 清华大学2016年春季研究生教育教学改革项目，2016年9月—2018年6月.

[2] 电子商务概论案例库建设对研究生创新创业、学术与职业发展能力的培养方法研究. 清华大学 2017 年春季研究生教育教学改革项目，2017 年 9 月—2019 年 6 月.
[3] 教育部共享精品课程“电子商务概论”建设，2013 年至今.
[4] 国家精品课程“电子商务概论”建设，2000—2007 年.

线性系统理论课程建设感悟的点滴分享

自动化系　赵千川 ①

清华大学的学子们肩负着建设国家的使命。研究生，特别是博士生的培养质量直接关系到学校的人才培养水平。如何在研究生课程教学方面，利用有限的学时，尽量给学生们带来更多的收获，是我一直在思考的问题，也是我在清华当教师给研究生上课以来，不断努力的目标。以下是我结合线性系统理论这门课的建设过程，对不断提高研究生课程建设水平的一些感悟。

线性系统理论是自动化系研究生的专业基础课。面向工科学生，理论联系实际，既要避免把理论课讲成数学课，又要避免把理论课讲成单纯的算法流程课。为此，既要在弄清概念的物理意义上下功夫，也要努力梳理出理论分析的逻辑和方法体系。这门课的建设和发展，得益于学校对教学和人才培养工作的高度重视，得益于学校对任课教师开展教学改革的鼓励政策，也得益于对清华优秀教学传统的继承和发扬。

这门课最早是郑大钟先生主讲。郑先生为这门课的建设付出了极大的心血和精力，在综合国外优秀教材的基础上，郑先生编写了理论体系清晰、内容便于理解又不失严谨的更适合研究生教学的优秀教材，为这门课后来的发展，打下了坚实的基础。由于编写得当，该教材被台湾儒林出版社引进，面向海外华人界出版发行，在海外高校作为参考书选用。

我 2002 年接任了这门课的主讲。郑先生对教学工作的一丝不苟，我在学生时代和做助教时就耳濡目染、深有体会。虽然有较重的科研任务，对待教学，我如履薄冰，

① 赵千川（1969—　），清华大学自动化系教授，博士生导师，智能与网络化系统研究中心主任。1996 年于清华大学博士毕业后留校，担任国家精品课及国家在线精品课程负责人，曾获清华大学教学优秀奖和宝钢优秀教师奖。

不敢怠慢，备课过程中，才发现之前学过的知识，仍需要重新认识和理解，之后才能给学生讲出来、讲明白。

为保证课程顺利过渡，郑先生不但把原来用过的讲义都交给我参考，而且亲自来课堂上听课。当我表示同学们上课似乎并不是特别活跃，自己感到讲课效果不好的时候，郑先生风趣地说：“小赵，下午 1 点多上课，课堂上没有一个人睡觉，我觉得就是对你讲课的认可。”正是郑先生的鼓励，让我积极地投身教学，也在如何教好书方面有了信心。

学校非常重视教学。2003 年在系里管教学的领导鼓励下，这门课申报了校级精品课立项。在围绕如何建设精品课方面，郑先生和系里主管教学的领导给了我很多很好的建议。经过几年的教学实践，通过跟郑先生讨论，我们从课程发展的内在规律出发，明确了课程的目标定位，强调理论与实践相结合，将课程相关领域的最新发展引入课堂，将计算机辅助分析工具引入到习题环节，丰富考核方式，允许部分学生自选项目或学期论文形式，替代期末笔试。系里通过组织观摩校内其他优秀教师讲课，让我有机会向他们取经。有的教师在调动学生课堂参与的积极性方面，很有办法，值得借鉴。在这个过程中，逐渐形成了自己的教学风格。该课程得到学生和专家的认可，获评校级研究生精品课。有学生评价说“课程是一门专业基础课，内容对于以后的研究很有帮助。教师幽默风趣，使得课堂气氛十分活跃。讲授的内容是对课本知识的很好补充，不重复。其中融入了教师对于一些比较难理解的概念的体会，有助于我们的学习。”虽说也许刚给学生上课的时候，年轻教师有时会认为课堂讲课的目的主要是传授知识，但是学生给出这样的评论却表明至少一部分同学还是很在意教师是如何上课的。

为了有效借鉴国外先进的教学理念，学校积极推动年轻骨干教师到海外一流大学进修，学习借鉴国外同类课程的教学方法。同时，为了提高建设世界一流大学和一流学科的水平，学校率先在高校创立了讲席教授组制度。2001 年 10 月，学校引进了何毓琦先生领衔的讲席教授组。何先生到清华任教以后，开设了曾在哈佛大学主讲的“复杂系统性能评价与优化”课程。我有幸给何先生担任助教，在教学过程中收获很多。何先生带来了一种新的模式，即苏格拉底式教学方式，通过课堂讨论，激发学生的质疑精神。之后我在线性系统理论课堂上探索混合式教学，提倡课题讨论，就是受到这门课的很多启发。何先生说，中国的学生一般比较害羞，不愿意发言，习惯于直接接受现成的结论，记住标准答案。这样，就不知道自己对知识的理解是否正确，更不利于探索未知和超越前人。为此，何先生要求学生预习课件，然后带着疑问到课堂上来，教师帮忙解答。根据问题的质量，教师很容易判断出学生预习阶段对知识的掌握情况。待学生提问完成后，教师再反过来对学生提出问题，促进学生进一步深入思考。这样一问一答，不但提高了课堂效率，而且突出了重点难点。受此启发，我专门设置了课堂提问环节，为了鼓励学生提出问题或回答问题，我把课堂互动情况计入平时成绩。学生们逐渐形成了良好的课堂气氛。当然，相比于照本宣科这样偷懒的办法，这种问答式的教学方式，对于任课教师的学术水平，无疑提出了更高的要求，教师得加倍努力才行。面对学生的提问，教师首先要把课程内容吃透，而且对于概念的来龙去脉还得了解得一清二楚。其次，还要求教师能够掌握学科的发展趋势，引导学生思考课程体系中未解决的前沿问题。

清华的教师中有很多教学能手，从他们身上可以学到很多东西，学校也提倡教师之间彼此听课。我多次到其他教师课堂上听课的经历，使得我有幸作为学生向他们学习，吸取课堂教学经验，也了解到好的教学方法。有些教师把最新的文献作为学生了解学术前沿的途径，这启发我在自己的课堂上，精心选取与课程相关的经典文献，供学生在完成习题的同时进行阅读。为了帮助研究生尽快完成知识学习到开展科研的转换，我在课程里引入了文献阅读的研习环节，为班上的同学提供训练批评性思维的机会，要求他们在读懂文章的基础上，重复作者给出的实验结果。这样的训练帮助学生熟悉学术文章的结构，了解研究结果的报告思路，同时也把读到的和学到的知识落到某个具体的应用场景中，从而熟悉线性系统理论指导工程问题的步骤和流程。其间，遇到作者省略的步骤，还锻炼了学生扩大阅读范围，弄清相关概念的自学能力。

令人欣慰的是，同学们通过这样的有挑战性的学习过程，获得了知识和能力，有同学总结说："我认为线性系统这门课程，我们收获的不仅是课本上的知识，更学到了课本中这些知识在工程实践中是如何应用的，这个过程在一般的课堂上很难学到，所以更体现了课程的价值。同时，我认为赵教师在课上给我们树立了一个很好的范例，那就是在学到知识的过程中，还要对知识之间的联系进行整理，并进一步思考前人为什么要这样做，这样才能真正地理解知识，这对于个人水平的提高也非常有帮助。"

在电子媒体广泛应用的今天，伴随着计算机、手机长大的学生，与捧着纸质课本长大的学生已经在阅读、学习习惯上有了一定差别。为了适应教学手段上变革的需要，也为了更好地以清华大学的优质教学资源服务社会，学校适时推出了大规模在线课程的建设。在学校大力支持下，“线性系统理论”较早录制了相应的在线课程。新的课程形式，促使我们认真研究如何组织知识点，如何制作教学素材，更重要的是，如何用好这些在线资源，提升教学质量。

我们依托在线资源开展的混合式教学改革初见成效，有学生总结说“通过一个学期‘线性系统理论’课程的学习，进一步体会到自动化三大论之一的控制论的魅力，对于状态空间、能控能观、反馈控制等有了更深的理解。第一次接受混合式教学，充满了新鲜感，受益于线上的慕课（MOOC）视频，我能够很方便地进行预习和复习。同时赵教师也有更多的时间在课堂上向我们传授控制理论中更为本质的知识。赵教师渊博的专业知识、严谨的治学态度和课堂中分享的人生感悟，对我的研究生阶段和将来的发展有莫大的启发。”

以上是我个人的一点感悟，分享给新来清华当教师的你。在清华当教师，有挑战，更有乐趣，值得我们一起去探索。

“测试与检测技术基础”课程教学实践点滴

精密仪器系　王伯雄[①]

“测试与检测技术基础”课程是高等院校机械类及近机类专业的一门专业基础课，清华大学机械工程学院的平台课，课程共48学时，3学分，课程学习安排在大三年级。课程讲授信号理论、测试系统特性、信号传感、信号调理和信号输出，在阐述基本测试理论、测试手段和测试技术的基础上，介绍测试技术发展的新方向和学科前沿。课程强调理论和实践的结合，工程目的性强，涉及的专业知识面广。通过教学使学生具备测试技术及仪器的理论与专业素质，掌握解决测试技术工程问题的方法和技术，为从事测试技术的科学研究和工程实际打下理论和实践基础。本课程为清华大学百门精品课程，北京市高等教育精品课程，国家级精品课程。回顾我多年来从事该课程的教学实践，有以下的点滴体会。

一、讲授核心的知识点，理论联系实际

课堂教学重点在于讲授核心的知识点，对重点、难点讲深讲透，举一反三，引导学生多角度、深层次地理解基本原理，并辅以实用性例子来加深对理论的理解，同时强调学生的自主学习与研究。本课程的“信号与信号处理”一章的内容是测试技术的理论基础，对学好测试技术至关重要，理论性强。在讲授中，对关键的公式理论推导讲深讲细，用习题反复练习，同时也用浅显的实用例子来辅助讲解，力求

---

① 王伯雄（1947—　），清华大学精密仪器系本科及研究生毕业，教授、博士生导师，北京市教学名师，国家级精品课和北京市精品课负责人，清华大学第7、8、9、10、11届研究生“良师益友”，“清韵烛光”第二届清华大学“我最喜爱的教师”。著有《测试技术基础》（北京市高等教育精品教材）、《工程测试技术》等。

通俗易懂。如在讲其中的“傅里叶变换”的内容时，学生对信号的时频域转换、傅里叶变换的实质等抽象的理论掌握起来有困难，我便用对机床进行故障诊断的典型应用例子进行讲解，化抽象为具体，引导学生学习和理解，使得大家在学习时不再对这部分内容感到陌生和困难。

讲解要进行总结和提炼，从普遍性的内容中提炼出主要的、具有代表性的东西，用典型带动一般，使学生在学习了代表性的内容后能够通过自学等方式容易地掌握更具有一般性的内容，规律性的内容应该便于学生的理解和掌握，学习的方式应该具有普遍性。如在学习“传感器”一章时，这部分的内容很多，学生在学习时普遍感到学习的范围太广，公式和理论太多，难以记住，不好掌握。我在讲授中着重对电阻式、电容式、电感式、磁电式、压电式传感器这 5 类典型传感器的作用原理进行归纳和总结，并对每一种传感器广泛地介绍它们的实际应用，而对其他类型的传感器则少讲或不讲，或留给学生自学。学生在学习了这 5 类传感器的作用原理之后，采用已有的学习方法对其他的传感器也能够触类旁通，容易掌握了。本课程还配备有实验，通过课堂知识的学习，再结合实验课做实验的训练，使学生真正掌握了理论知识，也掌握了测试的实践技术，为他们在今后的毕业设计、研究生课题研究，乃至在走上工作岗位之后真正从事测试技术的工程和研究过程中，应用所学的知识解决实际问题打下了坚实的基础。

二、编写一本好的教材

一本好的教材对学好课程起着重要的作用。为此，我主编了《测试技术基础》和《工程测试技术》两本教材，其中《测试技术基础》一书为北京市高等教育精品教材、普通高等教育“十五”国家级规划教材;《工程测试技术》一书为普通高等教育“十一五”规划教材。在注重体系完整的基础上，教材的内容力求新颖，反映当代测试技术的最新发展成果。编写中引入国外同类教材的先进内容，如美国麻省理工学院、俄亥俄州立大学、德国亚琛工业大学、慕尼黑工业大学、柏林工业大学等国际名校的同类测试技术教材的内容。教学中也将这些学校的教科书列为学生的参考用书，供学生课后阅读。教材全书共分两大部分，第一部分介绍测试技术的理论基础，叙述力求通俗易懂，利于读者自学，每章末尾附有大量习题。第二部分为典型测试技术的应用，介绍力及其导出量、振动、温度、流量和声学等典型物理量的工程实际测试方法，旨在为学生在学习了第一部分的基础上，进一步提供综合运用测试理论完成不同测试任务的技术手段，开阔学生的视野。两书的理论部分基本相同，主要差别在于《工程测试技术》偏重于更多介绍实际的工程测试应用。除作为测试技术的教学用书外，两本书也可作为测试技术工作者的工程参考资料。教材出版后受到广泛重视和欢迎，已经被国内众多的院校用作教学用书或参考书。

三、启发式和交互式的教学模式

课堂教学的模式讲究多样化，因此采取课上讲授、课堂提问和讨论的启发式及开放型教学模式。对重要的知识点，讲授中除了着力讲解以外，经常在讲到关键的地方提出问题让学生来回答，有时展开课堂讨论。用这样的方式带动了学生思维的积极性，加深了他们对所学内容的印象，提高了他们回答问题的表达能力，也提高了对课程学习的兴趣。除了课堂上的多元化讲授外，我还在第一堂课开始前提出 4~5 个思考题，让学生思考 5 分钟，然后请学生在课堂上回答。这些思考题都是对上堂课所讲主要内容的回顾和复习。可以看出，学生对这些问题都十分重视，纷纷紧张地翻书查看以寻求答案。通过这些思考题的检查，不仅是对上堂课所学知识的复习和回顾，也是对当堂课所学新知识的承上启下，收到了很好的效果。学生在网络学堂上对我的这种教学方式给予了充分的肯定，有学生写道：“王教师讲课思路清晰，重点突出，并且幽默风趣，经常将复杂的问题用简单浅显的例子来比喻，让人耳目一新。更不能不提的是，特别注重与学生的交流——每次上课前，都有十几分钟的提问时间，问题大多数是上堂课的重点或者基本概念。这样一种交互式的教学方式，不但能够使学生在回顾已有知识的基础上快速进入上课状态，明确学习的重点，加强对于知识基础性的理解和掌握，更加能够促进教师与学生的沟通，形成了一种良好的教学氛围。”

四、讲点课程以外的知识

由于这门课是 3 学时，因此安排在上午的后半段时间连续上 3 堂课，学生往往在上到第 3 堂课的时候有些疲倦了。为了振奋学生的学习状态，我在上第 3 堂课的一开始，利用 3~5 分钟的时间给他们讲点学科以外的知识，往往是文学方面的知识，比如讲一首唐诗或宋词，讲它们背后的故事和写作技巧，讲些诗词写作格律方面的知识，这也是我的一项特长。实践证明，这种做法收到很好的效果，学生对我所讲的内容很感兴趣。短短的三五分钟时间，让学生的大脑得到休息，也能使他们重新集中起学习的注意力。这样的教学方式得到学生的肯定，精仪系学生还会专门为我拍摄了录像，在学生中进行了宣传。精仪系 81 班的马冬晗同学在她所写的《我与精仪二三事》一文中提到了在清华学习生活中使她难忘的众多事情，其中提到的唯一的一位教师就是我，她在文中写道："大约四年里上的最有特色的课就是仪器所王伯雄教师开设的'测试工程基础'了。王教师是诗词爱好者，每次上三小节的课，他都会把最后一小节留出点时间来讲诗词，兴致起来还在黑板上涂涂写写。有次下了课，一个外系的同学非常好奇地问我，'这是你们系的专业课吗？每次看黑板我还以为是大学语文呢。'"

专业课慕课建设与翻转课堂

建筑学院　朱颖心[①]　石文星[②]

一、前言

我国是世界暖通空调与制冷设备的生产和消费大国，近年来建筑节能与室内环境品质两大热点问题均与此相关，成为建筑环境与能源应用专业（以下简称：建环专业）的科研和人才培养面临的挑战与机遇。清华大学建筑学院建环专业长期以来致力于通过推进教学改革来应对人才培养的需求，持续探索"通""专"兼备的实用创新型人才的培养方法，建立了"以实践能力培养为核心、贯穿整个教学环节"的教改方案和"牢固基础、强化专业、胜任实战"的课程体系。

建环专业具有典型的"大工科"特点，其基础课几乎覆盖了全部工科专业要求的基础课程，包括数理化、全部类型的力学（固体、流体、热学）、机械、电工电子、计算机、自动控制、建筑学基础、建筑环境学（生理学、心理学、气象学）等，故其基础课程学时很多。另一方面，由于现代暖通空调领域技术日新月异，核心专业课程学时却又不断地被要求压缩，因此，保证专业课程教学质量和压缩学时就成为了一个突出的矛盾，特别是在全国近200所开设建环专业的高等院校中普遍存在。为了解决这个难题，清华建环专业进行了长期的探索，并作为教指委主持单位把经

① 朱颖心（1959—　），教授，建筑学院副院长。1984年获清华大学学士学位，1989年获清华大学博士学位。现任教育部建环专业分教指委主任。曾获北京市教学名师奖、北京市与山东省教学成果一等奖、宝钢优秀教师奖、清华大学教学成果特等奖，建成一门国家级线上线下混合式一流本科课程、两门国家级精品课和一门校级精品课，是国家级教学团队和北京市优秀教学团队的负责人。

② 石文星（1964—　），教授。1986年与1994年获天津商学院学士与硕士学位，2001年获清华大学博士学位，2003年清华大学热能系博士后出站，入职清华大学建筑学院任教；曾获清华大学优秀班主任一等奖、教学成果特等奖、良师益友特别奖以及北京市教学成果一、二等奖，建成一门国家级线上线下混合式一流本科课程和两门校级精品课，是北京市优秀教学团队和国家级教学团队成员。

验向全国兄弟院校进行了分享。

下面以建环专业的核心专业课“暖通空调与冷热源”为例，介绍清华建环专业在培养方案改革和教学理念更新、教学方法探索中取得的经验。传统上，该课程内容由“空气调节”“空气调节用制冷技术”“供热工程”“锅炉及锅炉房设备”“通风工程”等多门课程组成，学时达 16 学分以上。在 20 世纪 80 年代末，仅“空气调节”一门课程就达 96 学时（分别为 64 学时和 32 学时两部分，相当于现在的 6 学分）。通过不断的改革和调整，将上述专业课程的大部分内容凝练整合为 5 学分的“暖通空调与冷热源”，同时还增加了辐射供冷 / 暖、新型热源设备与空调水（冷却水和冷热水）系统等新内容；其余的理论部分与新增的能源系统规划内容则整合为新建的 3 学分课程“城市能源系统”中。此外还实现了课程设计综合化，将所有课程的设计环节整合为 12 学分的“暖通空调课程设计”，并把所有专业课中与设计相关的内容移到课程设计中[1]。根据 2017 版培养方案，2019 年秋季学期的“暖通空调与冷热源”课程被进一步压缩到 4 学分（见图 1）。

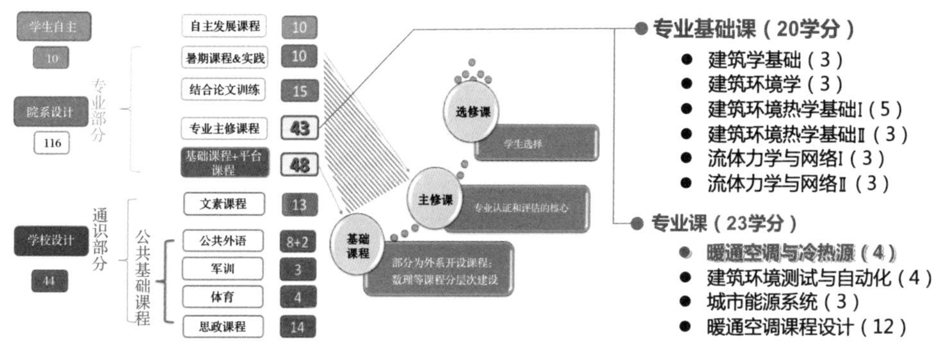

图 1　清华大学建环专业 2017 级培养方案（节选）

实际上，上述课程的凝练整合不仅仅是为了满足学校压缩专业课学时的需要，更是对技术发展本质的清晰梳理和高度挖掘。随着现代科学技术的发展，原本分割到多门专业课程的技术类型也都有了飞速的发展，使得原有技术类型之间的界限已被打破。例如，基于制冷原理就可以研发出既能制冷又能制热的设备，突破了制冷与供热的界限；家用空调器、单元式空气调节机和多联机等直接蒸发式空调机组就打破了空调系统和制冷设备的界限……这些问题在原有分割性的专业课程体系中就难以协调或重复讲授。因此，凝练整合课程是适应现代技术发展理念的必由之路，也为毕业生未来的技术创新打下逻辑基础。

将多门专业课凝练整合为“暖通空调与冷热源”是清华建环专业 20 年来课程体系改革中最重要的一环，其方法是突出强调基本概念、原理与宏观的技术思路分析，尤其是要重视把原来分割在几门不同课程里的技术类型的共性和差异性进行对比分析，让学生对这些技术与方法有更高层次的理解，以期实现举一反三、触类旁通。通过案例教学和大量思考题来促进学生自主学习，加深理解。原有专业课程中的技术细节与具体技巧都整合到“暖通空调课程设计”和其他实践环节中，让学生在实践中学，在减少学时的同时有效地提高了学习效率，其具体实施方法参见文献 [2]。

如何进一步把已经高度凝练的 5 学分“暖通空调与冷热源”课程进一步压缩到 4 学分呢？我们采用的是慕课建设结合翻转课堂的教学方法，以此来进一步压缩课内学时。本课程的改革方法在 2016 年申报了清华大学混合式教学试点课程项目，并获得了支持。

二、慕课建设

1. 慕课建设的目的

我们把“暖通空调与冷热源”课程分成了“暖通空调”与“建筑冷热源”两部分，作为先后衔接的慕课课程来建设。“暖通空调”部分的慕课于 2016 年建设完成并上线，在总结、吸收“暖通空调”慕课建设经验的基础上，于 2019 年秋完成了“建筑冷热源”慕课建设并上线。

我们拍摄“暖通空调”慕课还有一个重要的初衷，就是作为建环教指委主持单位我们一直在倡导专业课程体系的浓缩和整合，但是最为核心的专业课“暖通空调”在各院校的整合过程中普遍存在的问题是把原有几门课程简单堆砌在一起，没有很好地重新理顺各项技术之间内在的逻辑关联，这样在学时缩减的情况下教学质量自然得不到保证，因此导致不少院校又退回到保留原有的几门课中。另外，由于教材还是旧的体系，一些高校虽然编写了《暖通空调》教材，但依然是原有几门课内容的简单堆砌，而很多学校的青年教师脱离了教材就难以讲课，更不可能把来自原有几门专业课的内容融会贯通到一起。所以我们希望做一个“暖通空调”课程整合的模板，通过清华慕课平台的影响力来把我们多年的教学改革成果向其他院校介绍和示范，希望能够在各院校的专业课程体系优化中起到一定的引导作用。

2. 教学内容的表达

毋庸讳言，大量热门的慕课课程都是文科课程或者科普课程，而科技内容偏深奥的理工科课程多半看起来比较枯燥。除了量大面广的工科基础课程比较容易获得较大量的受众以外，专业性很强、受众面偏窄的工科专业课则很难比线下课程有更受欢迎的效果。因为在我们线下课程的授课中，最具特色的师生互动、案例分析等已经做得很好了，大量的作业题和期末开卷考试都是以开放性的题目为主导的。以视频为主的慕课课程如何做才能做到尽可能发挥其优势，而不会像传统视频课那样只是把课堂教学复制成教师头像 +PPT 的视频呢?

通过深入分析对比课堂教学和慕课的区别，我们发现慕课视频在专业课表现和传授方面具有独到的优势。专业课涉及系统工作流程、大型设备、案例现场等内容。例如，暖通空调系统往往不仅庞大，而且是隐蔽工程，在现场参观也很难看到全貌。学生在课堂上听课，很难想象真实的对象是怎么工作的，会感到课程内容很抽象，难以理解。但是慕课可以利用影视手段把上述对象可视化，取得类似科教片的效果。尤其是涉及工作原理的部分内容，通过视觉和听觉的双重冲击，让学生理解得更加深刻。

为了取得更好的视觉效果，我们进行了大量的视频表现手法尝试。例如：动画效果自然是最广泛采用的手段，尤其是在介绍空气处理过程在焓湿图上的表达与过程分析中效果很好；采用三维模型来显示暖通空调设备系统与建筑之间的关系具有显著优势。另外，我们还采用了三维虚拟现实的手段，使主讲人和助教置身于不同的案例建筑中，为学习者讲解哪些送风末端和气流组织方案会造成不良效果，哪些改造方案会更合理。而且说到应该换什么设备，这个设备马上就可以出现在适合的位置；甚至讲到屋顶内的构造时，吊顶也可以瞬间消失……这种身临其境的现场讲解方法就使得观众更容易理解案例涉及的内容。

在课程的很多章节的思考题讨论部分，参考电视台访谈节目的形式，采用了教授与助教聊天的方式。助教有意说出学生容易出现的错误说法，教授再与助教讨论，把思路引导到正确的方向上，这样学生就能跟着这个思路澄清很多容易混淆的基本概念。

在课程最后一讲结束后，我们制作了一个小视频，叫作“好莱坞谍战片被暖通空调工程师怼”。视频剪辑了《碟中谍》《虎胆龙威》《生化危机》等好莱坞谍战片中特工爬风道进入防守严密的机密房间完成特殊任务的片段，加上自己拍摄的助教扮演的暖通设计工程师的表演视频，配上大量图片，撰写了画外音台词。课堂上我们要求学生结合课程所学内容，指出这些好莱坞谍战片中特工爬风道的桥段违背了哪些基本原理。通过生动幽默的画外音解说和视频剪辑的结合，让学习者在兴趣盎然中把所学知识复习了一遍，从而留下深刻的印象。

3. 慕课效果

“暖通空调”慕课已经有很多院校的师生使用，尤其是教师看了以后纷纷表示收获很大。另外，还有一些企业的暖通工程师也观看了这个课程内容，感觉内容非常好，比以前的课堂学习理解更加透彻，尤其是结合其多年的从业实践更觉得应该这样讲授专业课程。

三、翻转课堂

从 2017 年秋开始，我们利用“暖通空调”慕课进行了翻转课堂的教学实践。当时预计的最大问题是：以前上课讲的东西，学生从慕课视频中都看到了，那么课堂上我们做什么？仅仅是把以前的课外作业在课堂上做吗？对此，我们进行了如下实践。

1. 用翻转课堂提升学生的悟性

通过思考和实践，我们已经摸索出一套翻转课堂的课内内容以及进展方法，并已在建环专业全国专业负责人会议以及多次全国性的建环专业教学研讨会上进行了宣传和交流，反响很大，尤其是得到了大批青年教师的欢迎。

实际上，翻转课堂教学对教师提出了更高的要求，因为教师已经不能再依赖书本，需要对专业实践有更深的理解，还需对学生学习过程和认识问题思路有较深的了解。所以，教师必须准备大量能够激发学生加深对视频内容理解的思考题和习题，而且要引导学生们在讨论中自主讲出正确的思路和答案，帮助学生进行反思性学习、主动性学习，扩展学生“悟”的环节。

2. 设计生动的教学内容

如何设计线下课程的教学内容是最大的挑战。在第一节课上，首先介绍本学期这门课我们怎么上，然后请同学们一起看了第一讲“绪论”的视频，看完后对视频最后留下的问题进行课堂讨论，并布置下一次课前需要观看的慕课视频内容。

“学堂在线”平台的慕课中每一节课都有习题，均为选择题，主要考查学生有没有看过这些视频内容，如果看过，学生基本都能答对。任课教师可以从网站上看到学生看视频的进度，并在下一次课前对还没有完成视频观看的学生给予提醒。

在每一节课上课前，助教会用“雨课堂”APP出一些选择题请同学们回答，这些选择题的难度比慕课后面的习题更大，需要对慕课内容有更深一些的思考才能正确作答。这部分内容往往出错率会比较高，反映了部分同学还没有深入地思考慕课视频中所介绍的内容，所以在课堂上需要对这些问题给予解决。我们会请答对的同学为其他同学讲解正确的答案和思维过程，其他同学也可以自由进行补充。

最重头的工作是为每一节线下课堂设计讨论题。我们设计的讨论题绝大部分都是与实际生活和工程应用密切相关的题目。例如，“汽车玻璃起雾，有哪些办法可以解决？”“开空调时一定要关窗户才节能吗？”“夏天打开电冰箱，用风扇往屋里吹冷风有用吗？”“在30℃、60%相对湿度和25℃、60%相对湿度两种环境下晾衣服，哪种干得快些？”等，这些问题看起来貌似不起眼，实际上要想解释得清楚必须理论基础扎实，概念非常清楚。我们将一个班的学生分为5个小组，这种问题先让同学们分组讨论，然后全班一起讨论出正确答案。教师和助教只需要在大家跑偏太多的时候往回拉一下即可。有意思的是，我们在全国专业负责人会议上介绍这些课堂讨论题时，与会的教师们竟然就这些问题在专业负责人微信群里讨论得热火朝天，都认为这些问题很能促进学生的主动思考。

3. 带着学生上课“玩手机”

在翻转课堂的课内时间，智能手机是非常重要的学习工具。除了做“雨课堂”的习题以外，同学们还需要用手机查各种资料。例如：每一个小组都分了我国五个气候区之一以及世界五大洲之一，要求他们为这些地区的主要城市查出当时的室外气象参数，然后在大屏幕上的湿空气焓湿图上标出。这样同学们不仅学会了使用焓湿图，而且还对我国以及世界各国的气候多样性有了定量的认识（见图2）。

在进行课堂讨论时，同学们有很多机会需要利用手机查出各种信息，包括工程数据、规范、标准，还有一些相关的扩展知识，并直接用到所讨论的问题中。例如：我们让大家看汤姆·克鲁斯爬风道的视频，让大家估算一下这个风道能为多大面积的办公建筑送风。同学们首先要判断风道的横截面积有多大，然后用手机查《民用建筑供暖通风与空气调节设计规范》（GB 50736-2012），根据其给出的风速和送风温差推荐值估算送风量和供冷能力，再查出办公建筑的冷负荷指标，最后判断出所服务的建筑面积范围。我们再进一步与同学们讨论这么大面积的办公空间，用一根风管不分区送风是否合理等前面课程涉及过的问题。

图 2　全员参与的翻转课堂

4. 带着问题做课后作业

在讲授“暖通空调”第三讲“暖通空调系统”时，我们为每个小组分配了一座公共建筑，让同学们在课后为这些公共建筑进行空调分区，并为各区确定暖通空调系统形式，要求在下一节课中由各组同学给全班同学讲解本组方案（见图 3），接受其他同学和教师的质疑。随后，任课教师将针对学生提出的方案进行分析、点评，以促进学生开阔眼界，掌握更多的解决方案，以及解决工程问题的科学思维方法。

图 3　学生在课堂上讲解本组的分区方案

四、总结与反思

教学实践证明，这种慕课加翻转课堂的教学方式的效果是非常显著的。学生们反映虽然课堂压力大了，但是很有趣，很喜欢这种全员参与的形式。所以，课堂上人人的注意力都很集中，没有一个人睡觉、走神或者发呆。

这种上课方式，课堂上讨论的问题比以往的难度更大。尽管本课程曾被评为校级精品课，我们在课程建设方面下了很大的功夫，但是因为课时限制，很多问题没有讨论的时间，只能点到为止。特别是一些案例没有足够的时间是无法深入讨论的，就算留作课外思考题，只有很主动的同学会去深入思考，大多数学生在缺乏环境刺激的情况下很难继续深究。而翻转课堂这种人人参与的形式就会刺激所有的人都跟着想问题，哪怕是被动地跟着走的人也很有收获。

这种形式的难点在于：①难题在课内都讨论完了，我们的期末开卷考试还能考什么？因此，教师需要再想办法编制有意义的题目并重新开始积累题库；②编制雨课堂和慕课的课后习题需要花费大量时间，助教的工作量也非常大！不过第一次翻转课堂是最难的，相当于开设了一门新课，原来的课件都不能继续使用，需要全部重新备课，而且方法也完全不同。我们认为，有了一定积累后，之后每次开课都是在逐步完善，工作量比第一次开课要少很多。

需要特别注意的事项是：

（1）如何鼓励部分性格内向的同学在讨论中活跃起来？学生的个性差别很大，有部分同学非常活跃，几乎抢了所有的话，而性格稍微内向的同学会觉得失去了所有表现自己的机会。因此，教师需要把控课程节奏，注意给性格内向的同学留一些机会。

（2）如何保护学生的自尊心和自信心？有一些同学自尊心很强，讨论问题的时候说错了，甚至犯了一些低级错误，被别人反驳了感觉很没面子，自尊心和自信心受到打击后就不爱说话了。此时，教师应该像一个优秀的节目主持人，能够敏锐地发现这些问题，给予这些同学鼓励，让他们有机会找回面子，从而保护同学们的自尊心和自信心。

（3）还需注意的是，课堂上看起来似乎已经讨论得很清楚的问题，过一段时间后一些学生还是会感到模糊，一考试就出错。所以，我们要求课堂讨论过的思考题也必须在课后作为作业题让学生们写出来。这样，所有的学生都不得不重新组织语言写下自己对问题的理解和看法，把一些当时随大流似懂非懂的细节也搞清楚，这样才能保证真正夯实所学的知识。由于课内没有时间留给大家写作业，所以，教师和助教在课外批改作业的环节还是少不了的。

2018 年秋季学期我们开始了第二轮翻转课堂的实践。“暖通空调”慕课 2018 年获得了国家精品在线开放课程称号。从 2019 年秋季学期开始，“暖通空调与冷热源”使用了“暖通空调”与“建筑冷热源”两门慕课，完成了整个课程的混合式教学建设，2020 年，该课程入选国家一流本科课程（线上线下混合式一流课程）。未来，我们会不断地在每一轮课程实践中完善课程的细节，同时培养课程教学梯队，并把摸索到的经验不断地与兄弟院校的师生们分享。

参考文献

[1] 朱颖心，李先庭．课程体系优化是工科专业教育理念更新的关键[J].清华大学教育研究，2011，增 1 期，16-21.

[2] 朱颖心，石文星．对工科专业课程教学方法的思考[J]. 高等建筑教育，2011，20(5)：78-82.

教学中的师生对接

工程物理系　杨祎罡 ①

在教学过程中，师生之间“能否实现对接”对教学活动的成功与否会产生重要影响。如果能够实现有效对接，则教学过程就容易成功，反之，就较难。有哪些因素会影响到“师生对接”呢？本文试对此做一浅议。

一、师生在教学中的注意力共焦

不同于物质的传递，教学是精神活动，不能简单地以“授受”的方式（教师给予、学生获取）来开展。学生的学习本质上是在教师辅助下的自我精神建设过程，无法由别人越俎代庖地完成。成功的教学活动要求师生之间必须是面对面、相互对视的。有文章[1]提到，20 世纪 80 年代初期的学生求学若渴，教师也全情投入，在教学过程中除了知识的传授之外别无杂音（“这是一个在文化断裂的年代坚持学习的人所形成的群体，知识饥饿感十分强烈。大学期间都努力抓住机会，刻苦学习。那时候大学生的活动范围基本上就是四点一线——教室、宿舍、操场、食堂。我记得学校当年有个班级有一门课，因为特殊原因取消了期末考试，上课的学生都不干了，非要考试不可。”）。随着环境的改变，这个“聚精会神地对视”状态的稳定存在也受到了挑战。对于教师，教学之外的科学研究、社会服务等工作也需要他们全力去做，而出色的教学工作本身又是无法通过预设阈值来判断投入度是否为足够的。对于学生，社团、科创、实践这些使大学生活富有色彩的项目客观上分享了学习的时间；同时，较多的选课学分也不免限制了学生在具体课程中的投入度；对于部分学生，当攻

① 杨祎罡（1974—　），工程物理系长聘副教授，主讲国家精品课、清华大学标杆课程“核辐射物理及探测学”，2018 年获宝钢优秀教师奖，清华大学优秀班主任二等奖。2017 年首届北京市高等学校青年教学名师。2017 年清华大学校先进工作者。2016 年清华大学优秀硕士论文指导教师。清华大学 2008 年度青年教师教学优秀奖。

坚能力不足以克服他们所遇到的困难时，又会偶尔遁入虚拟的世界，“山中不知岁月”，再抬头时已经离群很远，逐渐积重难返，成为问题学生（近年来 >3 星的学生在工物系的占比接近 3%）。

为了能在课堂上“聚精会神地对视”，教师可以在课前留出排他性的时间来备课，从课程框架、知识细节到精神状态，做到真正“入课”，在课程的相空间中而非只是教室的几何空间中等待学生的加入。对于学生则应处理好三类关系：课内与课外、课程之间和课程内部。处理好课内与课外的关系，要求学生协调好学习与其他事务之间的精力分配。作为学生，把完成学习任务仍应放在首位，在完成学习任务的基础上，再“文艺其从”地去做其他事务。笔者在 2019 年秋遇到一位学生，期中考试前因为社会工作投入很多而干扰了学习，其影响直到期末考试也没有完全消除，最终的学习效果不够理想（全班的后 20%）。处理好课程之间的关系，需要把学生的选课学分降下来，以课内外 1∶2（有的课程可能会到 1∶3）的投入关系来核算，< 24 学分 / 学期的选课量是较为合适的。对于超过 30 学分的超量选课（笔者在课堂中调研时发现，最多的学生甚至会选到 37 学分），学生在学习中不免左支右绌，奔突于课程之间，既劳累效果也差。对于课程内部的关系，当学生进入课程时，他们会遇到两个台阶，第一个是知识细节，第二个是内在联系。知识细节通常是显见的（虽然并非全都易懂），内在联系则必然是在观其全貌后才能逐渐浮现。课堂的时间有限，学生在进入课堂前如果能尽最大程度地爬上第一个台阶，便给自己提供了一个好的基础，也使教师有时间充分地在课堂上讨论细节之间的关联，帮助大家走上第二个台阶。经过准备的学生，能够带着问题进入课堂，与教师一起聚焦知识细节的难点部分、分析知识点的内在联系，构建起知识体系，从而开展高效的学习。

二、约束与吸引，以及学生的实践

教学活动由很多循环构成，通常这些循环均是始于教而终于学的——从教师启动教学环节开始，到学生完成实践环节结束。由于学习是学生的内部精神自建过程、无法假手他人，因此实践便是完全有必要的而非仅仅是或有裨益。实践不仅包括社会实践和动手实验环节，也广义地包括课前预习、课堂思考、课后作业、期中 / 期末考试、口试等环节，凡是能让学生在知识体系空间中独自行走的环节，均可纳入此类，其共性之处在于让学生离开被动的接受场景，勇于独立面对困惑与迷惘，主动地去探索未知。被动的接受多发生于教师的讲授环节，此时学生不免会在预设的情境下跟着教师的思路前进。在这个场景中，学生在教师的帮助下可以攀越一些不易独立通过的难关，但也可能会因为“跟着走”而没有窥得全貌，未能遍历知识体系、导致认识不足。学生口中的“听了都会，做了全跪”大约与此对应。因此，让学生的精力铺撒开去、主动地伸向知识体系的大小脉络，是完全重要且必要的实践环节。只有做到充分的实践，学习才会有真正意义上的成功，学习活动的产出也才能真正让学生精神成长，使他们进入自由王国。

如同吃到果仁需要打破果壳一样，学生通过实践活动来实现收获，也要面临一些壁垒的阻碍。为了帮助学生开展有效的学习，教师需要在吸引和约束方面都要下功夫。通过对知识点的趣味与价值性、问题的挑战性的描述，可以让学生预想到果仁的美味，吸引他们对学习产生兴趣。通过设置约束条件，促进学生努力去破壳取仁，则是让学生在学习过程中实现持续微阶跃上升的重要保证。以“核辐射物理及探测学”的教学环节为例，除了常规的课后作业、期中期末考试之外，还为学生们设置了以下的环节：

（1）课前作业——针对下一节课要讲授的内容，指定阅读材料（教材或扩展读物），并据其内容设置 5~25 道不等的选择题，要求学生在上课前日提交，由助教批改后在上课前汇总反馈给教师。教师根据学生的答题情况对授课环节做出临时调整。这个环节促使学生在课前做必要的准备，带着对易掌握知识的预习和由此衍生问题的思考而非空着脑子来到课堂，保持听课时的思考敏锐度，形成注意力聚焦。

（2）课中雨测——在授课的过程中，教师对部分学术问题可能会有独具视角的即兴讲解。这些讲解的内容是教科书中没有出现的，却往往对知识体系的理解是大有帮助的。囿于题量的限制，这些内容很难在期中 / 期末考试中得到充分体现。为了促进学生对这些内容的掌握，可以通过雨课堂设置一些主观题目，要求学生在听课的过程进行简答（通常会在课后 10 分钟截止）。这个课中雨测是对课程考核环节的有益补充。

（3）课程口试——期中 / 期末考试只能对学生的掌握程度做框架性、静态的评估，学生对课程掌握的程度如何，并不容易通过卷面得到完全体现。将“核辐射物理及探测学”课程梳理出了 20 多个经典问题发布给学生，要求学生 5 人一组地去准备，然后按组参加期末考试前的 30 分钟口试。同组同学在准备的过程互相学习、充分讨论，并在口试中与教师迅速交锋、得到反馈，知道自己在掌握中的薄弱环节。

在“口试不通过”后5人小组会被要求再次准备，直到下一次通过为止。由于这些题目需要融会贯通不同章节的内容才能完成，必须在课程学习时不断地做关联思考，因此能很好地加深学生对知识体系全貌的认识。

以上环节在最终成绩中占比25%，对于总成绩有显著影响，因此客观上约束了学生必须去参加这些环节。在实际完成这些环节时，学生也会发现其难度并不大，破壳取仁是一系列经过精心设计的、稍加努力就可完成的小任务，因此容易坚持下去。

三、教师应该讲多少

“铁打的教师，流水的学生”。从外在形式来看，教师是静止的，学生是流动的。但从在知识体系中所处的位置来看，却正好反过来，学生总是在初级状态，而教师会随着经验和能力的增加不断在知识体系中升阶。教师的职责，在于每年帮助大约同样水平的学生跋涉过同一条“知识之河”，学生的水平基本是稳定在同一个初值附近的，但教师自身因为教学与研究的深入而不断增加能力，在知识体系中所处的位置越来越高远，不自觉地会让“知识之河”的宽度越来越大。有时不得不说这是一种“甜蜜的烦恼”——知识丰富的教师希望将更多的知识教授给自己的学生，但发现这实际并不可能，学生的接受能力是有限的，无法匹配不断增长的授课内容。何东昌先生认为课程设置要“少而精，精通精华”，教师应该持续地对课程体系进行梳理，提炼出核心架构，开展宏观连续、微观跳跃的讲授。所谓宏观连续，即知识点的关系符合课程的讲授逻辑，没有缺失，宏观上看是连续的；所谓微观跳跃，是指教师可以不事无巨细地讲授，放手让学生去独立完成部分知识的学习，如同蛙跳一样，自己从一个知识点来到下一个知识点。当课时容量不足时，甚至要放弃某些知识点、留给学生在未来需要时自己去学。当然，跳跃的距离应该根据学生的实际能力来合理设置，否则就会形成学习过程的断点。资深教师备课时受知识细节的困扰已经不大，难题通常是如何对内容做取舍，怎么做才能让“less is more”？

四、结语

教师与学生的有效对接对教学是有利的，但这似乎仅是对教学方法的讨论，并没有涉及教学的目的。在教学环节的参与者中，除了教师与学生这两个主体之外，育人环境的影响也是不容忽视的。教、学、管（育人环境）三方的合作，将不仅促进对教学方法的认识，还将探讨为什么而教的问题。

在中国和平崛起的过程中，高层次人才已经越来越显著地被推到了开辟国家发展空间的第一线。什么样的人才能够胜任这种开拓性的工作？应是那些可以进入自由王国的人。怎样才能培养出这样的人？不同学科关注的问题不同，答案也不会一样。但每个学科在分析自己的知识体系的时候，都可以做一些溯源性的梳理，整理出本学科的第一性原理基础。在教学过程中，教师可以有意识地让课程的地基扎根在这些基础上。能做到这一点，则学生未来的学术自由便有了基本的保证，也将具备来到学术无人地带时做决定的洞察力和在前沿探索时起跳的能力。在讲授“核辐射物理及探测学”这个课程时，述而不作地做知识传授毫无疑问是一种安全的方式，但如果完全不涉及海特勒（W. Heitler）在 *The Quantum Theory of Radiation* 等重要文献对辐射与物质相互作用的第一性原理阐述，则课程讲授便与介绍一本工具书几无二致，也就无从启发学生做开拓性的思考。作为教师，需要付出默默的努力来将此类重要文献的内容融入课堂教学中，这种工作可能会遇到课时不足、被质疑学了是否有用，以及教师本人精力不足等因素的挑战，但是直面这些挑战，在本学科的第一性原理基础与新的学科发展动向之间勾画出主干通路，为构建学生未来学术发展的完备基础提供一份助力，应是不容忽视的重要教学目的。

参考文献

[1] 程建平 . 高等教育 40 年 从精英化到大众化 [EB/OL].（2008-08-02）[2020-12-02]. http：//www.rmzxb.com.cn/c/2018-08-01/2129436.shtml.

后记

2018 年 5 月 3 日，邱勇校长在清华大学第 25 次教育工作讨论会期间主持召开教育教学改革座谈会，与一直投身教学、关心教学的教师代表共同探讨学校教育教学改革，其中谈到要进一步深入讨论如何传承与发扬清华优秀的教学传统和经验。

本书由邱勇校长提议，通过约稿的形式向学校一些倾心育人、教学经验丰富、教学造诣精深的优秀教师发起征文，深入讨论在落实“三位一体”教育理念、持续推进教育教学改革的同时，充分总结并传承清华丰富的育人传统和教学经验，通过汇集征文正式出版文集，作为传承与发扬清华教学传统和经验的载体。

感谢应邀撰文的各位教师，结合自己的教学工作，为清华优秀教学传统和经验的传承与发扬提出了自己的真知灼见。在先后多轮的征文和校对工作中，每位作者都体现出高度的责任心，力求为大家提供具有借鉴意义的见解和思考。希望这本文集让读者们从不同角度都能有所收获、有所启迪。

编者

2020 年 8 月